顾客价值：创造 传播 传递

在竞争中赢得顾客

张明立 著

电子工业出版社
Publishing House of Electronics Industry
北京·BEIJING

内 容 简 介

本书系统地介绍了顾客价值的基本理论，包括顾客价值导论、理解顾客价值、剖析顾客价值、测量顾客价值、传播顾客价值、传递顾客价值、创新顾客价值、共创顾客价值，以及从战略视角管理顾客价值。本书每章都加入了许多顾客价值管理实践方面的案例，易于读者理解和掌握顾客价值的理论和方法。本书体系完整，有很强的逻辑性、理论性、实用性和可操作性，涵盖了顾客价值管理过程中的主要理论和方法。

本书可作为高等院校经济管理类专业的教材和参考书，也可供企业经营管理人员阅读参考。

图书在版编目（CIP）数据

顾客价值 ： 创造 传播 传递 ： 在竞争中赢得顾客 ／ 张明立著. -- 北京 ： 电子工业出版社，2025. 8.

ISBN 978-7-121-50764-9

Ⅰ. F274

中国国家版本馆 CIP 数据核字第 2025GC4676 号

责任编辑：缪晓红 文字编辑：赵 娜
印　　刷：涿州市京南印刷厂
装　　订：涿州市京南印刷厂
出版发行：电子工业出版社
　　　　　北京市海淀区万寿路 173 信箱　邮编：100036
开　　本：720×1 000　1/16　印张：20.75　字数：299 千字
版　　次：2025 年 8 月第 1 版
印　　次：2025 年 8 月第 1 次印刷
定　　价：98.00 元

凡所购买电子工业出版社图书有缺损问题，请向购买书店调换。若书店售缺，请与本社发行部联系，联系及邮购电话：（010）88254888，88258888。

质量投诉请发邮件至 zlts@phei.com.cn，盗版侵权举报请发邮件至 dbqq@phei.com.cn。

本书咨询联系方式：mxh@phei.com.cn。

前　言

现代企业处于一个不断变化的环境中，消费者的需求日益多样化和个性化。竞争驱动着企业必须以顾客为中心，并使企业以顾客为导向的理念不断得到深化。技术创新日新月异，数字技术及人工智能技术的发展正深刻改变着消费者的行为。在消费者需求、竞争、技术交互作用的推动下，消费者已成为市场的真正主导者，持续地为消费者创造价值是商业竞争中赢得顾客的关键。

技术进步推动着企业商业模式的不断变革，数字技术将社交媒体与商业活动连接起来，使得商业形态丰富多彩。我们正在进入一个社会生活与商业深度融合的时代，消费、娱乐、社交、商业等要素相互融合，改变着人们的生活方式。企业经营者的思维要跟上时代变革的步伐，敏锐洞察顾客价值，持续创造优异的顾客价值。

制造企业是经济发展的基石，追求技术创新和品质卓越是创造顾客价值永恒的驱动力。纵观企业的发展史，秉承创造顾客价值的理念会使企业永续经营，众多老字号品牌无一不是以始终如一的品质承诺使品牌延续百年的。改革开放以来，众多企业从小企业成长为卓越企业，如以海尔、华为、格力等为代表的优秀企业，其成功都从为用户做好产品的理念开始，逐渐建立了完善的顾客价值驱动的战略思维和运营系统。

服务企业通过顾客价值形态的不断创新丰富了人们的生活。过去，社交与商业是两个平行的赛道，商业按照自己的逻辑，创造产品价值、服务价值、个性化价值和品牌价值。社交媒体的蓬勃发展使商业融入社交场景，社交场景中的内容创作、知识和情感输出赋予了同质产品差异化的价值，顾客价值创造呈现多形态、情景化、个性化的发展趋势。

目前企业正处于一个不同商业业态以各种手段创造顾客价值的时期。顾客价值创造的内涵变得丰富多彩，顾客价值传播和传递的模式正在经历颠覆性变革。但顾客价值创造的核心逻辑始终未变，站在时代前列的企业只有深刻理解顾客价值的内涵，持续进行顾客价值创新，才能使企业在商业的红海中不断发现蓝海，实现基业长青。

顾客价值理论自 20 世纪 90 年代被提出，既是对市场营销观念的一个巨大跨越，也是对营销理论的深入发展，其中蕴含的思想是对现代市场营销理念的深化和升华。市场营销的核心是创造顾客价值，目前许多市场营销教材按照顾客价值创造、传播、传递构建教材的内容体系。在实践中，越来越多的企业将创造顾客价值作为企业的使命，急需顾客价值理论指导企业管理实践，而目前关于顾客价值的书籍还很少。本书作者基于长期对顾客价值及相关营销理论的研究，以及实际企业营销管理实践经验的持续积累，构建了较为完整的顾客价值管理的理论体系。为便于读者对顾客价值理论知识的学习和理解，本书每章都有若干小的阅读案例和一个综合案例。这些案例来源于网络公开发表的资料。

作者编写本书是想为高等院校管理类专业的师生提供一本系统介绍顾客价值理论的著作，本书可以作为经济管理类专业课程的教材或参考书，也可供企业从事相关管理工作的人士和对顾客价值有兴趣的读者阅读，以帮助他们了解和掌握顾客价值的基本理论和方法，丰富顾客价值的理论知识。

全书共九章，第一章阐述了顾客价值作为市场营销的核心逻辑，以及与市场营销相关的重要概念——顾客满意、顾客忠诚、顾客资产的关系；第二、三章阐述了顾客价值的本质，涉及顾客价值的内涵、与需求的关系、驱动因素、决策过程等；第四章介绍了各种常用的顾客价值测量方法；第五、六章探讨了顾客价值的传播和传递，涉及顾客价值认知、传播媒介、传播策略，以及顾客价值传递的影响因素、传递机制和传递过程等；第七章探讨了顾客价值创新，涉及顾客价值创新的形式、基本方法、策略及管理等；第八章探讨了顾客价值共创，涉及构建共创顾客价值场景、顾客参与共创价值、社会化媒体共创价值和利益相关者共创价值等；第九章探讨了从战略视角管理顾客价值，涉及顾客价值战略内涵、体系构成及制定过程等。

本书是作者和其研究团队二十余年来持续探索顾客价值理论的研究成果及企业应用实践的总结。本书的研究成果得到了国家社科基金项目（21BGL015）的资助。

我们正处于一个顾客已成为市场主导者的时代，顾客成为企业最重要的无形资产，为顾客创造价值是企业的使命及永恒的驱动力。本书阐述的顾客价值理论及实践，将为企业经营者直面充满竞争且顾客需求呈现个性化的多变环境带来营销思维和观念的启示。顾客价值已成为引领企业管理实践的重要理论。由于作者水平有限，本书难免会有许多不足和不妥之处，敬请读者指正。

作　者

2025 年 5 月

目　录

第一章　顾客价值导论 ⋯⋯⋯⋯⋯⋯⋯⋯⋯⋯⋯⋯⋯⋯⋯⋯⋯⋯⋯⋯ 1

第一节　环境变化的驱动 ⋯⋯⋯⋯⋯⋯⋯⋯⋯⋯⋯⋯⋯⋯⋯⋯ 2

　一、需求变化 ⋯⋯⋯⋯⋯⋯⋯⋯⋯⋯⋯⋯⋯⋯⋯⋯⋯⋯ 2

　二、技术变革 ⋯⋯⋯⋯⋯⋯⋯⋯⋯⋯⋯⋯⋯⋯⋯⋯⋯⋯ 3

　三、竞争驱动 ⋯⋯⋯⋯⋯⋯⋯⋯⋯⋯⋯⋯⋯⋯⋯⋯⋯⋯ 4

　四、顾客满意 ⋯⋯⋯⋯⋯⋯⋯⋯⋯⋯⋯⋯⋯⋯⋯⋯⋯⋯ 4

　五、顾客忠诚 ⋯⋯⋯⋯⋯⋯⋯⋯⋯⋯⋯⋯⋯⋯⋯⋯⋯⋯ 5

第二节　营销思维的演进 ⋯⋯⋯⋯⋯⋯⋯⋯⋯⋯⋯⋯⋯⋯⋯⋯ 7

　一、商品主导逻辑 ⋯⋯⋯⋯⋯⋯⋯⋯⋯⋯⋯⋯⋯⋯⋯⋯ 7

　二、服务主导逻辑 ⋯⋯⋯⋯⋯⋯⋯⋯⋯⋯⋯⋯⋯⋯⋯⋯ 9

　三、服务生态系统 ⋯⋯⋯⋯⋯⋯⋯⋯⋯⋯⋯⋯⋯⋯⋯⋯ 11

第三节　以顾客价值为核心的营销逻辑 ⋯⋯⋯⋯⋯⋯⋯⋯⋯⋯ 14

　一、营销定义的演进 ⋯⋯⋯⋯⋯⋯⋯⋯⋯⋯⋯⋯⋯⋯⋯ 14

　二、资源与顾客价值 ⋯⋯⋯⋯⋯⋯⋯⋯⋯⋯⋯⋯⋯⋯⋯ 16

　三、顾客满意与顾客价值 ⋯⋯⋯⋯⋯⋯⋯⋯⋯⋯⋯⋯⋯ 17

　四、顾客忠诚与顾客价值 ⋯⋯⋯⋯⋯⋯⋯⋯⋯⋯⋯⋯⋯ 18

　五、服务利润链与顾客价值 ⋯⋯⋯⋯⋯⋯⋯⋯⋯⋯⋯⋯ 20

　六、顾客关系管理与顾客价值 ⋯⋯⋯⋯⋯⋯⋯⋯⋯⋯⋯ 21

　七、顾客资产与顾客价值 ⋯⋯⋯⋯⋯⋯⋯⋯⋯⋯⋯⋯⋯ 22

第二章　理解顾客价值 ⋯⋯⋯⋯⋯⋯⋯⋯⋯⋯⋯⋯⋯⋯⋯⋯⋯⋯ 26

第一节　顾客价值的内涵、特征和类型 ⋯⋯⋯⋯⋯⋯⋯⋯⋯⋯ 26

　一、顾客价值的概念 ⋯⋯⋯⋯⋯⋯⋯⋯⋯⋯⋯⋯⋯⋯⋯ 26

　二、顾客价值的特征 ⋯⋯⋯⋯⋯⋯⋯⋯⋯⋯⋯⋯⋯⋯⋯ 28

三、顾客价值的类型   40

第二节 基于需求的顾客价值形成   42

一、需求特性和需求的影响因素   42

二、基于需求特性的价值创造   48

第三节 顾客价值的来源及驱动因素   50

一、顾客价值的来源   50

二、顾客价值的主要驱动因素   52

三、顾客价值创造的影响因素   57

第三章 剖析顾客价值   62

第一节 顾客价值期望分析   62

一、顾客价值期望的含义   62

二、顾客价值期望的特征   62

三、顾客价值期望的影响因素   64

四、顾客价值期望与顾客价值的关系   67

第二节 顾客感知价值分析   68

一、顾客感知价值的定义与构成要素   68

二、顾客感知价值的影响因素   69

第三节 顾客成本分析   71

一、顾客成本的含义   71

二、顾客成本与顾客价值的关系   71

三、顾客成本间的替代效应   73

四、顾客成本对价值决策的影响   73

第四节 顾客价值激励   75

一、基于成就需要的价值激励   75

二、基于权力需要的价值激励   76

三、基于归属需要的价值激励   76

第五节　顾客价值决策过程 77

一、传统的顾客购买决策过程 77

二、顾客价值决策过程模型 78

三、顾客价值决策的混沌性 80

第六节　顾客价值链与企业价值链 82

一、企业内部价值链分析 82

二、顾客价值链与企业价值链的关系 83

三、顾客价值学习与顾客价值链学习 85

四、企业价值链的修整 86

第四章　测量顾客价值 89

第一节　顾客价值测量的意义 89

一、顾客价值的可测量性 89

二、顾客价值测量的重要性 89

第二节　顾客价值测量标准 91

一、顾客价值测量研究与顾客价值内涵的认识密切相关 91

二、顾客价值本身的许多不确定特性 91

三、顾客的价值判断可以出现在三个时间框架里 92

四、目前的研究角度 92

第三节　顾客价值测量方法 93

一、VALS 和 LOV 93

二、顾客让渡价值测量方法 96

三、顾客价值图测量方法 98

四、十九项价值量度体系——PERVAL 100

五、Woodruff 顾客价值测量理论 102

六、关系视角下顾客价值的测量 104

七、九种企业常用顾客价值评估方法 105

　　八、其他顾客价值测量方法　　　　　　　　　108

第五章　传播顾客价值　　　　　　　　　　110

　第一节　顾客市场　　　　　　　　　　　　111

　　一、顾客市场的特点　　　　　　　　　　111

　　二、顾客行为模式　　　　　　　　　　　114

　　三、影响顾客行为的要素　　　　　　　　116

　第二节　顾客价值的认知　　　　　　　　　117

　　一、顾客价值信息处理　　　　　　　　　118

　　二、顾客价值学习　　　　　　　　　　　119

　　三、顾客价值知识记忆　　　　　　　　　121

　　四、顾客知识管理　　　　　　　　　　　123

　第三节　顾客价值传播媒介　　　　　　　　127

　　一、顾客价值传播媒介的复杂性　　　　　127

　　二、顾客价值传播媒介分类　　　　　　　128

　　三、顾客价值传播媒介的选择标准　　　　129

　第四节　顾客价值传播　　　　　　　　　　131

　　一、顾客价值信息不对称　　　　　　　　131

　　二、顾客价值传播策略　　　　　　　　　133

第六章　传递顾客价值　　　　　　　　　　141

　第一节　顾客价值传递的影响因素　　　　　141

　　一、顾客价值传递的组织障碍　　　　　　142

　　二、顾客价值墙　　　　　　　　　　　　144

　　三、顾客价值的三种形式　　　　　　　　148

　　四、产品价值和产品价格与顾客价值和顾客成本的转化　　154

　第二节　顾客价值的传递机制　　　　　　　157

　　一、企业向顾客传递价值　　　　　　　　158

二、价值传递最大化 160

三、顾客之间的价值传递 163

四、顾客价值传递策略 164

第三节 顾客价值传递步骤 167

一、制定顾客价值传递策略 167

二、将策略转化为内部的顾客价值程序及所需条件 168

三、实施顾客价值传递 168

四、跟踪顾客价值传递的表现 169

第七章 创新顾客价值 171

第一节 顾客价值创新的形式 171

一、依据创新度标准的顾客价值创新形式分类 172

二、依据顾客预知度标准的顾客价值创新形式分类 174

第二节 顾客价值创新的基本方法 176

一、产品价值创新方法 176

二、服务价值创新方法 182

三、个性化价值创新方法 185

四、成本价值创新方法 187

五、品牌价值创新方法 191

第三节 顾客价值创新策略 195

一、顾客价值领先策略 195

二、顾客忠诚策略 200

三、基于手段—目的链的顾客价值创新策略 203

第四节 顾客价值创新管理 214

一、树立顾客价值创新导向 214

二、分析顾客价值创新风险 215

三、构建顾客价值创新体系 216

第八章 共创顾客价值 219

第一节 构建共创顾客价值场景 219

一、消费形态场景化 219

二、共创顾客价值场的资源要素 223

三、基于场景的顾客价值共创 227

第二节 顾客参与共创价值 230

一、顾客参与的形式和维度 230

二、顾客参与价值共创过程分析 233

三、顾客参与价值共创的绩效 237

第三节 社会化媒体共创价值 238

一、社会化媒体营销的内涵 238

二、社会化商务平台共创顾客价值 240

三、在线品牌社区共创顾客价值 244

第四节 利益相关者共创价值 246

一、利益相关者与共创价值 246

二、企业内部利益相关者共创顾客价值 248

三、企业外部利益相关者共创顾客价值 252

第九章 从战略视角管理顾客价值 258

第一节 顾客价值战略管理思想的形成 258

一、顾客价值战略管理的发展 258

二、营销战略与顾客价值战略管理 259

三、质量战略与顾客价值战略管理 261

四、战略管理与顾客价值战略管理 262

第二节 顾客价值战略管理的体系 263

一、顾客价值战略的内涵 263

二、顾客价值战略模型 264

三、顾客价值战略的内容　　267

第三节　企业外部市场环境评估　　269

一、外部市场环境的传统评估方法　　269

二、顾客价值导向的市场评估框架　　270

三、数字时代的顾客价值评估方法　　272

四、价值共同体分析　　274

第四节　企业内部价值创造能力评估　　275

一、内部资源分析　　276

二、内部价值链分析　　277

三、企业组织特性分析　　278

第五节　顾客价值确定　　279

一、顾客价值确定流程　　279

二、顾客价值分析　　283

第六节　顾客价值交付　　286

一、顾客价值导向的营销价值　　286

二、顾客价值交付模式　　288

第七节　顾客价值战略管理的执行　　292

第八节　顾客价值战略管理实施的支持体系　　298

一、企业文化的适应　　298

二、企业组织结构的变革　　301

三、企业内部业务流程的重构　　303

四、企业价值链的修整　　304

五、企业人力资源的调整　　305

六、服务生态系统的建立　　307

参考文献　　310

第一章
顾客价值导论

　　21 世纪的世界经济呈现出全球化、知识化、信息化的新特点，这些特点使得世界经济联系更加紧密。技术创新及洞察消费者需求的变化成为企业高质量发展的驱动力。目前，我们处于技术创新不断带来商业模式变革的时代，纵观过去百年的营销发展史，企业的发展经历了追求数量的制造商导向时代、追求质量管理的经销商时代、追求感性的消费导向时代，而今在不知不觉中已迈入一个创造顾客价值、使顾客得到真实感和喜悦感的以顾客为导向的顾客体验时代。

　　在市场经济中，企业发展的主要驱动力就是竞争；同时，竞争驱动着企业以顾客为中心，使企业以顾客为导向的理念不断得到深化。尤其在技术日新月异的时代，数字技术及人工智能技术的发展，带来企业商业模式的不断变革，数字技术实现了社交媒体与商业模式的深度融合，正改变着人们的生活方式。人工智能的发展使技术成为顾客价值创造的重要操作性资源，直接涉入顾客价值创造、传播和传递过程，改变着顾客价值创造的路径和范式，并深刻影响顾客价值的感知。顾客已不再是企业生产产品和服务的被动接受者，而成为决定市场变化的主流力量，决定着企业的命运。企业的市场价值不再以拥有的有形资产来衡量，而是进入以顾客资产衡量企业市场价值的时代，顾客成为决定企业命运的主导力量。在这样一个以顾客为主导的感性与理性并存的消费时代，随着市场需求水平的不断提高，顾客不再追求基本需求的满足，他们希望自己更高层次的需求也能得到很好的满足，他们开始挑剔产品的质量、产品的款式和颜色、产品的相关服务，对情感价值也有了更高的需求。总之，顾客的需求不再那么单一，而是呈现出多样化与个性化的趋势，顾客也不再那么容易满意。顾客对企业提供的产品和服务的水平的期望值不断提高，要求企业不断地研究顾客的需求，充分地理解顾客的需求，切实地为顾客创造价值，这也对企业的营销水平提出了更高的要求。

如何在激烈的市场竞争中确立自身的竞争优势，使企业获得发展，不至于被市场所淘汰，这既是过去，也是现在所有企业面临的课题，更是经营者追求永续经营必须思考的问题。为获取制胜的竞争优势，人们一直在进行理论和实践的探索，波特等学者提出了竞争论的观念，主张企业通过优化价值链，加强企业内部管理来获取企业竞争力。不可否认，这些来自竞争优势论的方法在过去的确为企业直面竞争发挥过重要的作用，然而由质量管理、组织重组、流程再造等卓有成效的内部管理手段所建立起来的优势正在逐渐弱化。企业开始认识到，要想在激烈的竞争中赢得顾客，这些方法和手段必须建立在一个共同前提之上，那就是能够为顾客持续创造超越竞争对手的优异价值。

第一节 环境变化的驱动

一、需求变化

随着我国社会经济的快速发展，人民的生活水平得到了极大的提升，物质生活逐渐富足，与这种情况相对应的是消费者开始不断追求精神生活的丰富性，因此单纯地提升商品的数量和种类已经无法满足用户的需求。同时，国内的消费升级行为掀起了全新的消费浪潮，在这种浪潮的带动下，顾客产生了新的消费意识和消费需求，消费形态不断变化，消费场景发挥着越来越大的作用，物质消费和精神消费深度融合。特别是社交媒体的兴起，顾客的行为通过网络得到了前所未有的呈现，企业基于大数据的顾客画像可以及时精准地捕捉顾客的需求。顾客作为价值创造的积极参与者，希望与企业一同创造符合自身消费理念的个性化商品。顾客在参与时，可以完全依据个人或群体的需要，充分发挥自身的想象力及创造力，通过企业定制或自制的合作方式，来展示特定群体或个人的个性与特征。通过这种方式，顾客可以感知到自己的价值，获得满足感和成就感。

对企业来说，必须按照顾客的需求提供个性化的产品，构建与之相适应的消费场景，实施精准营销，就可以极大地提升顾客的获得感，持续地创造顾客价值。

二、技术变革

随着科技的进步，以 5G 为代表的通信技术、以物联网为代表的网络连接技术、以人工智能和云为代表的计算技术、大数据存储和处理技术正在不断改变着人们的工作和生活方式；层出不穷的数字化服务，如智能制造、智慧城市、移动支付、电子商务等，在给顾客带来便利的同时，也正在创造着新一代的数字化产品与服务，重构传统产业价值链，催生全新的数字化经济，越来越多的企业开始应用数字技术并加入数字化转型的队伍当中。

从学术上看，数字经济的本质是一种基于平台生态的双边市场经济形态，应用数字化技术实现了市场主体之间的高效连接，激活了用户的多样化需求和社会分工协作的动力，打破了时间和空间的限制，达成了供需的精准匹配，提高了社会资源的配置效率。在数字经济时代，企业的商业竞争规则、资源组织方式发生了根本变化，"数据+算法"成为价值链高地，数据作为新型生产要素，智能算法作为新型"流水线"，大幅减少了社会经济活动中的耗散和摩擦。数字经济对产业变革的推动，已从互联网应用、消费互联网阶段，过渡到与实体经济深度融合，并向农业、工业、社会治理等社会各领域纵深发展的新阶段，同时会对企业的商业模式产生深远的影响，将形成新的顾客价值创造方式和路径，极大地提升顾客价值创造的能力和效率。

三、竞争驱动

当今数字经济的发展及经济全球化，使得越来越多的竞争者有机会同台竞技；新技术的不断涌现及快速采纳缩短了新产品的研发周期，使得产品更新的速度越来越快，这一切变化都表明市场环境在急剧变化。企业不是孤立的，任何企业都不能置身于特定的外部市场环境之外发展。自从哈佛大学的波特教授提出的竞争优势思想得到学术界和企业界的广泛响应后，为不断寻求新的、可持续的竞争优势，人们进行了积极的理论与实践探索。近 30 年来，具有重大影响和主导地位的理论与实践包括价值链管理、质量管理、组织重组与流程再造、企业文化、资源与能力管理及顾客满意等。虽然这些理论的提出和运用对今天的企业竞争来说是必不可少的，但很难说它们能真正为企业竞争优势提供了清晰的来源。同样，规模经济、范围经济、纵向一体化及企业流程中的默会知识及相关管理实践曾经都是构建企业竞争优势的重要因素，今天仍有许多企业在这些层面上创建竞争优势。但技术的进步、市场环境的变化、企业经营运作方式的改变使得企业竞争优势的来源也发生了变化，很难保证这些知识还能成为企业永续经营的立身之本。

这些努力与认识如果不能遵循市场导向，无法体现出能够持续创造优异顾客价值的力量，很难想象可以取得何种成效。因此，这些有益的管理思想和方法要想在建立企业竞争优势上最终有效，必须建立在一个共同的前提之上：能够为顾客提供超越竞争对手的优异价值。

四、顾客满意

鉴于顾客在企业经营中地位的凸显，现在企业间的竞争已由市场份额的竞争转移到顾客份额的竞争。因此，企业在决定是否改进某些管理措施时，应充分考虑顾客的因素。顾客满意度（Customer Satisfaction Measurement，CSM）的出现将"顾客的心声"带入企业提高产品质量的努力中。

但是，CSM 的运用受到很多因素的制约。首先，许多企业设定了顾客满意度目标，但只有很少的企业真正测量了顾客满意度。其次，即使是那些真正测量 CSM 的企业，也很少能获得准确的结果。如果 CSM 不以深入理解顾客价值为基础，它就很难向管理者提供足够的顾客要求来指导其进行有效的改进。再次，随着 CSM 运用经验的不断丰富，许多企业已经注意到了一些问题。有时候顾客满意度的数据与企业的表现之间并不存在很高的关联性，顾客表示他们在别处购买时会更加满意。即使发现顾客满意度与企业表现之间的强相关性，这种相关性也会随着时间而逐渐变弱，而这种情况通常会发生在企业表现跟不上顾客需求变化的时候。最后，顾客满意度立足于企业自身，只能检测顾客对企业自身满意与否，而不能与企业的竞争对手进行相应的对比，缺乏对竞争对手的关注。

虽然上述四个制约问题只是顾客满意应用中比较典型的缺陷，但足以严重地打击企业对 CSM 的信心，企业需要寻求更好的替代方法，这正是在有关顾客满意度研究和应用风靡全球企业之时，顾客价值受到企业关注的一个重要原因。尽管顾客价值与顾客满意都是为了听取"顾客的心声"，把顾客的需求融入营销策略中，使企业更好地为顾客服务，更好地满足他们的需求，可以说顾客价值在某种程度上很好地弥补了顾客满意的不足。

五、顾客忠诚

顾客忠诚与顾客满意相近，但又有所不同。如果说顾客满意仅是顾客的心理感受、那么顾客忠诚则是一种行为表现，通常反映为最终结果。顾客忠诚的概念是由 Dick 和 Basu 首先提出的，初步概括为对一个品牌的态度和顾客行为之间关系的强度。后来，又有很多营销专家对顾客忠诚的定义进行了补充。

营销专家吉尔·格里芬将顾客忠诚定义为：顾客会抗拒竞争者提供的折扣，而经常性地购买本企业的产品或服务，甚至会向其朋友推荐。他通过大量的市场调研后提出：一个企业获得顾客高度的满意不见得会导致重复购买的行为，只有顾客忠诚才能用来预期顾客的重复购买行为。他的这项实证研究揭示了顾客满意与顾客忠诚在一定的范围内并不存在强相关性，顾客忠诚行为比顾客满意的心理感受更能有效地作为一种营销手段加以实施。美国市场营销协会认为顾客忠诚战略作为现代企业的一种整体营销手段，主要通过企业理念、产品、服务等恰当地组合和运用，使顾客在满足自己物质、精神等各方面的各种需求后，成为企业忠诚的顾客，从而达到使企业利润最大化的目的。

顾客忠诚对于争夺顾客份额如此重要，研究如何赢得顾客忠诚就成为一个不可回避的问题。顾客追求的是自身需求得到最大化满足，而这种满足的程度是靠价值来衡量的，也就是说顾客真正追求的是价值的最大化，当顾客从企业那里获得合意的价值后，在心理上表现为满意，在行为上则表现为对企业的忠诚。归根结底，只有顾客价值才是顾客忠诚的真正驱动因素，其他的都只是间接的影响因素。

案例：商业模式不断变化的时代

1999 年，互联网在国内兴起的初期，梦想家中文网和它的赞助商 8848 举办了第一届"72 小时互联网生存"大赛。比赛在北京、上海和广州三地同时启动。从数千名报名者中选出来的 12 名志愿测试者分赴异地，展开为期 72 小时的"网络生存"大测试。他们的生存空间为酒店标准间，与外界沟通只能通过一台可以上网的计算机。这次比赛在当时引起了巨大的轰动，尽管在今天看起来是如此的荒诞，这是电子商务的元年。1999 年，搜狐、新浪、网易等公司发展如日中天，作为即时在线聊天工具的腾讯 OICQ 获得了百万量级的用户。同样在 1999 年，中国的电子商务开始进入实质化的商业阶段，阿里巴巴、当当、携程都开始了自己的电商之旅。

2012 年，以 3C 业务起家的京东商城上线图书频道，进入当当的图书领地，并针对国美和苏宁两大零售巨头进军更广泛的电商领域，引爆 2012 年电商价格大战。这场电商价格大战培育了用户的线上购买习惯，成为消费者购买路径改变的转折点。

2016 年，淘宝直播正式上线，这一年被称为"直播电商元年"。随后，京东、抖音、快手跟进。2018 年，淘宝"双 11"引爆直播电商，以直播为表现形式的内容营销全面爆发，直播与电商实现完美融合，直播电商将线上购物和内容完全打通，大规模短视频用户转化为直播电商用户，看直播买东西变得越来越主流。

2023 年 5 月 30 日，GPU（图形芯片）巨头英伟达跻身万亿美元市值俱乐部，标志着人工智能时代已经来临。2024 年 4 月 16 日，京东刘强东以"采销东哥 AI 数字人"亮相京东家电家居、京东超市采销直播间，开启自己的直播首秀。众多消费者来到直播间跟着"采销东哥 AI 数字人"低价入手电视、空调等家电好物，以及各类健康食材。不到 1 小时，直播间观看量超 2000 万人次。

从 PC 时代走到智能手机时代，电商缔造了一个高速发展的商业生态，催生了移动支付、数字商业、物流快递等多个产业。人工智能时代，顾客将迎来一个充满想象力和值得期待的社会技术商业生态。纵观环境驱动下的商业生态逻辑的演化，那些能够穿越商业模式的变迁、避免顾客满意和顾客忠诚可能带来的营销"近视症"，从而实现永续经营的企业，都能够持续地创造顾客价值。

第二节　营销思维的演进

一、商品主导逻辑

工业时代已经为人类创造了大量的财富，福特主义和生产线等工业概念被认为 20 世纪管理的基石。商品主导逻辑应运而生，它植根于新古典经济学、并与工业革命相适应。商品主导逻辑正是通过向顾客提供对象性资源（如产品、技术等）满足顾客需求来创造顾客价值的逻辑。其核心内容是经济交换和交换价值，认为价值是嵌入商品中的。在那个时期，商品主导逻辑成为所有商业相关学科的主导理论，包括管理、营销、生产及技术等。

在商品主导逻辑中，企业的中心任务是产品的设计、开发、生产和营销。企业通常只关心它们的产品，以及用产品来满足顾客的需求。如果顾客有新的需求，它们就会生产新产品，或开发产品的新属性。因而，顾客价值是由企业所创造并通过购买活动传递给顾客的。此外，产品和服务在工业时代非常容易区分，产品既被视为有形的商品，也被视为顾客价值的载体。服务则被看作具有无形性、异质性、不可分离性和非持久性四项特征的剩余产出或次优产品。

在商品主导逻辑中，企业独自整合各种资源来决定价值创造，进而成为唯一的价值创造者；而顾客仅是价值的消费者或毁灭者。在价值创造过程中，企业提供的产品成为顾客价值创造的载体，而企业最看重的核心利益则是交换价值的实现。从企业的角度出发，生产和消费是两个明显的独立过程。顾客代表着市场需求和企业的目标群体，顾客能通过市场交换获得产品或服务，在消费的过程中消耗或毁灭价值，并被排除在价值创造过程之外。因此，在顾客价值链中，顾客不仅是产品的接受者，也是价值的被动接受者。事实上，在企业独自创造价值的背景下，价值在产品交换之前就已经由企业创造，并被嵌入产品中，市场交换则是实现顾客价值的唯一途径，两者之间的互动也只存在市场交换当中。因此，在商品主导逻辑中，企业和产品占据着主导地位，而顾客和服务占据着次要（辅助）地位，企业是价值创造者，顾客是价值毁灭者。

在商品主导逻辑中，顾客在价值创造过程中处于被动接受的地位，在企业主动生产和传递产品或服务的过程中，顾客只能被动地感知或评估价值。

但是，随着服务经济的飞速发展，以及消费者主体地位和知识水平的提高，越来越多的顾客开始参与到企业的服务过程中，与企业共创满足自身个性化需求的产品或服务，在服务过程中主动地选择和获取价值，成为价值的共创者。商品主导逻辑的思维已难以适应营销实践的快速发展与变化。在此背景下，学术界进行了"价值是如何创造的"及"顾客在价值创造中到底扮演何种角色"等新课题的探索。

二、服务主导逻辑

Vargo 和 Lusch 在 2004 年发表的论文中提出了全新的服务主导逻辑（Service Dominant Logic），并且建议以此替代传统的商品主导逻辑，基于该逻辑重新审视服务和产品的关系，进一步思考经济交换和价值创造中的核心问题。

为了清晰地阐述服务主导逻辑关于价值共创的观点，Vargo 和 Lusch 区分了商品主导逻辑和服务主导逻辑关于价值创造观点的本质区别。他们指出，商品主导逻辑基于这样一个潜在假设，即"产品—输出单元"是交换的基础。在此逻辑下，服务（复数形式）要么被认为产品的附属（如售后服务），要么被认为产品的某种特殊形式，并常被认为具有某种程度贬义特质的"次优"产品，如服务的无形性、需要顾客参与、无法标准化、不能储存等特质常常给企业的生产效率带来严峻挑战。服务主导逻辑与商品主导逻辑的根本区别就在于对"服务"概念的理解。在商品主导逻辑的思维里，服务（复数形式）常被认为产出。在服务主导逻辑的思维里，服务（单数形式）则被定义为"为了互动双方的利益而进行的对双方能力（如知识和技能）的应用"。

与商品主导逻辑将服务看作产品的附属的观点不同，服务主导逻辑把服务看成一个协同的过程，指出服务是一个由行为主体的活动所驱动，并通过操作性资源整合与应用，使资源得以持续组合的过程。具体来说，所有的行为主体都是资源的整合者，他们通过服务供给将一系列的私有资源（如朋友圈、家庭等）、市场资源（通过以货易货或经济交换从其他实体获取）和公共资源（由社区和政府提供）进行整合与应用。所有的交换都基于服务（单数形式），产品只是传递和使用资源的工具。

服务（单数形式）概念的改变带来了一系列对价值创造理解的改变，其不仅将价值创造的概念由"价值创造是一种产出"转向了"价值创造是一个过程"，更重要的是将价值创造所倚重的重要资源从对象性资源（如自然资源、产品等）转向了操作性资源（如知识、技能等）。其中，对象性资源（如自然资源、产品等）常常是有形的、静态的资源，需要其他一些资源作用于它们，才能发挥作用、创造价值。操作性资源（如知识、技能）常常是无形的、动态的，是那些可以对对象性资源，也包括其他操作性资源进行支配并使之发挥作用、参与价值共创的资源。价值来自操作性资源的使用，由顾客和企业共同创造，并由受益者评估、体验和确定。顾客不再是价值的被动接受者，而是价值的共同创造者。在这种新的逻辑下，一个典型的营销过程是：企业通过提供可应用的资源（包括知识、技能等）提出价值主张，而顾客利用自己所掌握的信息、知识和技巧等资源涉入服务的全过程，最终，双方通过互动及资源，尤其是知识、技能等操作性资源的整合共创出价值。当然，并不是说对象性资源不重要，而是服务主导逻辑更加强调知识和专业技能等操作性资源对企业构建和保持竞争优势的重要性，以及利用知识、技能等操作性资源的能动作用去发展新知识，以更有效率、更有效果和更可持续发展的方式利用资源。

在服务交换的背景下，行为主体不仅可以为了自身利益使用资源，还可以通过资源整合创造新的、可用于交换的资源。这就提出了资源整合的有效性与所处情景的问题，以及价值由谁决定的问题。服务主导逻辑指出任何特定潜在资源的有效性必须是高度环境化的。换言之，价值是独特的、与情景紧密相关的，是由价值的受益者决定的。因为受益者的独特情景调节了对其他潜在资源的获取，以及他们利用这些潜在资源的能力和意愿，因此，受益者（通常是顾客）既是价值创造过程的参与者，也是价值的共创者。

服务主导逻辑一经提出，就对传统商品主导逻辑形成了挑战并有取代其之势。但是，这并不意味着服务主导逻辑就是对的，商品主导逻辑就是错的，只是代表了人们对价值创造理解视角的转变。在现代经济尤其是服务经济大势所趋的背景下，服务主导逻辑能够适用更多的情景和营销实践，并能对更多的现象进行解释。商品主导逻辑和服务主导逻辑的区别如表 1-1 所示。

表 1-1　商品主导逻辑和服务主导逻辑的区别

内　　涵	商品主导逻辑	服务主导逻辑
价值驱动	交换价值	使用价值或情景价值
价值创造者	利用供应链上其他企业的输入来创造价值的企业	顾客和整个供应链网络的参与者
价值目的	企业将价值根植于商品或服务，通过提高或增加属性来增加价值	企业通过市场提供物提出价值主张，顾客通过应用继续价值创造
价值衡量	增加企业财富	通过他人提供的服务（知识、技能的应用）增强适应性、生存能力和系统价值
应用资源	主要是对象性资源	主要是操作性资源，有时需要通过对象性资源（如产品）来传递
企业作用	生产和传递价值	提出价值主张，提供服务，共创价值协助者
产品作用	基本输出单元，是具备价值的对象性资源	体现企业操作性资源潜力的工具
顾客作用	消费或毁灭企业创造的价值	通过整合自身的、市场的及公共的资源来共创价值

三、服务生态系统

从严格意义上讲，服务生态系统并非一个全新的、完善的理论体系，而是以服务主导逻辑为基础，结合复杂系统、服务系统、服务科学最新的研究成果提出的一个理解价值共创的新框架。Akaka、Vargo 和 Lusch（2013）指出，服务主导逻辑的四个核心要点：① 服务过程中资源的应用；② 无形的、动态的、能创造新资源的资源，即操作性资源的整合；③ 行为主体通过互动、整合共创价值；④ 情景的重要性，即只在某一情景中，价值由受益的参与者创造和评价。服务主导逻辑提供了一个用于探索交换情景的重要框架模型，提出了一个更复杂情景的观点。在此基础上，融合服务系统、服务科学等相关理论，服务主导逻辑理论向一个更系统化的观点转变，即服务生态系统。

从定义来讲，服务生态系统是指通过服务交换，由被社会所共享的规范逻辑、相互的价值创造连接在一起的具备资源整合能力的行为主体组成的相对独立的、可自主调整的系统。从内涵上讲，服务生态系统包括以下三个方面。

1）在资源整合视角下，以行为主体为导向的 A2A（Actor-To-Actor）的观点

"所有的交换都是基于服务的"及"服务是为了互动双方的利益而进行的对双方能力（如知识和技能）的应用"的观点不仅模糊了"产品"和"服务"的分界线，也在一定程度上模糊了"生产者"和"消费者"的界限。具体来说，所有的社会化和经济性的行为主体都是资源的整合者，所有涉入经济交换的各方都是有着共创价值目的的服务提供者和价值共创者。换言之，所有的经济的和社会的行为主体都在从事同一项工作，即通过互惠的资源整合和服务供给为自己和他人创造价值。服务生态系统对行为主体的重视将价值创造的主体由以企业为主导转向以顾客为主导，强调了在价值共创中发挥顾客的能动作用、进行操作性资源（如知识、技能）整合的重要性。

2）社会规范和情景的普适性

结合服务主导逻辑中"价值总是由受益者独特地、情景化地决定"的基本假设，整合社会学中关于社会情景（Social-Context）的观点，服务生态系统研究了各层次（宏观、中观、微观）主体行为之间服务的互动和交换，强调了社会规范的作用。宏观、中观、微观的三层次框架指出，企业与顾客微观层面的行为和互动（如资源整合、服务交换等）是嵌套在一个更复杂的中观或宏观系统和结构内的。社会规范驱动着多层次的互动（如资源整合、服

务与服务的交换等），塑造了独一无二的社会情景，在这个情景中，价值被共同创造。所有发生在企业、顾客和其他行为主体之间的网络化的、系统化的互动（如资源整合、服务与服务的交换等）都由社会规范或游戏规则控制。服务生态系统对社会规范和情景普适性的强调将价值共创的范围从"企业—顾客"的二元结构（微观层面）扩展到企业、顾客之外，进入企业的资源网络（如供应商网络、品牌社区等）和顾客的资源网络（如家庭、朋友圈等）（中观层面），进而进入整个社会规范指导下的社会文化情景之中（宏观层面）。

3）系统的动态性和迭代性

服务主导逻辑指出，服务是一个由行为主体的活动，以及操作性资源的整合与应用所推动，使资源得以持续组合的过程。这种思想产生了一个网络化资源整合的观点。因为这些相互的服务供给也需要那些已存在于交换中（如供应商等）或游离于交换之外（如社会等）的行为主体所拥有的操作性资源（如知识、技能等）。但是，Vargo 和 Lusch（2011）提出，虽然资源整合的网络化观点对价值共创情景的贡献较大，但这种观点缺乏对系统的某些关键特质的考虑，如动态性、潜在的自我调节能力、能动作用和重构配置的能力。换言之，一个系统的观点与网络化的观点是不同的，每次资源整合、服务供给和价值创造都在一定程度上改变了系统的本质，因此也就改变了下一次价值创造的情景。以社会规范和情景为例，一方面，所有行为主体的互动都是在社会规范和游戏规则控制下完成的；另一方面，这些被社会所共同接受和共享的规范（或制度）又是由人类的活动和互动产生的。因此，服务生态系统是一个由行为主体互动所塑造出的、社会所共享的规范（如社会规范、文化等）和价值创造之间不断相互影响和迭代循环的系统。换句话说，服务生态系统不断适应改变了的情景需求，同时在这一过程中自觉或不自觉地创造着这些改变的情景。

相较于服务主导逻辑，服务生态系统提供了一个更具包容性的方法，以便于我们理解价值是如何创造的。通过聚焦于企业、顾客和其他利益相关者之间的共同协作和操作性资源的整合过程，服务生态系统重新概念化了价值是什么，以及它是如何被创造的、谁受益和由谁决定。价值成为行为主体独一无二的、情景化（由社会规范引导）的体验。真实的价值来源于资源的应用和整合，其获得的数量取决于行为主体参与价值共创过程中对操作性资源（如知识、技能等，能对其他资源产生作用，进而创造价值）应用的能力。服务生态系统价值创造的过程如图 1-1 所示。

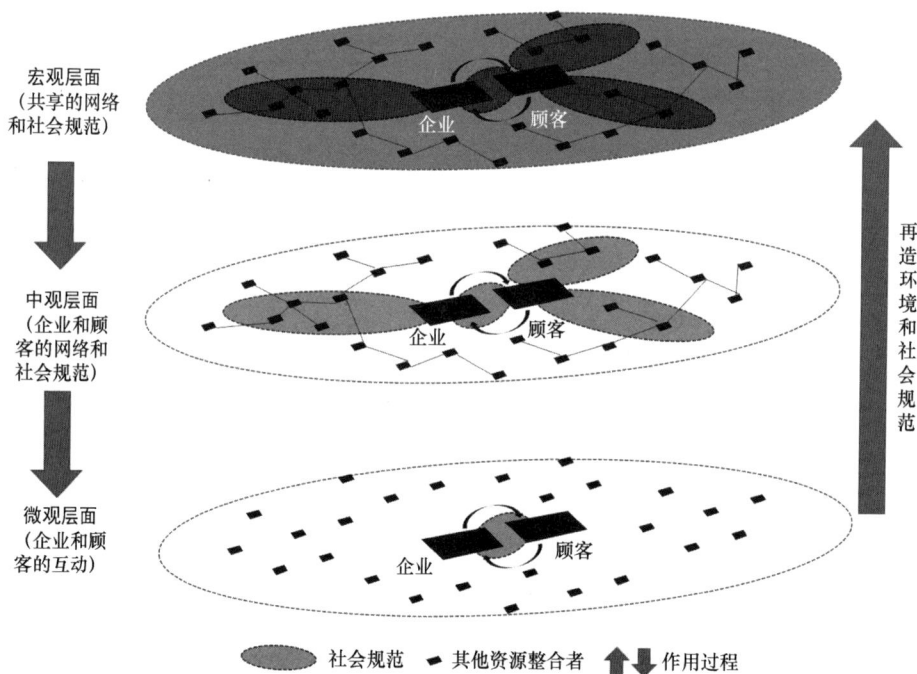

图 1-1 服务生态系统价值创造的过程

第三节 以顾客价值为核心的营销逻辑

一、营销定义的演进

美国营销学会（AMA）是由学术界的营销学者与实务界的营销专家组成的，因此，其所公布的营销定义既代表了营销理论的发展，也反映了营销实务的根本性变化。比较与分析 AMA 在不同时期发布的营销定义，对于认识营销的本质、理解营销理论、把握营销的未来发展，都具有重要的理论与实践意义。

AMA 先后发布的四个营销定义充分反映了不同时期营销实务的要求与营销理论的呼应。早在 1935 年，AMA 的前身——美国营销教师协会发布了第一个营销定义，即"营销是将产品和服务从生产者传送至消费者的商业活动"。1960 年，AMA 将这一定义略微修改后作为官方定义公布，修改后的定义为"市场营销是引导产品和服务从供应商向消费者流动的商业活动"。在这一时期，正如 1960 年 AMA 所发布的营销定义所描述的，营销承担着缩短供求双方距离的社会功能，营销的主要任务是促进产品与服务的交换。

随着工业和分销部门的飞速发展，生产率得到了充分的提高，国民经济逐渐出现了供大于求的状况，于是企业管理者意识到，企业所缺少的并不是生产大量产品的能力及有效的分销渠道和促销手段，而是顾客和市场。因此，企业必须走出生产线，从单一地向顾客提供产品与服务，转变为认识顾客、了解顾客，即通过收集与分析信息，识别当前顾客及潜在顾客的需求，并在各部门分享相关信息，以对顾客的需求快速做出反应。这种理念就是如今所提倡的市场导向或顾客导向。这种思维转变是营销的根本性转变，也是营销理念的转变。基于这种变化与学者的要求，AMA 于 1985 年公布了新的营销定义，即"营销是对创意、产品和服务进行构思、定价、促销和分销，并通过交换来满足个人和组织需求的规划与执行过程"。

从提供产品与服务，到识别目标顾客、满足目标顾客的需求，这两种经营理念都将消费者视为外生因素，而与消费者共同创造价值的经营理念则将消费者看作内生因素。这一理念正在被越来越多的创新型组织所采用。与顾客共创价值的理论来源于美国营销学者 Vargo 和 Lusch 于 2004 年提出的服务主导逻辑。在传统的营销逻辑中，营销人员细分顾客、选择目标顾客、接触所选择的目标顾客，并诱导这些顾客进行购买。简单地说，顾客被看作组织的外生因素。在服务主导逻辑中，顾客是营销活动的积极参与者，能够为交易活动提供所需的技能。在这种情况下，顾客是营销过程的内生因素。顾客的作用至关重要，因为顾客参与了价值的创造。从这种意义上说，营销过程就是企业同顾客相互合作的活动过程。在营销哲学发生变化、营销理念得以提升的过程中，AMA 于 2004 年公布了新的营销定义，即"营销是采用企业与利益相关者都可获利的方式，为顾客创造、传播和传递价值，并管理顾客关系组织功能的一系列过程"。

2004 年的定义在营销学术界与实务界引起了很大的反响，虽然该定义推动了营销的发展，但随着信息技术的飞速发展和顾客消费需求的日益多元化，营销学者与营销实务工作者又提出了许多新的建议与观点。AMA 根据其董事会的提议，以及专家们一系列的讨论与评审，最后于 2007 年公布了最新的营销定义，即"营销是创造、传播、传递、交换对顾客、客户、合作伙伴和整个社会具有价值的提供物的一系列活动、组织、制度和过程"。

二、资源与顾客价值

服务主导逻辑理论提出了顾客价值是包括顾客在内的所有参与者提供资源，通过资源整合共同创造出来的。资源作为顾客价值创造的源泉，在顾客价值创造过程中具有基础性作用。参与者为顾客价值创造贡献的资源，从其类型出发，可分为操作性资源和对象性资源，或分为基础资源、混合资源和综合资源等。对象性资源常常是物理资源，如原材料、机器设备、平台、购物环境等，而操作性资源与参与角色相关，常常是动态的，包括技能和知识、文化和情感、习惯、信息和关系等。例如，在直播电商中，用户接受有关产品、服务和品牌的信息，主播的产品知识及文化知识的输出，以及用户参与的互动、讨论和沟通等，都是顾客价值创造的资源投入。因此，企业的经营者要充分认识到资源在顾客价值创造中的重要作用，特别是善于识别、挖掘、培养、利用各种类型的操作性资源，形成企业的核心竞争力，为企业持续创造优异的顾客价值提供支持。

三、顾客满意与顾客价值

在顾客导向的相关营销概念中，顾客满意与顾客价值间的关系最为密切，实质上顾客价值的研究就是在顾客满意不能很好地解释顾客的购买行为时提出的，因而关于二者关系的文献也较多，多数研究者认为它们是两个相互补充的范式，而不是互相排斥的理念。顾客满意和顾客价值范式的对比如表 1-2 所示。

表 1-2　顾客满意和顾客价值范式的对比

比 较 指 标	顾 客 满 意	顾 客 价 值
范式的内涵	顾客对其所得的反应或感受，即产品的实际绩效与标准的比较	顾客希望从产品或服务中得到的
评价的客体	对特定的产品或服务或供应商的评价	不依赖任何特定产品或服务的供应商而存在
评价的主体	企业的顾客	企业及竞争对手的顾客
评价的内容	企业绩效的比较	企业的绩效和竞争对手绩效的比较
评价的依据	经验性的，如"我满意吗？"强调向后看	差异的感知，如"我将会选择哪个供应商？"强调当前和向前看
行动的内容	顾客服务	竞争性营销战略
行动的类型	战术性的，重在持续地改进顾客服务、修正缺失和错误	战略性的，重在提出并履行顾客价值主张，创造差异化的、超过竞争对手的价值
数据的变化	静态的，反映的主要是过去的努力	动态的，反映的主要是竞争对手的努力
数据的导向	倾向于过去导向：是在产品（服务）消费过程中或使用后形成的判断	表现出未来导向：与产品的使用或消费的时间无关
数据的应用	向企业提供一份报告：它们在价值创造中做得（或已经做得）怎样	为企业指明方向：它们应该通过做哪些事来创造价值

顾客满意在过去几十年受到了国内外企业的普遍推崇，得到了非常广泛的应用。然而，顾客价值相对于顾客满意来说是一种全新的营销范式，它包含了顾客满意的许多要素，并在此基础上融入了其他的附加特征，如对竞争对手的评价等。同时，这些实践性和指导性更强的要素的补充，使得顾客满意正在广泛被那些处于领导地位的企业所采纳与应用（如联邦快递、

AT&T、惠普、西屋电气等）。

顾客满意与顾客价值的本质差异就在于它们对调查数据的解读，其中，顾客满意是告诉企业它做得怎样（给企业一个报告单），顾客价值则是告诉企业应当做什么（指出企业的方向），这种差异也正是顾客价值备受重视的原因。顾客满意的调查注重怎样更好地满足现有的顾客，使他们更满意，而顾客价值的分析注重如何提高企业的竞争地位，从而吸引和保留目标顾客，进而创造股东价值。事实上，这种差异也正是学者们对顾客满意的应用存有争议的地方，满意是否就意味着企业可以获得顾客态度和行为的全貌，换句话说，顾客满意除能说明企业过去的价值提供被顾客认可外，它能否推断出企业未来的市场表现。在经营实践中，很多满意的顾客却流失到竞争对手那里，这也说明顾客满意不能预测顾客未来的消费行为，高水平的满意并不能确保可以盈利。因此，积极倡导为顾客创造并提供卓越价值的学者认为，顾客满意并不能自动地导致股东价值的形成，而企业也不要无节制地最大化顾客满意，以免导致与股东价值导向的直接冲突。这并不是意味着顾客满意与市场绩效没有关系，事实上它始终影响着顾客忠诚，进而通过顾客忠诚直接影响企业盈利。顾客价值则直接影响着企业的市场绩效，近期的许多实证研究也都证实了这一结论，研究结果认为企业相对于竞争对手的顾客价值地位对企业获取的市场份额，以及获利性存在着动态的影响。

顾客价值与顾客满意并不是孤立的，也不是相互排斥的。顾客价值直接驱动顾客满意，确切地说，顾客满意应该是顾客感知顾客价值的指示器和媒介。公开的研究结果也证实了顾客满意与顾客价值间的依存与互补关系，认为企业只有持续地为顾客提供高水平的价值才能获得可靠且持续的顾客满意水平，而持续的顾客满意才能保证高度的顾客忠诚，进而取得更高的市场份额。

四、顾客忠诚与顾客价值

很多实证研究结果表明顾客忠诚是提高企业利润的一个有效途径。有研究表明，开发一个新顾客的成本是保留一个老顾客成本的 5～10 倍。又如，对多数企业来说，如果能维持 5%的顾客忠诚增长率，其利润在 5 年内几乎能翻一番。由此可见，顾客忠诚与企业利润是息息相关的，至于这种关系是直接的还是间接的在学术界还存有一定的分歧。许多研究者认为顾客忠诚是连接顾客满意和企业获利的纽带，但也有文章指出顾客忠诚是驱动企业获利和成长的一个单独因素。

营销大师科特勒认为，顾客的满意程度越高，其购买得越多，对企业及其品牌的忠诚会更久。大量的有关顾客满意和顾客忠诚的研究也支持如下观点：无论行业竞争如何，顾客忠诚都会随着顾客满意度的提高而提高。可以说，顾客满意是推动顾客忠诚的重要因素之一，然而顾客满意度取决于企业提供给顾客价值质量的高低，因而归结到底是顾客价值在驱动顾客忠诚。但事实上，很多企业在执行顾客忠诚度计划时并没有充分考虑顾客价值的作用，它们的忠诚度计划往往都依赖顾客满意调查的结果，而这些结果都是基于企业顾客的样本进行测量的，根本就没有对竞争对手的顾客进行测量，因而企业的忠诚度计划很难把握准顾客价值这个源头。

企业与顾客间的关系终究是一种追求各自利益与满足的价值交换关系，哪怕是在关系营销范式下，大家追求的也只不过是一种双赢的价值交换关系，因而很难说顾客忠诚的是某个特定的企业或品牌，事实上顾客忠诚的只不过是企业提供的优异价值。可以说顾客价值对顾客忠诚的产生也发挥着直接的重要作用，而且很多相关的研究也支持这一结论。例如，Blackwell 等人在提出的"价值—忠诚"模型中就认为，顾客感知价值对顾客的忠诚行为起着决定性的作用，情景因素在直接影响顾客忠诚程度的同时，还通过影响顾客感知价值的构成而间接地影响顾客忠诚，如图 1-2 所示。

从上面的分析可以看出，顾客评判的顾客价值除直接驱动顾客忠诚行为外，还通过顾客满意间接驱动顾客忠诚行为。可以说，无论是直接途径还是间接途径，赢得顾客忠诚的关键都是向顾客传递优异的顾客价值，顾客价值是驱动顾客忠诚的永恒要素。因而在这个意义上，无论顾客价值是直接还是间接驱动顾客忠诚，顾客忠诚都只是顾客的一种消费行为的状态结果，它本身并不能解释这种状态的产生。顾客满意也只是一个中介因素，而非终极因素。它在顾客价值和顾客忠诚之间起到一个桥梁作用，而顾客价值才是促使顾客从随机消费状态跃迁到忠诚状态，并维持这种状态的根本驱动力。

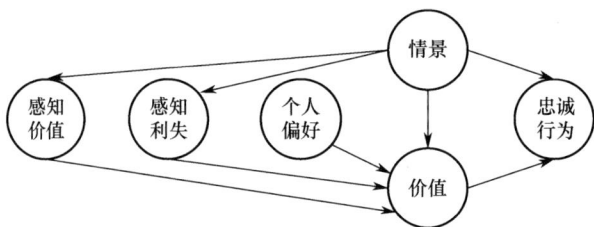

图 1-2 "价值—忠诚"模型

五、服务利润链与顾客价值

正如上述所探讨的那样，由詹姆斯·赫斯科特领军的哈佛商学院服务管理团队提出的服务利润链理论也阐述了同样的逻辑关系，即顾客价值是顾客忠诚的根本来源，顾客价值创造了顾客满意，继而间接地通过顾客满意驱动顾客忠诚，如图 1-3 所示。

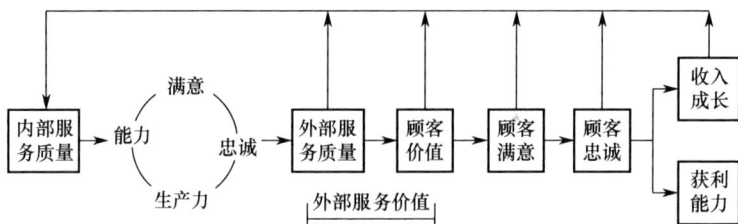

图 1-3 服务利润链

詹姆斯·赫斯科特认为，服务利润链是建立在企业获利、顾客忠诚、顾客价值、员工满意和忠诚，以及员工工作能力上的。在维持整个利润链正常运转中主要存在六种连接关系：利润和成长是由顾客忠诚刺激的；顾客忠诚是顾客满意的直接结果；顾客满意是受顾客所获得服务价值影响的，而价值由满意、忠诚和有能力的雇员创造；雇员满意驱动雇员忠诚；雇员满意和顾客满意间的关系如同"镜像"关系，有研究表明，一个雇员离开公司将会导致顾客满意水平锐减；高质量的内部支持服务和政策推动着雇员满意，工作环境的质量也影响着雇员满意，因为雇员是依据自己对公司、对工作、对同事的情感来判断满意程度的。这六种关系实质上要强调的就是雇员满意的重要性，而顾客价值是联系顾客和雇员的纽带，也就是说，顾客价值作为员工的产出和顾客的供给，它的平衡性决定了整个服务利润链的整体质量。

服务利润链也反映了另一种特殊的领导关系。在这种领导关系下，CEO强调每个员工和顾客都是重要的，而且公司的企业文化也是集中服务好公司员工和顾客。成功企业的CEO都擅长于倾听顾客和员工的心声，花大量的时间在他们身上，体验他们的工作过程，聆听他们对工作改进的见解，展现出对员工更多的关怀。正是这种特殊的领导关系和企业文化才能创造出较高的员工满意度，也才能创造出卓越的顾客价值。

服务利润链所阐述的上述逻辑关系不仅存在于服务企业内，在其他企业内也是存在的。它不仅通过对服务行业的实证研究证实了顾客价值、顾客满意与顾客忠诚间的关系，而且给出了如何通过改善领导关系和创造适宜的企业文化来激励员工为顾客创造并传递优异的顾客价值。

六、顾客关系管理与顾客价值

顾客关系管理（CRM）是营销关系范式中的重要概念，也是顾客导向的新营销观念，其理论的出发点就是以顾客需求为中心，通过增加为顾客创造的价值，实现顾客价值的最大化，从而提高顾客满意和维系顾客忠诚。

在顾客关系管理中，企业与顾客之间不仅存在着交易范式中所强调的交易关系，还存在着大量的信息交流关系和情感沟通关系，特别是信息技术的发展推动和丰富了二者之间的对话过程，使得企业与顾客之间建立互动学习关系成为可能。这些关系的存在将提高顾客转向竞争者的机会成本，同时增加了顾客脱离竞争者而转向本企业的利益，从而增强了顾客与企业之间的结构合约，也就形成了顾客与企业间的关系价值。正是关系价值的提出，顾客关系管理对顾客价值才有了创新性的认知，而且强调顾客参与并创造价值，即把关系价值纳入顾客价值体系中。

实质上，顾客关系管理旨在改善企业与顾客的关系，进而在这种特殊关系基础上创造顾客价值。在实践中，企业与顾客之间是以计算机和信息技术为基础进行动态的知识交换和价值交换的。尽管如此，顾客关系管理并不是单纯的管理软件和大数据技术，软件与技术不过是有效实施顾客关系管理的工具。例如，企业可以通过 CRM 系统整合公司内外的信息资源，然后把它们提供给需要全面了解顾客信息的各部门，通过这种共享可以提高顾客信息资源的利用率和准确性，从而可以更有效地确保顾客价值创造和传递的顺畅性。

以顾客为中心的顾客关系管理不仅是企业与顾客之间保持互动学习过程的双赢战略观，更为重要的是它能依托计算机和信息技术为企业提供各种顾客价值创造和传递所需的数据流，这也是企业在顾客价值战略中所不能忽视的顾客关系管理的新贡献。

七、顾客资产与顾客价值

随着顾客价值研究从站在顾客角度向站在企业角度的转移，研究的焦点也转移到了顾客对企业的价值。它是一种价值创造的输出，而不是输入。其重点不是为顾客创造价值，而是提供和传递更多的顾客的价值产出。顾客资产的核心概念就是顾客终身价值（CLV），即忠诚的顾客为企业持续带来的价值的贴现值，而顾客资产就是所有忠诚顾客未来将为企业带来价值的贴现值。这一理念主要关注对顾客维系的研究。例如，Blattberg 和 Deighton 特别强调维系现有顾客要比获得新客户的花费少得多的观点。还有一点十分重要，那就是不同的细分市场有不同的价值。Hallberg（1995）认为，不是所有的顾客都是同等的，一些细分市场能够获利，一些细分市场不获利也不亏损，而另一些细分市场还会亏损。因此，增加顾客维系不是总能增加获利性，对不同细分市场顾客终身价值获利性和亏损性的理解将使组织关注能够获利的顾客和细分市场。这种顾客终身价值方法也可应用于现在不能获利但是将来能够获利的细分市场上，以及现在能获利但是以后可能亏损的细分市场上。数字经济的发展进一步拓展了顾客资产的应用范围，顾客的维系和对企业的回报呈现多维的特点，特别是粉丝经济为顾客资产赋予新的内涵。

综上所述，在顾客关系管理背景下，持续地创造顾客价值形成一个从资源整合到顾客资产良性的循环，如图 1-4 所示。

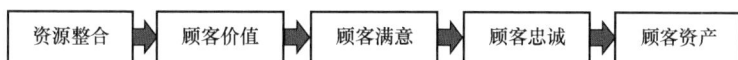

```
┌────────┐   ┌────────┐   ┌────────┐   ┌────────┐   ┌────────┐
│资源整合│ → │顾客价值│ → │顾客满意│ → │顾客忠诚│ → │顾客资产│
└────────┘   └────────┘   └────────┘   └────────┘   └────────┘
```

图 1-4　以顾客价值为核心的营销逻辑图

本章案例：飞鹤乳业：以品质领先持续为顾客创造价值

20 世纪 90 年代初，飞鹤乳业是国内众多中小乳品企业的一员，如今，飞鹤乳业已经发展成为国内乳品行业的领先品牌。纵观飞鹤乳业的发展历程，飞鹤乳业之所以成功，与其秉承以品质领先为顾客创造优异价值的理念是密不可分的。

20 世纪 90 年代中期，由于消费水平较低，以维维豆奶为代表的豆奶粉生产企业的崛起，蚕食了大片的奶粉市场份额，许多乳品企业经营陷于困境，飞鹤乳业坚持以顾客为中心的营销理念，通过市场调研，了解顾客的需求，坚持产品品质优先，通过技术创新开发了适应不同年龄段的飞鹤系列奶粉，以满足不同年龄段顾客对奶粉的需求。同时，飞鹤乳业采用销售现场品尝、样品试用、邀请顾客座谈、通过电视台节目介绍产品，并向消费者展示企业处于北纬 47°的黄金奶源产地、完善的生产流程和质量控制体系等方式与顾客沟通，打造飞鹤品牌形象，提升顾客对飞鹤奶粉的认知价值。通过持续的产品价值和品牌价值创新，飞鹤乳业在竞争激烈的乳品市场赢得了越来越多的顾客，从众多的乳品企业中脱颖而出，跃进国内奶粉市场一线品牌行列。

自 2000 年开始，液态奶市场需求快速增长，成人奶粉市场不断萎缩。根据顾客价值需求的转变，飞鹤乳业及时调整营销策略，聚焦婴幼儿奶粉市场，将营销资源集中于婴幼儿奶粉市场，针对顾客对国产婴幼儿奶粉质量信任度较低的市场现状，通过自建牧场将传统的乳业奶源供应"奶站+农户"模式改为奶源"专属牧场"供应，从源头控制了奶粉质量，同时，加大产品研发力度，生产高品质的婴幼儿奶粉。2008 年三聚氰胺事件出现，由于飞鹤乳业长期坚持产品品质优先的经营理念，在国内一些奶粉品牌遭遇毁灭性的信任危机时，飞鹤品牌以质量过硬产品独善其身，更加印证了飞鹤乳业一直以来对产品品质保证的承诺，极大地增强了顾客对飞鹤品牌的信任。国产奶粉品牌的"危"，为飞鹤品牌带来了"机"。借此契机，飞鹤加大促销力度，以最优质的奶源、最先进的设备、最领先的技术、最适合中国婴幼儿的营养配方、最领先的品控体系作为支撑的"一贯好奶粉"的广告语，传播和传递其卓越的产品价值和品牌价值，彰显了几十年来飞鹤始终如一的以产品品质领先为顾客创造价值的本色。飞鹤乳业发展又跃上一个新的阶段。

到 2015 年，飞鹤乳业已经建立了中国婴幼儿奶粉第一条完整的全产业链，实现了从源头牧草种植、规模化奶牛饲养，到生产加工、物流仓储、渠道管控乃至售后服务各个环节的全程可控。产品创新是提升顾客价值的根本，为了让飞鹤奶粉更适合中国宝宝的体质，飞鹤与国内外领先的乳品研究机构合作，专注于中国宝宝体质和母乳营养研究，根据中国母乳的"黄金标准"，结合中国宝宝体质的高度适应性进行了研发，以"星飞帆、超级飞帆"为核心的母乳化超高端配方奶粉，成为国内首家通过临床喂养试验验证的奶粉品牌。优质的奶源及技术创新构建了飞鹤奶粉的差异化优势，产品更适合中国宝宝体质。"飞鹤奶粉，更适合中国宝宝"，朗朗上口的广告语精准传递了飞鹤奶粉为顾客带来的差异化价值。同时，飞鹤设立了 400 专线客服电话、微信专家咨询系统、全产业链产品可追溯系统和全国消费者进行零距离互动和沟通，高效地进行顾客价值的传播和传递。此外，从"飞鹤爱心工程基金""中国小康牛奶行动"到支持中国扶贫基金会"母婴平安 120 行动"，飞鹤积极参与公益活动，履行社会责任，为社会创造价值。

本章思考：如何理解顾客价值与顾客满意、顾客忠诚及顾客资产的关系？结合企业实际进行分析。

顾客价值是顾客需求的具体化，理解顾客价值的内涵及来源可以帮助企业准确洞察和把握所在行业的顾客价值需求，为企业在营销实践中理解以市场需求为导向和为顾客创造价值之间的关系提供理论诠释，有助于企业通过创造顾客价值更好地满足顾客需求。本章从基于需求的顾客价值的形成机制着手，就基于需求的顾客价值形成机理、顾客价值创造的影响因素、顾客价值来源，以及顾客价值的驱动因素进行深入的分析，从本质上探索了顾客价值的真正来源，并给出需求与价值的匹配关系。

第一节　顾客价值的内涵、特征和类型

一、顾客价值的概念

事实上，对价值的研究是许多学科共同关注的领域，包括心理学、社会心理学、经济学、营销学、会计学和管理学，它们都有自身对价值的理解。即使仅考虑基于特定产品和服务的"顾客价值"，也有很多种定义。从顾客需求的角度来看，顾客价值从根本上讲就是为了满足顾客的需求，即决定顾客价值的最终标准应该是对顾客特定需求满足的契合程度，也就是说，顾客才是顾客价值的最终评判者。因此，在这个层面上可以认为，顾客价值就是企业在与顾客交易过程中，提供给顾客，并由顾客自己判断，最终指向顾客需求的价值。在过去的研究中，学者们提出了众多的从顾客角度定义顾客价值的方法，其中以 Woodruff 给出的顾客价值定义最受学术界的认可。该定义认

为，"顾客价值是顾客在一定的使用情景中，对产品属性、产品功效，以及使用结果在达成（或阻碍）其目的和意图方面的感知、偏好和评价。"该定义强调了顾客价值判断中的三个重要因素：产品是实现顾客目的的媒介；产品通过结果（顾客体会到的结果）的交付来创造价值，而非其固有特性；顾客对价值的判断极易受特定使用情景的影响。

　　顾客价值的评判者不是企业，而是顾客自己，因而企业传递给顾客的价值完全取决于顾客的感知，这就意味着顾客价值实际上就是顾客感知价值，这种论断充分体现了全面的以顾客为中心的顾客导向和市场导向思想。众多的顾客价值定义也是从顾客的感知出发进行研究的。Zaithaml 在一项探索性研究中总结出四种感知价值含义：①价值就是低价的；②价值就是得到我想要的；③价值就是相比于价格的质量；④价值就是我的全部付出所能得到的全部。顾客感知价值这四种表述可以概括为：顾客感知价值是顾客所能感知到的利益与其在获取产品或服务时所付出的成本进行权衡后对产品或服务效用的总体评价。Zaithaml 对顾客价值的概述体现了一种所得与所失的权衡心理，这种分析顾客价值的方式得到学术界的普遍认可，被广泛地用于定义顾客感知价值。之后许多学者从不同角度对顾客价值概念进行了分析。Anderson 等从单个情景的角度出发将顾客价值定义为顾客对其感知利得与利失的权衡，或者说是对产品效用的综合评价。Grönroos 等从顾客关系角度提出顾客价值不应局限于单个情景的价值，而要包括整个顾客关系持续过程的价值，并将顾客价值定义为单个情景的利得加关系的利得与单个情景的利失加关系的利失之比。虽然，顾客感知价值的核心是感知利得和感知利失（或称正、负效应）之间的权衡，但是它缺乏对竞争的考虑，而竞争对手也是影响顾客感知价值的一个很重要的因素，因而部分学者如 Sweeney 和 Soutar 在感知价值的基础上提出了相对价值的概念，以求全面理解顾客价值，因为"想要理解某种特定的价值类型，就必须考虑它与其他价值类型的关系"。在相对竞争对手权衡得失的观点下，顾客价值的提升可以通过增加顾客相对于竞争对手的感知利得或减少相对的感知利失来实现。对企业的经营来说，确定构成顾客价值的关键因素，更好地了解顾客的期望和目标，显得尤为重要。

在以往的研究中，学者们提出了众多从顾客的角度定义顾客价值的方法，其中以 Woodruff 给出的顾客价值定义最受学术界的认可。Woodruff 的定义采用的是一个基于价值的顾客观念，而这个观念来自顾客是怎样考虑价值的，这样一个实证研究结果的形成也是建立在"手段和目的模型"概念框架之上的。

基于以上的分析，将"相对比较"和"得失权衡"思想引入 Woodruff 对感知价值所给出的已被广为认同的定义中，就可以得到一个更为完善的定义，因为在其中将会充分考虑竞争对手、顾客及情景等影响顾客感知价值的因素。新的顾客价值定义可以表述为：在特定情景中，顾客相对于竞争对手或自己对产品属性、产品功效的期望，以及帮助顾客实现目标的使用结果与相应付出的全部代价之间的感知、权衡和评价。很显然，对比现有的所有顾客价值的定义，这个定义拓展了以往基本上只聚焦于产品使用中或使用后的"获得与失去"间的顾客评估的定义，整合了期望价值和感知价值，并强调了价值来自顾客学习的感知、偏好及评估。同样地，它也把使用中的产品和以目标为导向的顾客体验的相关结果联系起来了。更重要的是，它将竞争、情景等影响顾客感知价值的因素融入进来，因此，这个概念无论对于学者深入理解顾客价值的内涵，还是对于企业营销部门理解顾客价值都是大有裨益的。

二、顾客价值的特征

虽然不同的学者对顾客价值的内涵具有不同的看法，但通过这些差异，仍然可以发现他们所概括的顾客价值都包含了顾客所得及其为此付出之间的权衡，也有些提出了参考竞争对手后做出权衡，无论有何差异都不会削弱顾客价值的主观性、个体性、相对性、情景依赖性、层次性和动态性等本质特征。

1．顾客价值的主观性和个体性

顾客价值具有强烈的主观性，因为顾客价值并不是产品和服务本身固有的，而是由顾客主观感知的，是顾客心中的价值，是与产品、服务、品牌是否符合顾客的需求紧密联系在一起的。这种主观性的特点使得顾客价值和传统的企业价值区别开来，即顾客价值是指顾客认为的"有价值"，而不是品牌自认为的"有价值"。这是两个视角，前者是用户视角，后者是产品视角。例如，现在很多消费者的消费习惯呈现出有趣的反差，去超市或餐饮消费，会把各种渠道的优惠券或优惠政策拿来一并使用，就是为了节省几元、几十元，好像很节俭；但购买网红产品、抢购限量版、抽泡泡玛特盲盒，对这些高价格、高毛利的产品，在购买时连眼都不眨一下，似乎又很奢侈。出现这一行为差异的原因在何在？有人采访了很多大学生，答案就是：价值。他们认为，超市和餐饮提供的就是普通产品，对他们来说价值不高，没必要花冤枉钱，而网红款、限量版有价值，能让他们开心并感觉到美好。

这种主观性同时体现为个体性，即顾客价值也是因个体的偏好而异的，对一个人来说有价值的东西对另一个人并不意味着有价值。这与顾客的个体特征存在着密切的关系，因为不同的顾客具有不同的个人价值观、个人需要、个人偏好、经验、教育和不同的财务资源等，而这些特有的个人因素都会对其感知价值产生影响。例如，有两家便利店，A 店一款面包卖 8 元，距离你家 500 米，B 店的同款面包卖 5 元，距离你家 1000 米。你会去 A 店还是 B 店买面包，并不是仅由面包价格决定的，你还会考虑距离等其他一些因素。最后决定去哪家店，取决于你对这两家店的综合评价，从而选择让你感知价值更高的那家店。感知价值是因人而异的，是个性化的，你能感知到的价值，其他人不一定能感知到，如上面说的面包店，有人会去 A 店，也有人会去 B 店；又如，有人喜欢网购，也有人喜欢去实体店。

因为顾客价值具有主观性和个体性，为深入透彻理解顾客价值，就必须要考察顾客价值链，并对顾客的价值期望和感知进行细致、深入和全面的探查。因为只有确定了顾客从企业的提供物中实际寻找的价值，企业才能把握准向顾客传递的利益的起点。

2. 顾客价值的情景依赖性

顾客价值是基于特定情景的，在不同的情景下，顾客的个人偏好及对价值的评价会有显著的差异。即使是同一顾客在不同的情景下也可能会对同一产品进行不同的评价，也就是说，顾客价值与产品的特定使用情景具有高度的相关性。

从消费者行为的角度看，情景是除人和产品特性以外的其他决定因素。

情景因素是指环境中除主体刺激物（如广告或包装）以外的刺激，以及由环境所导致的暂时个人特征，如赶时间或置身于一个拥挤的商店内等。

通过对消费过程的研究，可以看出消费过程发生在四种广泛的情景下：传播情景、购买情景、使用情景及处置情景。

1）传播情景

传播情景是指对顾客产生影响的信息接收情景。传播情景直接影响了我们对产品信息的接收程度，以及对我们所接收信息的感知与评价，进而影响了我们对产品所能提供的价值的期望与评价。

如今，顾客对产品或服务做购买决策时，面临着数量空前多的选择。产品的极大丰富导致公众的需求变得高度不确定，在快速变化的环境中，有时顾客本身也不确定他们到底想要什么。因此，新时代的顾客在购买时需要更多的信息和指导，这驱使顾客在生活中接触不同的传播情景。例如，有些人愿意浏览虚拟品牌社区（如威锋网），从其他粉丝那里获取共同喜爱的特定品牌故事和产品性能；有些人则愿意浏览产品体验分享社区（如小红书），从购物达人那里获取有意思的产品体验信息，了解好产品的推荐。

2）购买情景

各种购买情景同样能影响顾客价值。和朋友一起购物与一个人单独购物时对同一件产品的评价可能会有很大的差别，朋友的一句肯定或否定的话都可能影响其对产品所提供价值的预期与评价，进而影响购买决策。

在体验经济时代，顾客从关注商品的性价比过渡到对服务体验和消费的环境要素产生诉求。可以将服务场景分为物理维度和社交维度，二者均会对顾客感知价值产生影响。首先，在物理维度，不同主题的设计和装修风格会影响观众的视听享受和审美体验，不同功能的设施会影响观众对效果的感知和成本评判，而对结果和过程的认知判断构成了顾客的感知价值。其次，在社交维度，服务人员的服务能力和举止行为会影响顾客对服务体验的价值判断；而其他消费者的身份、地位等显性背景要素或外泄情绪也会对个人评估服务的社会价值造成影响。例如，酒吧、运动场等场馆的社会密度（拥挤度）可以烘托热闹、欢乐气氛，提升顾客的情感价值；但类似餐厅的个体消费场所，拥挤度就会降低顾客的愉悦感。直播间的在线人数、主播互动及与粉丝的互动、虚拟场景等都会影响顾客的情感价值。

案例：文创雪糕

2021 年"五一"假期，网红文创雪糕火了。"到景点不买网红雪糕，我都不觉得自己旅游了"，这是网友的评论。"五一"假期首日，由三星堆文创馆推出的文创食品——"青铜面具"雪糕率先"火出圈"。这款"青铜面具"雪糕又被叫作"娃娃头"雪糕，是以三星堆祭祀坑出土的两款青铜面具为原型打造的，目前推出了"青铜味"（抹茶）和"出土味"（巧克力）两种口味。1200 多支雪糕，一上午便被游客一抢而光。

杭州西湖文创雪糕主打民间传说，推出了两款情侣版雪糕，分别是"七夕梁祝"款雪糕和"断桥相会"款雪糕。四川成都推出了川剧变脸雪糕，还原了川剧经典脸谱。南京夫子庙明远楼雪糕，完美还原了明远楼的样子，狠狠咬一口，吃完会发现雪糕棍上题有"金榜题名""独占鳌头""逢考必过"等字样，这都是在夫子庙吃雪糕，吃出来的"上上签"。

为什么文创雪糕特别火？国潮的背后是文化自信，源自顾客对产品背后中国传统文化价值及 IP 文化的认同。文创雪糕是场景制造的应用，仅是改变了雪糕的造型，把中国传统的文化、景观及动漫中的 IP 形象植入雪糕里面，就创造了新的顾客价值。文创雪糕的设计借助场景思考和场景制造，以文化体验来满足主流用户在"产品使用"情景中的消费升级。

3）使用情景

Woodruff 认为顾客的使用情景对顾客感知价值的形成起着重要作用，如果使用情景发生变化，产品属性、结果和目标及其相互之间的联系也会发生相应的改变。Ravald 和 Gronroos 用一个汽车抛锚的例子描述了顾客价值的情景依赖性：当汽车在前不挨村、后不着店的地方发生故障时，即使收费很高（高利失）服务很差（低利得）的维修服务，顾客也会对其产生较高的感知价值。

案例：熊掌咖啡

上海永康路上有一家没有座位的咖啡店门口居然排起了长队，这家咖啡店只有一面光秃秃的水泥墙、一个二维码、一个洞口、一个卖萌的小熊爪。对，这就是熊掌咖啡，一家人人打卡的网红店。目前，熊掌咖啡门前天天排长队，不仅刷屏抖音、小红书，还被新闻联播等主流媒体报道过。

顾客扫描二维码下单，咖啡做好后会有一只熊爪从洞口内把咖啡送出。神秘又可爱的样子让人看了大呼"萌化了"。拿咖啡时熊爪还会和顾客互动，整个过程就像童话故事一样温馨又可爱。

晚上闭店之后的洞口则放了一朵玫瑰，在灯光的搭配下显得尤为浪漫。这样可爱有创意的咖啡店，当然会引起热议，有人好奇洞里的场景。各类媒体解读了这个谜底：可爱小熊的背后可能是聋哑人或者一位面部烧伤人士，而建立这家特殊咖啡店的初心也是帮助残疾人就业。

熊掌咖啡店的创始人之一王海在接受媒体采访时表示，店内工作的两位咖啡师为聋哑咖啡师，其中一位曾经获得全国残疾人职业技能比赛咖啡冲调项目一等奖，两位咖啡师均持有咖啡师证书，未来他们想招募培训更多聋哑人咖啡师。之所以想出这个创意，一方面是因为聋哑人在经营过程中与顾客的正常交流存在障碍；另一方面源于他们身体受限无法发声交流，希望用这种方式为顾客带去暖心的服务。

正是这个过程，给顾客带来了远超出一杯咖啡的价值。这样"打破幻想"的真相却让更多人产生了好感，可爱被治愈的同时，也让大家突然意识到：在我们看不到的地方，还有很多人也在努力生活着。了解这个故事后，你再去消费的目的，就不仅仅是为了咖啡的功能性价值：你既会为这些自强的残疾人加油鼓劲，也间接做了慈善，能感受到生活的美好和温暖。熊掌咖啡卖的不是咖啡，而是情感体验价值。

4）处置情景

产品使用前、使用后及使用过程中均可能发生产品本身或产品包装容器的处置。只有完全消费掉的产品（如蛋卷冰激凌）才不涉及产品处置问题。一些顾客认为，处置方便是产品本身的一种重要属性。这些顾客也许只会购买那些易于回收的物品。

产品使用后废弃包装的处置情况对顾客价值的影响主要体现在以下两个方面。

（1）产品包装处置的便利程度会影响顾客价值。同一款巧克力，顾客会更喜欢用后能够当作容器的精美的瓶子包装，而不喜欢用后当作垃圾扔掉的纸包装。

（2）产品包装是否会污染环境，直接影响了顾客对产品的评价。现在越来越多的顾客开始关注生态及环保，因此，对这部分顾客来说，企业为他们提供的产品，选择用环保的纸质包装要比选择用会引起污染的塑料包装明智得多。

案例：三顿半"返航计划"

三顿半咖啡成立于 2015 年，2018 年因其精品超即溶咖啡而声名大噪。2019 年"双十一"活动期间，三顿半咖啡的成交额同比增长 10 倍，击败雀巢，成功问鼎国内市场咖啡品类第一。其最畅销的产品是一款采用迷你咖啡杯包装的超即溶咖啡粉。近年来，咖啡文化盛行，但速溶咖啡和精品咖啡之间还有很大差距。因此，三顿半咖啡将品牌定位为"精品超即溶咖啡品牌"，即让顾客能随时以速溶咖啡的价格品味到精品咖啡的醇美。

三顿半咖啡是如何引领咖啡行业新潮流的？其成功的一个重要原因是它的"返航计划"。"返航计划"是三顿半咖啡发起的一个回收计划（消费者可持咖啡空罐到返航点兑换新咖啡或周边产品），截至 2021 年已开展过三期。第一期活动在北京木木艺术社区、上海衡山·和集和南京先锋书店等门店举行；第二期活动扩容至包括%Arabica、o.p.s café 和 metal hands 在内的 42 家精品咖啡店，并在短短 2 天内收到了超过 77 万个咖啡空罐；第三期活动覆盖港澳台以外的所有省级行政区，活动参与人数超过 2 万人，空罐回收数量超过 140 万个。除了体现品牌的社会责任感，"返航计划"也是三顿半作为纯线上品牌打造线下触点，以触及目标消费者（咖啡爱好者）的一个好方法。

顾客价值的情景依赖性是顾客价值区别于个人价值和组织价值的关键标志，后者指的是超越具体情景和产品的、持久的是非好坏观，而顾客价值是依附于特定情景和具体产品的，它既是客观的又是主观的。

3. 顾客价值的层次性

Woodruff 基于信息处理的认知逻辑，依据 Gutman 的"手段—目的链"方法提出了顾客价值层次模型。该模型既突出了顾客价值的本质特征，又集成了顾客的期望价值和实受价值，并强调价值来源于顾客通过学习得到的感知、偏好、评价，以及消费情景对价值感知的影响，如图 2-1 所示。

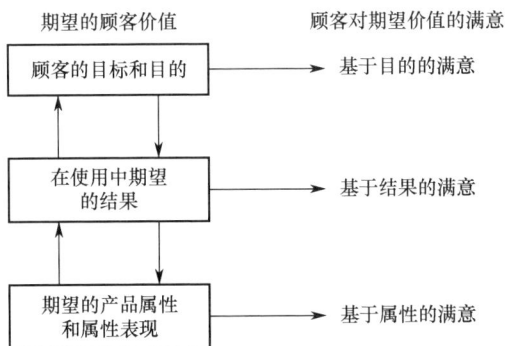

图 2-1　顾客价值层次模型

顾客价值层次模型认为顾客通过"手段—目的"的模式构建其期望的价值。从下往上看，顾客结合以前的经验，将产品看作一系列特定属性和属性功效的集合，属性是达到功效（特定结果）的手段，功效是达到目标价值的手段。从上往下看，顾客会根据其目标和意图确定在使用情景下结果的重要性，再由重要的使用结果指导顾客确定属性和属性功效的重要性。顾客价值层次模型不仅描述了顾客期望价值，也很好地描述了顾客实际得到的价值。顾客满意则是连接二者的媒介。换句话说，在整个相互影响的过程中，顾客是通过顾客满意这个媒介来感知价值的。

从对 Woodruff 的顾客价值层次模型的分析中可以看出，顾客价值对顾客而言并不是一个很笼统而抽象的概念，实际上，顾客会在不同的层次上分别形成感知价值。由此可见，顾客价值具有清晰的层次特征。从管理实践的角度来说，顾客价值的层次性也有利于企业在操作层面上实施这一概念，进而丰富其管理思想。

案例：苹果 iPhone15

2023 年春季，苹果公司在加利福尼亚州的苹果总部推出了新款 iPhone。这款产品不仅确保了基本功能的稳定性和可靠性，如打电话和发送消息，而且在摄像头、电池寿命和处理器等方面进行了显著的升级，满足了顾客的期望。更出人意料的是，新款 iPhone 加入了先进的健康监测功能和与其他 Apple 设备的无缝集成，为顾客提供了超越期望的价值。在 Apple Store 内的体验活动和开发者大会中，苹果公司还展示了其未来可能为顾客创造的潜在价值。这些营销活动充分体现了顾客价值的层次性，从满足基本需求、达到期望、超越期望到预示未来的可能性，苹果公司都展现了其对顾客价值深入理解的能力。通过不同层次的顾客价值，苹果公司成功地维持和增强了其品牌形象和市场地位。

4. 顾客价值的动态性

顾客价值的主观性在一定程度上决定了顾客价值必然是动态变化的。随着时间的推移、市场环境的变化、顾客需求的演化和技术的进步，顾客对价值的感知和评估也会发生变化。事实上，顾客价值的动态性在许多文献中都有阐述，学者们或直接或间接地提到了顾客价值随着时间变化的特点。但这种动态变化并非全无规律可循，可以将导致顾客价值动态变化的因素分为四类。

第一类是时间要素，即顾客在不同的消费阶段对价值的感知和关注因素是变化的。Slater 和 Narver 曾指出，为了给顾客不断创造卓越的顾客价值，供应商需要能够理解顾客的整个价值链，不仅仅是价值链现状，还要理解这一价值链随时间的发展变化。Vantrappen 同样认为，顾客对同一产品的期望价值不仅仅是对不同的顾客来说不同，即使对同一个顾客，他在不同的时间所感知的价值也是不同的。Parasuraman 在对 Woodruff 的文章评述中也提出，随着顾客从第一次购买，到成为短期顾客，再到成为长期顾客的转变，他们的价值判断标准可能会变得越来越全面、抽象。例如，顾客在最初挑选商品时可能受到款式、面料等属性的吸引，随着对品牌了解的深入，他们可能会更关注品牌定位、企业社会责任感等因素。一般来说，顾客在初次购买过程中的信息处理要较重复购买时要详细，原因就在于顾客积累了丰富的消费经验，这种经验引导着顾客超越了对具体属性价值的评价而关注更高层次价值的评价。

事实上，顾客价值的层次性也在这个层面上反映了顾客价值的动态特性。顾客在整个活动周期的不同阶段对价值有不同的评估标准，在购买、使用中和使用后各个不同阶段，顾客关注的焦点依次是产品属性、属性的结果和对达成目标的效用。很多实证研究都表明，顾客在购买产品的过程中对价值的感知与使用中或使用后对价值的感知是截然不同的。

这些研究结论都说明，顾客价值的特征和决定因素在不断随着时间发生变化，换句话说，促使顾客初次购买某产品的特性可能会有别于产品使用中的价值评价标准，而使用初期的价值评价标准有可能不同于长期使用中的价值评价标准。

第二类是需求要素，即在不断满足顾客不同层次需求的过程中，顾客对满足其需求的价值要求是变化的。例如，过去的顾客可能更重视产品的耐用性，而现代的顾客可能更重视产品的便利性和定制化。依据顾客需求的满足程度将其区分为绩效性、激励性和保健性三类，这三类要素之间是可以相互转化的。当绩效要素满足顾客的基本需求后，企业所提供的顾客价值对顾客来说就不再具有吸引力，顾客对产品或服务的期望价值也随着这层需求的满足而提高，而且对价值的感知标准也在随之发生变化。就这样，在顾客需求逐渐满足的过程中，企业为顾客提供的价值也就从绩效性过渡到激励性，最后提高到无法再改善顾客满意度的保健性，这种由需求主导的转变从侧面反映出顾客价值的动态变化规律。

第三类是触发事件要素，它是特定环境中的一个与顾客目标相关的刺激因素，它不仅会影响价值形式的变化，也会引起期望价值和价值判断的变化。经济波动、政治变革、健康危机（如 COVID-19 大流行）等都可能影响顾客价值的感知。Flint 等人针对产业营销中的"供应商—顾客"互动问题，罗列了能改变顾客价值的一些触发事件，描述了顾客的动态特征，提出了分析这些事件引发顾客价值变化的机理，触发价值变化模型如图 2-2 所示。

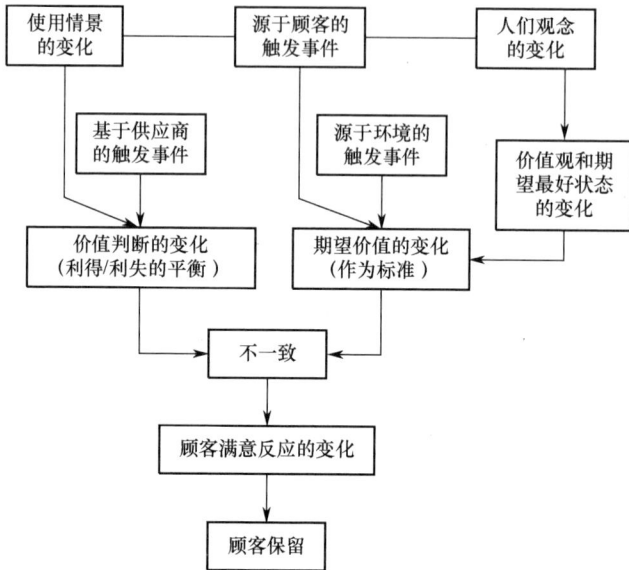

图 2-2　触发价值变化模型

　　第四类是互动因素，即顾客在产品或服务的消费过程中参与产品生产的程度会影响价值感知的变化。Jaakkola 等学者结合价值共创和顾客契合进行了一项实证研究，发现顾客对企业和利益相关者的资源贡献可以影响其价值共创行为和感知价值，甚至影响其他顾客对企业或产品的看法。事实上，顾客在他们的消费经历中扮演着一个积极主动的角色，进而成为价值的协作者，也就是说企业企图传递给顾客的价值是在与顾客的互动中形成的，而不是由企业单方生产的。因此在这个意义上，顾客介入价值创造的程度越高，其主观意识起的作用就越强，消费体验的路径差异也越大，因而价值感知的波动也就越明显。这种互动对价值的影响可能在服务业较为普遍，随着人们DIY 经济体验消费观念的深入，这种影响也日渐出现在制造业中（如IKEA）。顾客价值的这种动态特性，启示企业应该尽力设计一个顾客能够创造自己价值的活动系统。

　　正如 IBM 公司顾客价值管理咨询服务的全球执行官哈维·汤姆森所说，

顾客导向型的企业如同一个猎手，他瞄准的始终是一个动态的目标。因此，无论是哪种因素导致顾客价值的动态特性，企业都应该紧紧追踪顾客价值的变化，而且应该走在顾客前面，积极引导顾客价值的变化趋势，主动应对顾客价值的动态变化。

5. 顾客价值的相对性

顾客价值的相对性不仅包含因顾客个体和情景差异而形成的价值相对性，而且强调有比较的相对性（包括在不同提供物间的比较）。这意味着顾客对价值的感知和评估是相对于其他参考点或标准来确定的，这些参考点可以是其他竞争品牌、过去的购买经验、同伴的建议或社会文化的预期。也就是说，商品的真实价值也包括顾客对于该物品的偏好。正如 Morris B. Holbrook 所说："在价值上我可以合法地表述为'相对于巧克力冰激凌，我更喜欢香草冰激凌'（但这并不意味着我比你更喜欢某种冰淇淋）。"

典型的价值是通过与相对竞争对手的比较而形成的，如一款手机性能的优劣。顾客价值不是仅局限于顾客自身的感知，而是用感知到的企业提供的价值去比较其竞争对手的相关价值，从而做出价值判断，因此从这个角度上说，顾客价值是具有相对特性的。

案例：特斯拉 Model 3 电动车

2023 年，特斯拉的 Model 3 电动车在北美、欧洲和亚洲等不同市场中展现了其不同的价值认知。在北美市场，特斯拉主要突出 Model 3 的高技术性和性能，反映出顾客对技术进步的高度认可。在欧洲，尤其是在挪威和荷兰，特斯拉强调其车辆的 0 排放和环保特性，与本土豪华品牌进行比较，显示出欧洲市场对环境友好产品的强烈需求。在中国等亚洲市场，特斯拉的 Model 3 被视为时尚和技术的标志，与当地的知名人士合作并强调其充电网络，彰显其在该市场的特殊地位。这些差异化的营销活动充分体现了顾客价值的相对性，即同一产品在不同的市场和文化背景下可能具有不同的价值意义。通过对各市场特性的深入理解和精准的营销策略，特斯拉成功地捕捉了各个市场中的顾客价值，并进一步巩固了其全球品牌地位。

三、顾客价值的类型

通过顾客价值特征的研究，可以发现对于顾客价值的理解与其所处的状态（时间、使用环境等）有关，为了更深入地理解顾客价值，对顾客价值进行分类是很有必要的。在具体研究中，已经有不少学者提出了一些分类方法试图把顾客价值予以归类，在此不再提出新的分类方法，而是就这些细分方法进行比较研究，以期能够全面地理解顾客价值在各种状态下的形态。

Sheth、Newman 及 Gross 将顾客价值区分为五类能影响顾客选择行为的价值：功能性价值、社会性价值、情感性价值、知识性价值和条件性价值。在他们看来，任何产品或服务所提供的价值不外乎这几种价值的组合，不同的是在不同的具体状态下哪种价值类型所占的比重更高一些，或者所包含的价值类型更全一些。例如，顾客买一块面包所获得的价值就是以功能价值为主的，而去参加一场演唱会则会触动顾客的情绪，在该过程中除功能价值外还产生了情绪价值，甚至还会产生社会价值。当然，这种分类的潜在不足就是这些价值都是一般的，也就是说，它们是通用的、潜在的，而不能用于具体的消费行为中。

Holbrook 考虑了顾客价值的三个维度：外生与内生的价值、自我导向的与其他导向的价值、主动的与反应的价值，据此把顾客价值分为八种，如表 2-1 所示，它们分别是效率、优秀、地位、尊重、娱乐、审美、伦理和精神，表 2-1 中列举了各类型顾客价值及其对应的示例，分别为方便、质量、成功、声誉、愉快、美丽、道德、欣喜等。尽管 Holbrook 所给出的分类标准并未得到一致认可，不过这种对价值的分类为深刻理解顾客价值，以及思考如何衡量顾客价值，提供了很好的参考。事实上这种分类正在被广泛引用和讨论。

表 2-1 顾客价值的类型

		外生	内生
以自我为导向	主动的	效率（方便）	娱乐（愉快）
	反应的	优秀（质量）	审美（美丽）
以其他为导向	主动的	地位（成功、形象管理）	伦理（美德、正义、道德）
	反应的	尊重（声誉、物质、财产）	精神（信仰、欣喜、神圣、幻想）

在工业品市场上，Gasseheimer、Houston 和 Davis 对商务关系中的经济价值和社会价值进行了区分。他们指出，经济价值就是以最低的交易成本满足经济的需要，而社会价值则是指，在与其他可替代关系的比较中，对当前关系所感知的满意度。

Rust、Zeithaml 和 Lemon 在其著作中深入探讨了顾客终身价值的概念，并基于时间将价值分为即时价值和长期价值。

Grönroos 深入研究了服务中的价值共创概念，并提出基于过程的分类方式，将价值分为交换产生的价值和使用产生的价值。

考虑到顾客价值评价的时间差异，以及对价值感知的关注因素的异同，Woodruff 从这两维度将顾客价值分为四类。如图 2-3 所示，它们分别是基于属性的期望价值、基于属性的评价价值、基于结果的期望价值和基于结果的评价价值。

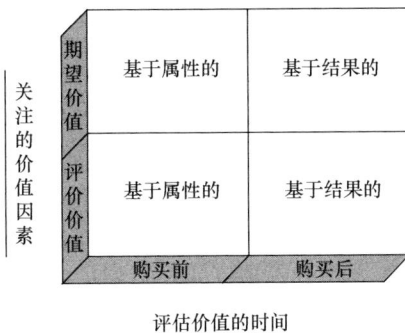

图 2-3 基于不同状态的顾客价值分类

Daniel 在研究工业品市场中顾客价值的改变时，也曾把价值分为三种类型，即价值、期望价值和价值判断。除此之外，Zeithaml、Lai 和 Richins 也分别以不同的标准对价值进行了分类。尽管上述各种分类依据千差万别，但它们都与"手段—目的"这个理论保持着一致性，这是因为它们都是聚焦于顾客价值层次中的结果层面进行讨论，都是通过顾客价值的结果进行逆向分类的。

第二节 基于需求的顾客价值形成

一、需求特性和需求的影响因素

1. 需求的矢量特性

每个顾客（包括个体消费者和企业）都有多种多样的需求，消费产品（包括消费品和工业品）是满足需求的一种主要方式。

1）需求的两个要素

需求有强度和方向两个要素。不同需求有着不同的强度，强度不是足够高的需求不会引发消费产品的行为。如感觉稍微口渴时，可以忍受不足以引发购买行为。需求指向产品，顾客才会通过消费产品的方式满足需求。需求可能指向某一特定产品，也可能指向某些产品。如果需求没有足够的强度，或者没有需求所指向的产品，顾客就不会进行消费产品的行为。

（1）需求的强度。

需求是由人的某种不舒适状态引起的，需求的强度是引起需求的不舒适感觉的程度。不舒适感觉的程度高，需求的强度就高；不舒适感觉的程度低，需求的强度就低。例如，强体力劳动后解除疲劳的需求强度，一般较轻微劳动后解除疲劳的需求强度高，就是因为强体力劳动后人的不舒适程度更高一些。不舒适程度越高，越迫使人尽量地减弱或消除不舒适感。强度越高的需求被满足后，意味着顾客的不舒适感减少得越多，等于顾客获得了越多的效用，也就意味着顾客获得了越高的顾客价值。因此，如果产品满足顾客需求的强度越高，顾客对此产品的购买欲望也就越强烈。

需求的强度在受顾客不舒适感觉程度决定的同时，也同外部环境的刺激相关。波兰销售电动祛毛机的例子可以说明这一点，在除腿毛的电动祛毛机刚刚进入波兰市场时，波兰的顾客虽然对电动祛毛机感兴趣，但祛除腿毛的需求强度并不高，以致购买欲望并不强烈，经销公司为了提高顾客的购买欲望，开展了广泛的促销活动，请明星宣称："有腿毛已经过时了"，并举办了美腿大赛，得奖的都是腿部光洁的美丽女子，结果波兰顾客对除腿毛的需求强度被刺激得大大提高，争相去购买电动祛毛机，于是销售形势逆转，销售量骤然增加。

（2）需求的方向。

需求总是指向一定的内容或某种具体的事物，也就是指向能够满足需求的产品。方向不确定的需求一般是因为市场上尚未出现相应的产品。对不同的顾客来讲，同一需求指向的对象可能大不相同，也就是对不同顾客而言，满足相同需求的产品大不相同。例如，同样是吃早餐的需求，陕西人要一碗羊肉泡馍，北京人要的是豆浆油条，美国人却喜欢汉堡包。对某一具体的产品而言，其所对应的需求也很可能是多种多样的，同样是购买书籍，有些顾客是为了增长知识，有些顾客却是为了作为礼品馈赠他人，还有些顾客是为了追求高雅，满足被尊重的需求。

需求的方向不是固定不变的，而是在外界的影响下变化的。20 世纪 70 年代可口可乐进入中国市场之初，并不被中国顾客所接受，说其样子像铁锈水，味道像止咳药水，但可口可乐公司没有气馁，以满足在华的外国人的需求为切入点，无偿赠送中国两条灌装生产线，并持续宣传以求改变中国顾客的需求方向，经过长期不懈的努力，终于使大多中国顾客消费饮料的方向指向了可口可乐，可口可乐的年销售量达到八万吨左右，获得了巨大的收益。

2）需求的特性

需求除具备强度和方向两个要素外，作为需求的整体而言，还具备其他特性。

（1）需求的层次性。

每个人都有许多需求，不同的需求一般属于不同的层次，也就是有不同的重要性。马斯洛的需要层次理论指出，人的需求可划分为从低到高的五个层次，分别是生存层次、安全层次、社会层次、尊重层次和自我实现层次。每个时期都由某一层次需求占主导地位，其他需求则处于从属地位，一般从低级向高级发展，如图 2-4 所示。其中，底部的三类需求可称为缺乏型需求（低层次需求），只有在满足了这些需求后，个体才能感到基本上舒适；顶部的两类需求可称为成长型需求（高层次需求），因为它们主要是为了个体的成长与发展。顾客一般首先需要满足低层次需求，然后才会考虑满足高层次需求。这意味着当低层次需求和高层次需求都未满足时，顾客对满足低层次需求的产品有更强烈的购买欲望，但当低层次需求已经满足时，顾客对满足高层次需求的产品的购买欲望就变得强烈。贫困地区儿童的失学率高于城市儿童的失学率，很大原因在于贫困地区人民的温饱问题尚未解决，无暇考虑让孩子读书等高层次需求。当贫困地区脱贫后，儿童失学率一般也会随之降低，就是基于这个原理。

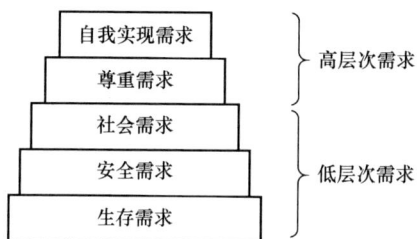

图 2-4 顾客需要层次图

哪个层次的需求占据主导地位，可以应用恩格尔系数或其他手段进行衡量。当社会生活水平比较低时，低层次需求一般占据主导地位；当社会生活水平较高时，高层次需求就凸显出来。企业应该明确整个社会哪一层次的需求占据主导地位，以将资源投入适当的领域，获得好的回报。例如，我国安防产业最早起步于港澳台地区，就是因为这些地区的经济比其他地区发达，生活水平比内地高得多，如果安防产品在内地起步，肯定不会像在港澳台地区那样有发展。但同时应注意到，社会的发展是不平衡的，总是存在处于社会平均生活水平以下和以上的顾客，他们的需求对企业来说也意味着机会。

层次越低的需求，满足的难度越低；层次越高的需求，满足的难度也越高。例如，对于一个有抵御寒冷生存层次需求的人，一件厚实的衣服就可满足；但对于一个有接受高等教育自我实现层次需求的人，他的需求就比较难以满足。

（2）需求的隐含性。

顾客的真实需求有时隐含在顾客意识的深层，甚至顾客自己也不是很清楚，表现出来的需求虽然和真实需求有密切的关系，但同时和深层的真实需求有着很大的不同。例如，一位领导邀请其下属共同去酒吧喝一杯，其真实的目的可能并不是喝酒休闲，而是为了彼此交流，统一对某个问题的看法。

由于真实的需求被隐含起来，表现出来的需求往往同顾客真正的需求有差异，如果仅仅满足顾客表面上的需求，并未满足顾客真正的需求，顾客就不会认为获得了高的顾客价值，也就不会有顾客满意，更不会有顾客忠诚。在上例中，顾客的真实需求在于彼此深入而轻松地交流，这就要求有适宜的环境，如果酒吧的环境嘈杂，妨碍顾客谈话，那么即使拥有上好的美酒，顾客也不会选择这样的酒吧。假如到酒吧的大部分顾客的真实需求都是进行交流，那么不具备安静环境的酒吧就面临着顾客流失的危机。只有发现顾客真实的需求，并进行满足，才能有效地提高顾客价值。

（3）需求的无限性。

需求的无限性有三个方面。第一，对某一特定需求来说，其具有连续性，任何需求都很少是满足一次后就结束的。需求被满足后，强度降低，但经过一段时间，强度又会逐渐增强，又需要进行满足，甚至周而复始，永无止境，人们吃饭、喝水的需求就是一个典型的例子。第二，需求具有发展性，随着生产的发展，需求也是由低级到高级、由简单到复杂逐步发展的，一般表现为需求方向的变化。例如，过去听音乐的需求通过有线耳机满足；随着无线技术的进步，人们开始寻求无线耳机，这样在运动或活动时更为方便。随着国家的强盛和国民购买力的提高，人们的消费也从购买基础商品转向更高端或奢侈的商品，如从经济型车转向豪华车。第三，需求具有多样性。无论是工业品市场还是消费品市场，不同顾客的需求是不相同的，炼钢厂需要矿石，家具厂需要木料，而食品厂需要的是粮食，它们各不相同。即使是同一个顾客，也有着多种多样的需求。例如，顾客可能在工作日需要快速而简单的午餐，在周末则更倾向于放慢节奏，享受一顿丰盛的家常菜，而这些差异甚至没有被顾客自己明确意识到。

（4）需求的有限性。

需求的有限性一方面指针对某一特定需求，并不是所有的人都有同样的需求强度，因此通过消费相应产品来满足此需求的顾客是有限的，特别是针对一些高档产品的需求；另一方面指在某一特定顾客的所有需求中，准备通过消费产品来满足需求的数量是有限的，如顾客既有买房的需求，也有买车的需求，但因为顾客的钱不足以同时买房和买车，只能二者选一，所以可以满足的需求只能有一个。

有限性和无限性并不矛盾，无限性指所有顾客的所有需求是无限的，有限性指一定时期内针对特定的顾客群，顾客准备通过消费产品来满足的需求的数量是有限的。需求的有限性是因为顾客掌握资源的有限性。需求的有限性决定了市场的有限性。

2. 需求的影响因素

需求除受顾客自身因素影响外，还受到消费环境、情景事件、营销刺激和资源约束等外界因素的影响。这些影响一方面促进了需求层次的演变；另一方面左右着顾客对满足其需求的价值有选择性地感知。

1）消费环境

消费环境在这里是个比较宽泛的概念，无论是社会文化环境，还是地理环境，都对人的需求有很大的影响，确切地说就是对渴望满足需求的价值有影响，在不同的环境下，满足同一需求的价值是不同的。例如，东方顾客可能更重视家族和传统，而西方顾客可能更倾向于个人主义和创新，那么在设计和推广产品时就需要侧重家庭性或个人探索的趣味性。

2）情景事件

顾客需求不仅受到环境的影响，还受到顾客所经历的其他产品或服务的感受的影响，因为这些感受的前后比较无形中改变了顾客的需求层次。这些经历就是情景事件，如一次入住五星级酒店的经历、一次豪华购物中心的购物体验等。例如，顾客到银行去取钱，银行工作人员给他提供了无微不至的服务，这不仅满足了他对现钞的需求，而且满足了其受人尊重的需求。这样一个在银行服务中需求被最大化满足的顾客，如果接着或过段时间去商场购物，这时顾客的需求肯定是会受到影响的，他的内在需求已变成基本需求，这时购买到自己所需之物的需求和受人尊重的需求对他来说将是同等重要的，假如此时商场的服务员没有给予足够的微笑，顾客即使买到了所需之物，但他的总需求并没有得到充分的满足，想要获得的顾客价值没有最大化。

3）营销刺激

营销刺激主要指整个商品市场的营销活动，如一个有效的广告、一场促销活动等。这些活动能够引导顾客的需求，激发顾客对自身需求的认识。例如，贵州茅台酒的广告传递给顾客的是，它不仅可以满足饮酒的需求，还隐藏着文化、社会地位等更高层次的需求，这种广告自然就会在无形中影响着顾客对它的需求。

4）资源约束

顾客的需求不可能无限膨胀，还受到资源的约束。如时间、体力、精力或货币等资源都会束缚需求的表现，使顾客在多种需求中形成有选择性的偏好。例如，高收入家庭可能更倾向于购买高端、奢侈品，而中低收入家庭则可能更注重价格和实用性。不同的经济情况直接影响了其需求的变化，高端、奢侈品还隐含着对于社会地位、名誉的需求，而价格便宜、实用性高的产品不能满足这种需求。

二、基于需求特性的价值创造

1. 需求层次及其价值构成

顾客对产品产生需求时，有意识的需求往往表现单一，但实际上总是存在一些无意识的需求，使得顾客的需求形成一个多重需求组合。既然顾客需求通常是多目标、多种需求的混合，只是有些需求未被意识到而已，则企业为满足顾客需求而提供的价值也应该是多样化的，形成一个价值组合并与之相对应。顾客对自己需求层次认识不同时，他们所寻求满足需求的价值也是不一样的，提供合适的价值组合就可以最有效地满足顾客的需求，使他们达到最大的满意度。如图 2-5 所示为需求层次及其价值构成。

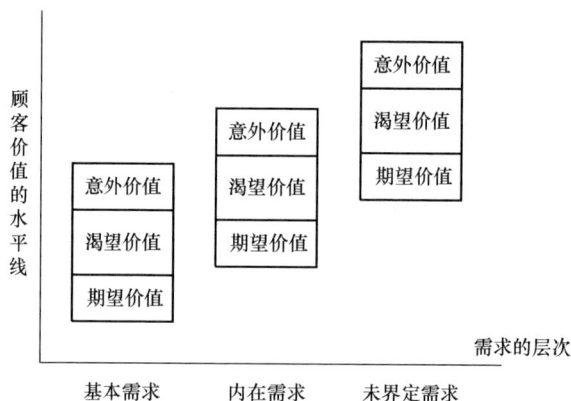

图 2-5　需求层次及其价值构成

在图 2-5 中，顾客需求分为基本需求、内在需求和未界定需求，满足每种需求的价值内容和相对重要程度都是不一样的。在顾客所追求的满足需求的价值形态中有三种价值：期望价值、渴望价值和意外价值，这三种价值形态在满足顾客不同层次需求的效用时存在很大差异。当顾客仅认识到基本需求时，这三种价值形态都存在。其中，期望价值构成满足其需求的最低限度，并处于主导地位。如果企业不能很好地为顾客提供这种基本价值，那么就很难满足顾客的需求。当然，对于这种顾客需求，企业如果能提供更高层次的渴望价值和意外价值，那将会使顾客感受到他们的需求得到了最大化的满足。在这个需求层次上，渴望价值和意外价值对顾客具有很大的吸引力，因为这些价值在试图满足顾客其他的需求，也正是这个原因这些价值很容易诱导顾客更进一步认识自己的需求，使他们的需求走向更高层次。当顾客除自己的基本需求外，对一些深层次的内在需求有一些朦胧意识时，渴望价值就会对顾客失去吸引力，此时的渴望价值和期望价值就变成顾客追求满足需求的最低限度，也就是说渴望价值的功能在退化。顾客获得了渴望价值会感到需求得到了满足，若少了渴望价值而仅有期望价值则其需求的满足感将会大打折扣，相反如果企业再提供一些意外价值则会使顾客需求在更大限度内得到满足。其实，企业通过识别顾客需求，对所提供的价值加以区分，一方面提高了满足顾客需求价值的效用，另一方面促进了顾客对需求的认识。对于顾客需求中未界定需求这个层次，由于是顾客对需求更深层次的表现，顾客本身和企业都是很难识别的，企业只能靠一些意外价值试探性地满足顾客的这种需求，这种层次的需求满足与否并不会影响顾客总体需求的满足感，如果意外价值能取悦顾客，则可以探索出顾客的这种需求。例如，直播电商的火爆就源于顾客在直播间购物的过程中，可以获得传统电商不能提供的期望价值、渴望价值和意外价值，如各种惊喜福利，与主播互动的情绪价值、知识价值等。

2．价值对于需求的满足程度

在顾客价值内涵的分析中，已经明确了价值的测量本质和层次性特点，并且认为价值就是满足顾客需求的效用程度。很显然，不同层次的价值满足顾客需求的能力是有差异的，价值满足需求的能力如图 2-6 所示。

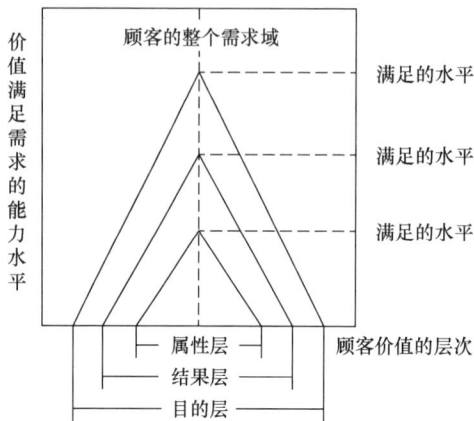

图 2-6　价值满足需求的能力

在图 2-6 中，整个正方形表示顾客的整个需求域，横轴代表顾客价值的层次，纵轴表明价值满足需求的能力水平，三角形覆盖的区域为价值所满足的需求区域，三角形的顶点表示该层次价值满足的最高需求水平。从图 2-6 可以很清楚地看到，随着价值层次的拓展，它所涵盖的区域在增加，它的顶点也在不断地升高，意味着价值的层次越高，它满足需求的能力越强。当企业为顾客提供无限多的价值时，在图中就是顾客价值层次向更高级拓展，顾客的整个需求域将会被价值三角形所覆盖，但在实际中是不可能的，也是不需要的，也就是说顾客需求的满足是不会绝对达到顾客的理想状态的。当知道价值与需求满足能力的这种关系后，我们就会调节提供的价值来满足不同的需求。

第三节　顾客价值的来源及驱动因素

很显然，在创造和传递顾客价值的过程中，单纯的产品质量和服务是远远不够的。企业必须通过对顾客需求及其偏好的深入理解，以及与顾客的持续互动，识别出顾客价值的来源、关键驱动因素及其变化。

一、顾客价值的来源

我们应注意到的是，学者们对顾客价值研究的角度是不同的，如 Holbrook

是从价值论的角度来探究顾客价值本质的。从顾客价值的定义中要探讨的还有顾客价值的来源，价值是来源于关系、产品、质量、品牌，还是其他呢？

实际上，从现有的各种顾客价值的定义可以看出，绝大多数学者都把价值解释为所得收益对支付价格的函数。当然价值绝非仅产生于此，正如在前面所说的顾客价值具有相对性那样，某位顾客认为有价值的因素在另一位顾客看来可能就毫无意义，即使对同一位顾客，在此时此地与彼时彼地对同一个物品关注的价值因素也是有差异的，因而，顾客价值的表现是多样化的，其来源自然也是多元的，这也就是说，顾客价值可以从不同的角度被创造出来。为了摆脱对价值的狭隘理解，美国管理咨询委员会在 1997 年的一份报告中提出了价值的四个来源。

① 流程：使商业流程最优化并且将时间视为一种有价值的顾客资源。例如，企业的顾客服务流程的合理性、企业内部各组织部门在价值传递中的协调性等。

② 人：授权给员工使他们能够很好地为顾客服务。例如，培训好客户服务部的员工，使他们能更好、更有效地处理顾客的投诉问题。

③ 产品/服务/技术：这是产品或服务为顾客提供的基本价值，也是产品或服务存在的主要原因。例如，手机的核心功能是通信，而汽车的核心功能是交通工具。

④ 支持：随时为顾客提供帮助。例如，信贷、交货或修理等。

在针对上述四个价值来源进行分析后，得出下面顾客价值来源的两个主要方面。

① 品牌与企业信誉：这是在产品高度同质化的今天，企业能够区别于其他竞争对手，能为顾客提供更多附加价值的一种重要资源。

② 关系：在顾客交易中所建立起来的可信赖的长久关系，信赖可以减少与顾客多次交易中的各种费用，更重要的是可以增强企业对顾客的亲和力并强化顾客的归属感。

除此之外，还有很多因素可能成为顾客价值的来源，如个人化与定制化程度；节省时间和提供便利性；为提高顾客的技能水平和经验所提供的专门培训；产品或服务能够降低顾客在购买或使用过程中的潜在风险，甚至针对顾客获取等。这些都从不同的角度创造价值，当它们被顾客所认同时，自然也就成为顾客价值的来源。

二、顾客价值的主要驱动因素

顾客价值驱动因素是指企业通过价值活动，对顾客价值的创造和传递而产生影响的因素。值得注意的是，顾客价值驱动因素和顾客价值构成要素，以及顾客价值来源并非同一个概念。例如，产品价值是顾客价值的一个组成部分，是它的构成要素之一，但不能说产品价值是顾客价值的驱动因素。企业可以通过提高产品质量、品牌形象及降低产品的成本与价格等价值活动对产品价值产生影响，从而驱动顾客价值。此时质量因素、品牌因素、成本因素就是顾客价值的驱动因素。当然，有时候企业可以直接对顾客价值构成要素进行驱动，这时顾客价值构成要素同时是顾客价值的驱动因素。

在有关顾客价值驱动因素的研究中，Parasuraman 认为，顾客价值驱动因素由产品质量、服务质量和价格因素构成。类似地，Wolfgang Ulaga 等人通过实证研究，把顾客价值驱动因素分成三类。

① 产品相关特性：如产品的一致性、产品特征、产品范围、便于使用等。

② 服务相关特性：如供应的可靠性与敏捷性、技术支持、快速响应、技术信息等。

③ 促销相关特性：如形象、个人关系、公司声誉、公共关系等。

从以上相关理论分析中可以看出，有关顾客价值驱动因素构成的提法是大同小异的。可以从顾客感知利益所得和顾客感知成本所失两个方面，把顾客价值驱动因素总结为五个重要组成部分：知识因素、品牌因素、产品因素、关系因素和技术因素。这五种顾客价值驱动因素彼此间存在一定的关联性，会相互影响。每种驱动因素还有更加具体的次一级的驱动因素，这五种驱动因素对顾客价值的驱动关系如图 2-7 所示。

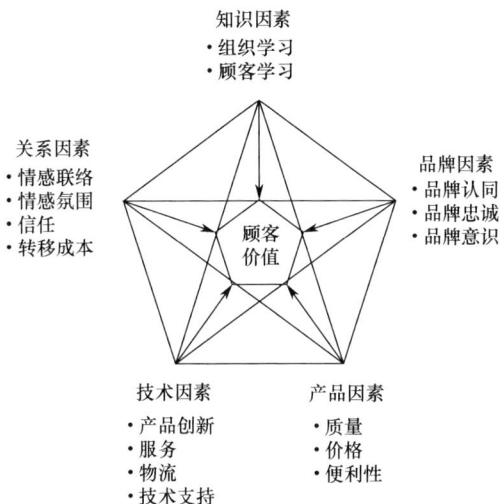

图 2-7 驱动因素对顾客价值的驱动关系

1. 技术因素

技术无疑是驱动顾客价值的一个主要因素，它主要包括产品创新、服务、物流和技术支持四个次级因素。

技术进步推动着社会进步，改善着我们生活的方方面面。企业技术的持续创新加快了产品的更新速度，也使得产品的品质更加卓越；企业技术的进步使得企业为顾客服务的手段越来越便捷，提高了服务的质量；企业技术的进步也改善了企业的物流设施，加快了企业对顾客产品的响应速度；各种通信技术的发展使得企业能方便地为顾客提供技术支持。尤其是近年来数字技术和人工智能等新技术的迅猛发展，更是彻底改变了传统企业的经营模式，让我们感受到技术在创造顾客价值上的重要性。它改变了顾客价值的创造、传递和传播的方式，增加了顾客的总利益，同时减少了顾客的总成本，使得顾客在权衡利得和利失中感受到了价值的增加，提高了顾客价值。例如，我们今天使用电视机获得的体验价值远远高于 20 年前的体验价值，但付出的成本反而降低了，就是由技术进步带来的顾客价值提升。

2．品牌因素

品牌权益（Brand Equity）也是一个日益重要的顾客价值驱动因素，它主要包括品牌认同、品牌意识和品牌忠诚三个次级因素。

对顾客来说，品牌名称和品牌标识可以帮助顾客解释、加工、整理和储存有关产品或服务的识别信息，简化购买决策；品牌是对顾客感知的产品功能价值的承诺，有助于降低顾客的购买风险，增强其购买信心；有些品牌具有情感价值和象征价值，可以使顾客获得超出产品功能的社会和心理利益，例如，一些奢侈品品牌。对服务业来说，企业品牌形象远比包装产品的品牌形象更有影响。强势品牌可以帮助顾客对无形服务产品做出有形化理解，增进顾客对无形产品购买的信任感；消减顾客购前难以估测的金钱、社会和安全的感知风险，甚至有时候顾客感知的价值就是企业品牌本身。

3．产品因素

产品是顾客价值最基本的来源，也是一个驱动顾客价值的重要因素，它在驱动顾客价值时主要是通过价格、质量和便利性三个次级因素实现的。

物美价廉是顾客简单地评判产品的一个标准，实际上它包含产品的两个非常重要的方面：价格和质量。物美就是产品质量要好，价廉就是产品价格要公正。从顾客价值的定义来看，质量正是顾客所要追求的利益，而价格就是顾客所付出代价的货币表现，二者的权衡自然也就成为顾客购买决策的判断依据。卓越的产品质量不是由厂家自行定义的，而是由顾客来定义的，这样定义的质量才能从根本上保证顾客的利益，因为质量是产品满足顾客需求的前提，只有卓越质量的产品才能发挥其应有的功效，才能最大化地满足顾客的需求，才能实现顾客价值。价格是顾客成本的体现，是顾客价值的负面体现，因此满意的价格会使顾客感受到付出是值得的、有价值的，无疑提高了顾客对顾客价值的感知和评价，所以产品价格是顾客价值一个重要的次级驱动因素。在产品因素中，除产品的两个固有属性（质量和价格）能驱动顾客价值外，与产品有关的能使顾客随处可得的便利性也是一个重要的次级驱动因素。随时、随地可以买到的产品可以帮助顾客减少它们的非货币顾客成本，购买的便利性可以省去很多精力、体力成本，购买的随时性可以满足顾客的应急需求，增强产品的比较价值，从而提高顾客的感知价值。例如，外卖和跑腿平台的兴起就极大地满足了这种随时性和便利性。顾客在任何时间、任何地点都能够在极短的时间内获得他们所需的商品或服务，顾客在这种特殊情况下就会感觉到卓越的顾客价值。

4．知识因素

知识这里泛指顾客和企业相互间促使消费的经验的积累，它包括顾客的消费经历和体验的积累，也包含企业为顾客服务经验的积累。知识最大的特点就是其学习性，顾客可以通过这种知识的学习提高他们对于价值的判断，加强自身消费的过程性体验；企业则可以通过这种知识的学习提高和改善为顾客服务的质量，增强顾客价值的创造力，完善顾客价值的传递效果。因而，知识可以看作顾客价值的一个重要驱动因素，从顾客价值创造和传递的互动性中看，这种驱动着顾客价值的知识因素具体包含顾客学习和企业学习两种次级驱动因素。

美国生产力与质量中心（APQS）对 100 多家企业进行研究后发现，不断系统地组织学习，善于集成和运用知识，可成为创造顾客价值、获取顾客价值的重要来源。具体而言，有五条基于知识的途径可用于建立价值：

① 知识直接作为产品，如顾客服务、数据库等；

② 知识转换，如学习并采用绩效优异单位的最佳经验；

③ 围绕顾客的知识集成，如数据采集、运用数据库信息、对顾客要求的个性化反应等；

④ 基于知识的个人责任，授权一线服务员工拥有必要的信息和能力去解决顾客问题；

⑤ 智力资产管理，运用专利、特许权和技术专长为顾客和企业创造价值。

顾客对消费体验的自我学习，则从顾客价值的创造和传递的对立面驱动顾客价值。因为顾客消费知识的增强，提高了他们的价值判断水平和需求，使得他们越来越挑剔，这种信息传递给企业，就迫使企业来系统学习顾客价值的变化趋势，以此来适应顾客价值的变化。这种驱动的模式实际上还是以企业为主的，顾客学习只是起到一个推动的作用，是企业学习的驱动力量。实际上，只有重视、善于研究顾客学习的企业，才清楚自身应学习的内容，才能创造卓越的顾客价值。

5. 关系因素

关系既是顾客价值的一个重要来源，也是一个可以驱动顾客价值的重要因素，它主要包括信任、情感氛围、情感联络和转移成本四个次级因素。

信任是顾客与企业之间关系的基石，当顾客对企业建立起某种信任，并发展这种信任后，顾客就会把企业当作一个持久的合作者，并为企业带来丰厚的利润，而企业要维持这种信任，就必须降低信任背后的风险，力求改善自己的经营条件为顾客创造更多的顾客价值。情感氛围和情感联络是维系这种信任和这种顾客关系的有效手段，通过关心顾客的需求，给予他们温暖、关怀和尊重，企业可以增强亲和力并使顾客产生归属感，这样企业就会让顾客感到与其进行交易的感觉更好，顾客价值也就创造出来了。当顾客与企业建立密切的顾客关系后，这种关系在为顾客创造卓越的顾客价值的同时，也提高了顾客的转换成本，这种转换成本既是情感上的又是物质上的，转换成本的壁垒越高，企业为顾客创造价值的动力就越足，因为此时的顾客维系就意味着利润，这种维系以顾客关系为基础，以卓越的、不断创新的顾客价值为根本。

案例：宜家（IKEA）在全球家具市场中的表现

在全球家具市场中，宜家凭借其对顾客深入的认知、卓越的品牌形象、多样且高质量的产品、稳固的顾客关系及创新的技术应用，成功地在众多竞争对手中脱颖而出。宜家提供了一系列设计独特、功能实用且价格合理的家具和家居用品，满足了不同顾客的需求。同时，宜家定期发布关于全球家居趋势的报告，表明它对全球各地顾客的生活习惯和家居需求的重视，突出其对顾客需求的深入理解。此外，宜家通过家居设计咨询服务以及针对忠实顾客的会员计划，与顾客建立了长期的信任关系，通过其家居解决方案帮助顾客改善生活。随着技术的进步，宜家推出的 AR 应用——"宜家家居"还允许顾客在手机上预览家具摆放效果。

宜家在全球家具市场中的成功不仅仅基于其产品，还得益于对顾客的深入了解、强大的品牌影响力、高质量和多样化的产品线、与顾客建立的长期关系，以及利用技术为顾客提供更好的购物体验。这五个驱动因素共同助推宜家成为家居领域的佼佼者，为全球的顾客提供独特且有价值的服务和产品。

三、顾客价值创造的影响因素

顾客价值创造的影响因素是多方面的，在每个影响因素上都存在创造价值的机会。在这里借助于马斯洛的需要层次论，把影响顾客价值创造的因素划分为五个层次，如图 2-8 所示。在这个模型中，每个后继层次都会影响顾客价值的更高、更敏感的因素，并更多地反映了更高水平的顾客需求。而且，在这个模型的低层次中，顾客所感知的超越价值并不能保证更高层次上顾客对所获价值的满意。另外，模型提出了在各个层次上为顾客创造的不同价值类型，以满足顾客不同层次的需求，同时创造或激发了顾客的更高层次的需求，这个模型的分层基本是与马斯洛的需求理论和 Woodruff 的顾客价值层次论相对应的。

1. 核心产品（服务）属性及利益

这是企业供给价值的本质，因为产品（服务）是价值的载体，而产品（服务）的属性及利益又是价值更具体的体现。在竞争性的市场上，企业必须把核心产品做好，如果做不到这点，为顾客创造价值就永远也不能实现。事实上，这个层面是顾客感知价值的开始，因为核心产品（服务）的属性及利益对顾客来说是容易识别的，也是一般顾客寻求价值的立足点。在顾客对自己的需求不是很清楚的情况下，他们对于满足需求的价值判断在很大程度上就是基于所见、所感的产品属性特征的表现，因而这一层面是影响顾客的一个重要因素。当然，这样一个层次的价值影响因素如果不能被顾客所认同的话，那么企业所希望传递的顾客价值可能就无法实现。

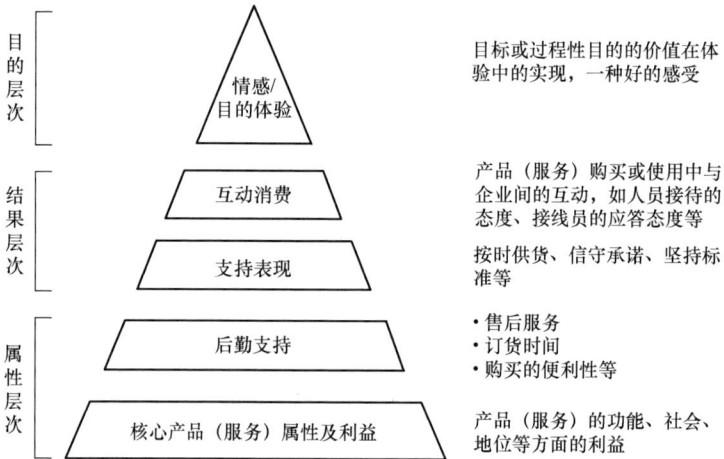

图 2-8　顾客价值创造的影响因素

这个层次的因素主要有产品的功能利益、社会利益、地位利益、审美利益、享乐利益、知识利益等。

2. 后勤支持

这个层次包括在外围的和提供支持的服务，这些服务有助于核心产品的提供，主要包括服务时间、售后服务、订货时间、购买的便利性、维修与支持等方面。这个层次所要传达的主要信息表明：即使顾客认同了你的核心产品所提供的价值，接受了你所传递的价值，也可能未感知到最大化的价值，仍然会对企业感到不满。例如，如果一款手机在顾客所在地没有维修网点，缺乏售后服务支持，顾客可能会明确地放弃购买这款手机。

如果核心层次的代表是产品，那么价格、传播和分销就应该包含在后勤支持这个系统下，因为后勤支持最后都要落在这上面。对一些企业来说，以较好的核心产品或服务为基础取得竞争上的优势是很困难的，甚至是不可能的，但可以提供与分销和传播相关联的支持性和辅助性服务，并通过这些服务逐步将他们同竞争对手区分开，同时为顾客增加价值。这实际上是在一个较高的层次为顾客提供满足他们需求的价值，这是对核心产品价值的有力补充，也是一个创造竞争优势的手段。尽管如此，后勤支持系统仍是 Woodruff 定义的顾客价值的属性层，因为顾客只是停留在对这些流程的表面认识上，对于其在获取价值时的表现则不甚关注，要了解这些支持的表现则属于影响顾客价值的更高层次上的问题。

3．支持表现

无论企业的后勤支持系统做得多好，若没有按照预想的实施，为顾客提供卓越价值的努力都会无法实现，达不到预期的效果。设想顾客因为某企业的维修网点比较多，而选择该企业所生产的手机，这仅是基于后勤支持的属性认识而进行的购买，如果当这个顾客拿着手机去维修时，维修的时间非常长且花费较高，这时顾客所感知的价值就会大打折扣，而且还会否定他已从企业获得的价值，这仅仅是因为企业拙劣的支持表现。企业要铭记的是顾客价值存在于整个消费过程中，而且在消费中顾客更关注基于结果的价值，结果的好坏直接影响着他们的价值判断高低。

在这个层次上的因素主要有企业能否按时供货、是否信守承诺、是否坚持了标准等。

4．互动消费

顾客在消费过程中与企业的互动越来越频繁，互动的方式也越来越多样化。在这样一个互动的消费环境中，企业无法回避与顾客的互动，因为这既是顾客更高层次需求的表现，也是企业能为顾客创造更多价值的一个好的途径。在数字经济时代，可以说企业与顾客的互动无时无处不在，在搜寻产品信息时，企业利用各种传播媒介与顾客互动；在购买产品时，销售人员与顾客进行线上或线下的沟通；在产品使用中，企业通过售后服务人员、网络、免费电话服务系统与顾客进行直接或间接的互动。在多次的接触中，企业在试图传递价值给顾客，顾客却在挑剔地接受来自企业提供的价值。由于互动是一种心灵的交流，因此顾客很容易感受到这种结果，当然这种结果可能是正面的，也可能是负面的。如果是正面的，顾客会感知到很高的顾客价值；如果是负面的，顾客会感知到负顾客价值。因而，在这个层面上感知价值结果的差别特别大，故而对顾客的影响要远高于前三个层次，这也是很多企业重视人力资源培训的一个主要原因。

5. 情感（目的）的体验

企业在传递价值时，不仅要考虑到与顾客的互动因素对顾客价值的影响，还要考虑到传递给顾客的信息内容，这些信息会使顾客对企业产生正面或负面的情感。也就是说，企业应该关注顾客对接受到的价值的感受。其实这种情感要远高于顾客对产品属性或结果的价值判断，而且在多数情况下这种情感的体验与他的消费目的是一致的。在现实中有很多证据说明，顾客认为自己获取的超额顾客价值不是来自核心的产品或服务，而是来自情感的体验和消费目的的实现。因此，情感体验将是影响顾客价值最高层次的因素，从顾客的价值选择的变迁中也可以看到这点。

随着人们生活水平的提高，顾客价值选择的变迁经历了：理性消费—感觉消费—感性消费三个阶段。在理性消费阶段，顾客不仅重视价格也重视质量，此时顾客的消费价值选择就是"好"与"差"。在感觉消费时代，顾客的消费价值选择不再是物美价廉和经久耐用了，他们开始注重产品的品牌、形象、设计及购买的便利性等诸多方面，顾客的价值选择就是"喜欢"与"不喜欢"。在感性消费时代，顾客越来越重视内心的满足和充实，也更加注重在购买和消费产品时与品牌的互动，更注重在消费过程中的情感体验，此时的价值选择就是"满意"与"不满意"。

正如马斯洛所描述的人的需求一样，随着企业从提供核心产品或服务向供应、人际的互动、创造出正面情感的转移，企业越来越重视满足客户高层次的需求。同时，在这个过程中，企业为顾客提供的价值越来越多。

本章案例：星巴克咖啡

星巴克是一家全球知名的咖啡连锁品牌，1971 年起源于美国的西雅图。除提供各式高质量咖啡外，它还为顾客创造了独特的第三空间体验，结合专业的咖啡师服务、现代的店铺设计和增值服务，赢得了全球消费者的喜爱。

星巴克每季度推出季节限定的特色饮品，如冰摇柠檬红茶、南瓜拿铁等，一系列高质量的咖啡和其他饮品满足了顾客对味觉的追求。星巴克门店极具特色的设计和布局，除为顾客提供一个适合休息、工作和社交的空间外，还提供一系列增值服务，如免费 Wi-Fi、电源插座等。同时，星巴克通过定期的员工培训和员工之星的奖励计划来确保后勤支持的表现。这些咖啡师都接受了专业的培训，确保为顾客提供优质的服务。此外，星巴克也积极鼓励顾客通过其官方应用程序定制饮品、积累积分和参与特定活动，如星巴克会员日、新品预售、积分兑换活动等。最后，星巴克不仅提供咖啡，还努力为顾客创造一个"第三空间"——不是家，也不是办公室的社交场所。通过在门店内举办特色活动，如各种社交活动（音乐会、阅读会等）提升顾客的情感体验。

星巴克在全球咖啡市场的成功不仅仅基于其高质量的咖啡，还得益于其为顾客提供的全方位服务和体验。从核心的产品利益到后勤支持，再到与顾客的互动消费和情感体验，星巴克都努力确保为顾客创造持续的价值。这种对顾客的全面关心和服务使星巴克在全球咖啡市场中保持了领先地位。

本章思考：如何理解顾客价值的内涵，以及其与市场需求的关系？结合企业实际进行分析。

第三章
剖析顾客价值

了解顾客价值在顾客购买决策过程的具体体现，有助于对顾客价值形成更全面的理解，并对企业产品价值的设计和营销策略的灵活运用具有重要的指导意义。本章将对顾客从产生价值需求到发生实际消费行为过程中，顾客价值的各个环节进行详细分析，包括顾客价值期望分析、顾客价值感知分析、顾客成本分析、顾客价值激励分析、顾客价值决策过程分析等。

第一节　顾客价值期望分析

一、顾客价值期望的含义

顾客有了某种价值需求，并不会立即去购买某种产品，而是在购买产品和衡量产品价值之前，已经在头脑中形成一个初步的预期与期望。顾客价值期望是建立在顾客价值预期基础之上，以过去的知识、经验、习惯、所获得的信息和对现在经济环境的看法为基础，对将来某种产品或服务满足其需求的水平和可能性大小的一种期望。

二、顾客价值期望的特征

作为顾客价值体系的一个指标，顾客价值期望除具备顾客价值的基本特征外，还具备以下几个重要的特征。

1. 顾客价值期望刚性

顾客价值期望就如工人的工资一样具有刚性。顾客价值期望刚性是指顾客的价值期望具有趋高性。随着顾客经验的积累和竞争激烈程度的加剧，顾客的期望越来越高。顾客期望升高的速度大多是由竞争者的绩效和顾客可支配的收入来决定的。智能手机的发展很好地说明了顾客价值期望刚性。人们对手机的期望由最初打电话、发短信，到注重其更多功能如拍照、存储文件、上网等，再到如今的支持视频通话、打游戏、刷短视频等。竞争的加剧使顾客面临越来越多的购买选择，市场优胜劣汰的规律导致产品的升级换代越来越快，也导致了顾客价值期望不断升高。顾客价值期望刚性的特点在顾客对产品的价格期望上也能得到很好的体现。顾客对降价产品总是希望价格越来越低，对升价产品则期望它不再升价。例如，一台笔记本电脑，9 月售价为 15000 元，10 月售价为 14000 元，顾客会期望下个月价格降到 13000 元；但如果一台笔记本电脑 9 月售价为 14000 元，10 月售价为 15000 元，则顾客会希望下个月价格不要超过 15000 元。

2. 顾客价值期望的层次性

顾客价值期望分为基本价值期望、附加价值期望和潜在价值期望三个层次。顾客对产品满足其需求基本功能的期望就属于基本价值期望，基本价值期望主要是对产品功能和效用的期望；附加价值期望是指产品在满足其基本需求的基础之上，为顾客提供的服务所带来的附加利益的期望；潜在价值期望是那些顾客还没有意识到，但又确实存在的期望。例如，顾客在饥渴的情况下，购买一块面包和一罐水果罐头以满足饥渴，就是他的基本价值需求。而在一个优雅的就餐环境下，服务员把食物送到餐桌并提供面巾纸则是他的附加价值需求；如果他发现一个罐头瓶十分精美，可以带回去当作花瓶，则他在下一次购买罐头时可能就期望再次购买那种包装精美的罐头。在第一次购买之前，这就是他的一个潜在的价值需求。基本价值期望、附加价值期望和潜在价值期望在不同的消费时期可以相互转化，并且由于价值期望刚性的特点，一般是逐步升级的。

3. 顾客价值期望的即时刺激性和脆弱性

顾客价值期望的即时刺激性和脆弱性是指在特定的营销环境和突发事件中，顾客可能由于突然的刺激而改变对产品价值的期望。购买前，顾客根据自己的经验和所获得的信息，在头脑中形成的最优和次优方案是脆弱的，很容易受到特定营销环境和突发事件的刺激而发生改变。例如，一个追求经济实惠的顾客，希望得到一款物美价廉的手机。根据他的消费水平和所得到的信息，他希望最好能买到 A 款手机，B 款手机也可以接受。于是他到达销售这两款手机的商场，发现一款新的机型 C 刚推出市场，并以一定的价格优惠在促销。虽然促销价格仍然高于前两款手机，但该款手机款式精美、功能齐全，加上营销人员的极力推荐和商场顾客争相购买的氛围，该顾客立即期望得到一款样式精美、功能齐全的手机，并将该款手机购买了下来。商家在采取优惠手段刺激顾客时，最好把握好刺激的度，偶尔的一次优惠刺激可能会使顾客感到惊喜，频繁的优惠刺激则会让顾客觉得理所当然，从而使优惠失去了意义。

三、顾客价值期望的影响因素

由于顾客购买决策取决于顾客价值期望与购买中顾客感知价值的对比，分析顾客价值期望的影响因素，把顾客价值期望控制在合理水平就显得十分重要。

1. 信息对顾客价值期望的影响

顾客对产品价格的期望在很大程度上取决于顾客都的可支配收入和其对某种需求的迫切强度，而顾客对特定产品满足其需求水平的最优或次优方案的期望则取决于市场信息。可以说，顾客只有获得了对某种产品的有关信息，才会对其产生期望。企业通过媒体传播产品或服务的有关信息，传播的诉求点则来源于对顾客需求信息的了解和本企业在目标市场上进行的价值设计。在社交媒体时代，企业也可以充分利用市场影响者进行电子口碑传播，对顾客了解企业的品牌产品信息会有很好的效果。企业和顾客之间的信息不对称会导致企业价值设计和顾客价值期望之间的差异。由于顾客期望直接影响到顾客的购买决策和满意程度，进而影响到顾客忠诚，所以企业要通过对媒体的信息传播能力和信息公开程度的控制来调节顾客期望，并给出适当的承诺。企业在宣传自己的承诺时，最好让顾客感觉能够得到某项价值，但不让顾客轻易得到。

2．购买刺激对顾客价值期望的影响

既然顾客价值期望具有即时刺激性和脆弱性，企业就要合理地利用购买刺激对顾客价值期望进行影响和调节。这里举一个合理利用顾客消费心理的脆弱性而对其进行价值期望刺激的例子，这种手段是根据偶遇价格暗示效应理论设计出来的。所谓偶遇价格暗示效应是指不在顾客购物计划之内的其他商品的价格对顾客的支付意愿和预期也会有影响。例如，一位顾客想购买一个 300 元左右的手提箱，当他走进商场的时候，首先映入眼帘的是一排名贵的手表，这些手表的标价均在 5000 元以上，令人咋舌。虽然这位顾客不需要购买手表，他也不会在看到这些标价时有意识地对其合理性进行判断，但这已经影响了他的价值预期和支付意愿，这时他会立即感觉这里的手提箱理所当然也是非常昂贵的，他就有可能支付 500 元来购买手提箱，而不是预期的300 元左右。

3．顾客预期损失对顾客价值期望的影响

顾客预期损失是指顾客根据自己的经验和主观判断，对获得满足其需求的某项产品或服务所可能遭到的损失的估计。顾客预期损失可以通过以下几个指标来衡量：第一个指标是预期机会成本。顾客在购买前需要衡量购买某种产品的预期机会成本，从而形成最优和次优预选方案。顾客机会成本受顾客对某种产品的需求强度的影响，需求强度越强，顾客购买这种产品预期损失的机会成本就越小。第二个指标是预期沉没成本。沉没成本是指顾客为购买某种产品而造成的本已经获得价值的损失。商业中常见的累积价格优惠，顾客积累到一定的消费额，就可以换取一定比例的优惠券，如果顾客在没有达到这个消费额的时候购买其他品牌的产品，就会产生沉没成本。另一种沉没成本则表现为情感投资和关系损失，顾客对某一品牌形成了强烈的忠诚度就会对其产生依赖，企业和顾客建立稳定的顾客关系会增大转移购买的沉没成本。还有一种沉没成本则产生于相关产品，有些公司的产品是相配套的，顾客转移购买其中的一种产品，与其相配的产品就会变得没有价值从而造成沉没成本。第三个指标是购买风险和不购买风险。购买风险和不购买风险实际上也是一种预期成本。如学校的校园卡多种多样，更新很快，刚开始同学们被意想不到的优惠政策所吸引，争相购买。但通信公司很快又推出一项更优惠的业务。这时用原来的校园卡，则会承担稍微高的通话费用，如果更换新的校园卡，以前校园卡的固定成本就变为沉没成本。这样学生购买校园卡就存在购买风险。不购买风险与这个过程恰恰相反，尤其是在通货膨胀时期，顾客可能因为对货币相对价值的预期而购买一些暂时不需要的产品。顾客预期损失越大，顾客对特定产品或服务的期望就越小。顾客预期损失是造成购买转移壁垒的重要因素。

4. 顾客成本限额对顾客价值期望的影响

顾客的可支配收入决定其消费水平，最高消费水平形成了顾客成本限额。当一种产品的价格超过顾客的消费成本限额时，无论产品本身具有多高的价值，顾客都不会对其产生期望，此时可以说顾客对这种产品的需求为零。正是基于顾客价值期望受其成本限额的影响，企业才会推出各种档次的产品，以尽可能地吸引和满足不同消费水平的顾客。例如，丰田汽车公司非常明确地采用了这一策略，生产和推出了各种档次的车型以满足不同消费水平的顾客需求。

案例：Nike 运动鞋

Nike 是一家总部位于美国俄勒冈州的全球知名运动品牌。Nike 成立于

1964 年，最初名为 Blue Ribbon Sports，1971 年更名为 Nike。Nike 以其标志性的"Swoosh"标志和"Just Do It"口号著称。Nike 设计、开发和销售运动鞋、服装和配件，广泛涉及各种体育和健身活动。

信息对顾客价值期望的影响：顾客通过广告、明星代言、社交媒体及口碑等方式获知 Nike 的最新鞋款、技术和设计，这会影响他们对鞋子性能和外观的期望。

购买刺激对顾客价值期望的影响：Nike 的品牌效应，鞋子的新颖设计、颜色和功能描述等，都会影响顾客的价值期望。

顾客预期损失对顾客价值期望的影响：如果鞋子的舒适度或耐用性不如预期，顾客可能会考虑购买后的后悔感。

顾客成本限额对顾客价值期望的影响：考虑到不同顾客的预算，鞋子的价格可能会成为购买的阻碍。

Nike 深知顾客对其运动鞋的价值期望如何形成，并采取了多种营销策略来满足这些期望。通过明星代言、实体店体验、退换货政策及提供各种价格点的产品，Nike 确保了其产品能满足广大顾客的需求和期望。

四、顾客价值期望与顾客价值的关系

顾客价值期望与顾客价值的关系如图 3-1 所示。

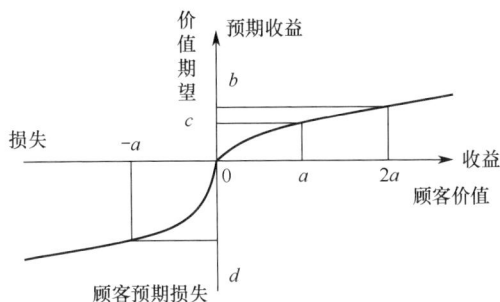

图 3-1　顾客价值期望与顾客价值的关系

在图 3-1 中，横轴代表顾客价值，纵轴代表顾客价值期望，坐标轴原点表示顾客价值和顾客价值期望的参考点。

从图 3-1 中可以看出，顾客价值与顾客价值期望的关系可以通过两段函数表示，纵轴右侧相关曲线呈凸形，纵轴左侧相关曲线呈凹形。该曲线说明了两个问题。

① 顾客对预期损失的反应要比对预期收益的反应更敏感。如图 3-1 所示，顾客价值升高或降低同样的程度，顾客预期损失的升高量明显大于顾客预期收益的升高量。

② 随着顾客价值的增加或减少，顾客价值期望的边际增加值或降低值递减。

顾客价值期望对顾客价值来说是一把双刃剑。较高的顾客价值期望是吸引顾客的重要动力，高的顾客价值期望也意味着高的价值需求，有助于提高顾客对价值的认知。一般来说，顾客价值期望层次越高，期望满足需求的可能性越大，这种产品对顾客就越有价值。但同时顾客价值期望又对顾客价值的提供设置了最低门槛和标准。因为顾客的购买决策来源于顾客感知价值和顾客期望的权衡，顾客可接受的感知价值必须达到顾客期望附近范围内的一个底线，否则顾客将放弃购买。

第二节　顾客感知价值分析

一、顾客感知价值的定义与构成要素

顾客价值具有很强的主观性，顾客价值不是由企业来决定的，它取决于顾客对价值的感知，或者说，只有顾客感知到的价值，对顾客来说才有意义，才会影响顾客的价值评价与决策。

顾客感知价值是顾客感知利得与感知利失之间的权衡与评价，分为购买中顾客感知价值和购买后顾客感知价值。顾客感知价值包括以下构成要素。

1. 对顾客价值属性的感知

顾客价值属性是指那些具有满足顾客某项需求功能的属性。例如，轿车具有满足顾客载人运输的功能，具有安全性、舒适性、可操作性、质量可靠性、品牌、节能环保、价格等价值属性。

2. 对顾客价值属性重要性的感知

顾客价值属性的重要性是指，不同的价值需求导致顾客注重不同的价值属性。例如，有的顾客购买轿车注重品牌，有的注重质量，有的注重安全性能，有的则注重价格因素。

3. 顾客各种属性价值的总和

顾客感知的各种属性价值的总和构成了顾客感知价值。

需要说明的是，顾客感知价值过程是顾客的心理过程，顾客甚至不会意识到产品具有哪些具体的价值属性，也不会真正衡量它们究竟有多重要，但仍会形成一个综合的判断，并直接反映到货币形式或他们愿意支付的价格上。

二、顾客感知价值的影响因素

顾客感知价值受诸多因素的影响，如个人因素（生理因素、心理因素、生活方式、经济状况等）、环境因素（自然环境、社会环境、相关群体、家庭、角色地位、消费购物环境等）、社会文化因素（文化、亚文化、社会阶层、消费流行）等。这里仅给出几个相对比较重要的具体影响因素。

1. 习惯性认可对顾客感知价值的影响

顾客评价商品价值的主要依据是自己以往购买本产品及相关产品的经验和获得的市场信息所形成的印象，这就造成了对某种产品的习惯性认可。虽然产品价值具有客观性，但顾客很难对其提供的顾客价值做一个客观的、标准的评价，他们只能依赖已有的产品知识做出判断。顾客的习惯性认可往往要维持一段时间，并影响顾客价值的感知，从而影响购买决策行为。习惯性认可有助于顾客对熟悉产品价值的认知，但它也形成了新产品购买的心理壁垒，因为这时顾客需要学习新产品知识。

2. 风险偏好对顾客感知价值的影响

顾客在购买产品的时候，面临着承担购买后可能遭受损失的风险。这些风险来自产品的假冒伪劣所带来的经济损失或身心健康损失，以及其他不确定性因素带来的意外损失。随着顾客知识的增加和信息的积累，顾客越来越理性化，顾客在购买产品的时候，总是试图降低预期风险。在其他因素都不变的情况下，顾客预期风险越小，顾客感知价值越大；顾客预期风险越大，顾客感知价值越小。

顾客对风险的防范意识，加固了顾客的习惯性认可。越是不熟悉的产品，顾客越难预期其带来的损失。减少风险和习惯性认可一样造成了新产品推广的障碍。当然习惯性认可和减少风险对顾客感知价值的影响只代表最普遍的消费群体，对求异求新、敢于冒险的消费群体并不适用。

3. 品牌对顾客感知价值的影响

一个产品的品牌是其价值的载体，一个良好的品牌代表着优良的质量特性与服务特性。良好的品牌形象有助于顾客对产品价值的判断，节省顾客的选购时间和精力，也降低了顾客的购买风险。同时，品牌可以使顾客获得超出产品功能的社会和心理感知利益，形成了一种象征。有人愿意花高价购买LV包，是因为它价值的更大部分来源于这一品牌所带来的形象价值。

4. 信息对顾客感知价值的影响

信息影响着顾客感知价值的两个方面，即感知水平层面和感知范围层面。顾客的个人知识、经历、所获信息的有限性，限制了顾客价值的感知水平，从而不能对顾客价值做一个全面、客观的判断与评价。例如，顾客在购买戒指的时候，如果不知道戒指的价值属性是什么，他可能认为最大的、最亮的、最美观的才是最具有价值的；而对一个经验丰富、对戒指市场信息了解比较全面的顾客来说，他会根据戒指的克拉、纯度、工艺等因素来评价戒指价值。信息对顾客感知价值范围的影响则是指顾客了解产品信息的有限性，导致顾客在进行价值感知时，只能参照部分产品来进行对比和衡量。

另两个影响顾客感知价值的重要因素是顾客成本因素和顾客价值激励因素，将在后文详细论述。

第三节　顾客成本分析

一、顾客成本的含义

既然顾客价值被定义为顾客所得利益与顾客所失成本之间的权衡与评价，分析顾客价值就必须分析顾客成本。顾客成本是指顾客为获得某项产品，在获取有关产品信息、支付产品价格、使用产品和处理产品的过程中，所要支付或可能支付的货币成本与非货币成本之和，包括金钱、时间、风险、体力和精力等。顾客成本可以发生在消费周期中的选择、购买、使用、处理等各个阶段，并表现为不同的形态，既可以是实际支付成本，也可以是预期的顾客成本；既可以是显性成本，又可以是机会成本、沉没成本、心理成本和其他形式的隐性成本。

二、顾客成本与顾客价值的关系

1. 顾客成本对顾客价值的积极效用

"便宜没好货，好货不便宜"形象地反映了顾客成本对顾客价值的积极效应。一般顾客认为顾客成本是对顾客价值的侧面反映。顾客成本越高，顾客价值越大；顾客成本越低，顾客价值越小。不仅如此，由于顾客成本的边际效用递减规律，顾客成本与顾客价值并不具有较强的正相关关系。顾客花100元购买的产品所带来的感知价值，并不是花 1 元购买产品带来的感知价值的 100 倍。对同一产品，顾客会认为较高的成本对应较高的价值，但当顾客付出的成本达到一定极限时，他不会再感到顾客价值的增多。例如，一款普通的劳力士手表价格在几千到几万美元，而一款特殊限量版的劳力士价格可能超过 10 万美元。对于大多数顾客，这个价格可能超出了他们认可的手表的价值。即使手表具有独特的功能或历史价值，顾客也不愿意购买。这一极限是最大顾客感知价值，也是顾客愿意支付的成本限额。顾客成本对顾客价值的积极效应和顾客成本边际效应递减规律如图 3-2 所示。

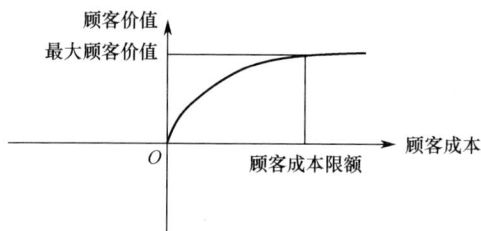

图 3-2　顾客成本对顾客价值的积极效应和顾客成本边际效应递减规律

2. 顾客成本对顾客价值的消极效应

顾客成本对顾客价值的消极效应则从另一个角度来考虑顾客成本，即认为"顾客价值就是低价格"。因为顾客价值等于顾客所得利益与顾客所失成本之间的权衡与评价，所以顾客成本越大，顾客价值越小；顾客成本越小，顾客价值越大。顾客成本对顾客价值的消极效应是建立在顾客所得利益变化不大的基础之上的，尤其是同一产品。顾客成本对顾客价值的消极效应如图 3-3 所示。

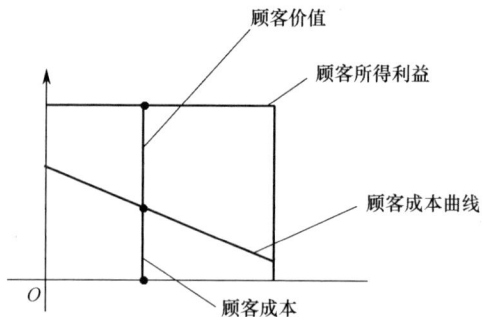

图 3-3　顾客成本对顾客价值的消极效应

顾客成本对顾客价值的积极效应在两个不同商品的价值对比中显得较为强烈；顾客成本对顾客价值的消极效应则在同一产品两种获得情况下的对比

中表现得更为突出。例如，在支付水平范围内，顾客会认为花 50 万元购买的轿车比花 30 万元购买的另一品牌轿车明显更具有价值，顾客成本对顾客价值表现出很强的积极效应；相反，顾客也会明显地感到花 50 万元比花 30 万元购买的同一辆轿车更不划算，这是因为顾客成本对顾客价值的消极效应起到了主导作用。

三、顾客成本间的替代效应

尽管顾客成本多种多样，但它们之间是可以相互替代的。例如，同样的一种产品，在某地卖得较为昂贵，顾客多走几条街就可以买到相对便宜的产品，这时，时间、精力和体力成本就形成对货币成本的替代效应。再如，在银行存取款业务中，如果排队时间过长，顾客就会花费大量的时间、精力，这时顾客可能会放弃这项业务，把货币以现金的形式留在家里；也可能聘请经纪人或请人代理。这样他就可以节约时间和精力，但他损失了所得利息或要付一定的佣金或代理费用，这时候货币成本就替代了时间、精力和体力成本。

顾客各种成本间替代效应的大小，取决于顾客拥有各项成本资源的稀缺程度，以及各项资源对顾客的重要程度。1 小时的时间、1 美元的货币对不同的人来说，其带来的价值可能是截然不同的。有人愿意花大把的时间和精力，只为节约 1 美元的货币成本；有人则愿意支付巨额资金，只为节省一点时间。顾客选择乘坐火车或乘坐飞机就是一个很好的例子。顾客拥有的某项成本资源对其越重要，该项成本资源就相对越短缺，对其他成本资源的替代效应就越大；反之，它的替代效应就越小。

四、顾客成本对价值决策的影响

顾客价值是顾客所得利益与所失成本之间的权衡与评价，顾客成本也就成为衡量顾客价值最重要的因素之一，而顾客对所失成本的敏感性又往往大于对所得利益的敏感性。

顾客成本对顾客价值的积极效应可以提高顾客的价值预期，降低顾客对产品价格的敏感性，对顾客价值决策产生积极的影响。顾客成本对顾客价值的消极效应，则为企业的价值设计提出了标准和参考，使企业在为顾客提供产品或服务时，必须充分考虑顾客成本。顾客成本间的替代效应则影响了顾客价值需求方向和需求强度，从而影响顾客价值决策。同时，顾客可支付的成本限额、机会成本、沉没成本和其他隐性成本也影响着顾客价值决策，这些是企业难以判断和把握的。

案例：黄焖鸡米饭的兴衰

黄焖是我国一种传统烹饪技法，在烹饪时以酱油或糖色为主要调味品。黄焖既让菜肴保持食材的鲜嫩口感，又融合了调料的醇香，色泽金黄透亮。黄焖鸡是以鸡肉为主料，搭配土豆、青椒、生姜、葱、蒜苗、辣椒等配料，加入特制酱料焖煮而成的一道菜。刚出锅的黄焖鸡，鸡肉鲜嫩多汁、酱香浓郁、色泽诱人。黄焖鸡米饭，就是在热腾腾的米饭上浇上刚出锅的黄焖鸡肉，米饭吸取鸡肉炖煮过程中释放出的浓郁汤汁，使整体风味更加饱满。黄焖鸡米饭一度成为"顶流"，首先就源于这份独特风味：饭菜合一，既美味又营养均衡，符合现代人快节奏生活的需求。另外，黄焖鸡米饭价格适中，十几元一份，性价比高。鼎盛时期过后黄焖鸡米饭之所以衰落，一是预制菜的兴起，很多快餐店出售的黄焖鸡米饭，实则是预制菜。预制菜虽然简化了烹饪流程，却导致菜品口感和新鲜度不如现炒现做的黄焖鸡，失去早期那种手工现做的个性化风味；二是后期部分店面在制作过程中过于追求效率而牺牲了食品质量，让很多食客觉得黄焖鸡米饭"粗糙""潦草"和"应付"；三是品种单一，缺少特色配菜与黄焖鸡米饭的口味相协调相衬托。黄焖鸡米饭的由盛而衰，黄焖鸡米饭品质的下降带来的顾客价值感知的降低是根本原因。

第四节　顾客价值激励

顾客价值激励可以达到以下目的：一是可以刺激顾客的潜在价值需求，增加顾客价值需求强度，从而促进顾客的购买决策，如在即时购买或非计划购买中，可以恰当利用顾客的脆弱心理，投其所好，使之产生购买行为；二是可以增加顾客感知价值，使之超过顾客期望而让顾客感到惊喜，从而导致高度满意和忠诚；三是可以为企业降低成本。

顾客价值激励必须和顾客需要层次相结合。例如，对一个农民来说，告诉他累计购买 20 万元的产品送万元礼品是毫无意义的。在当代企业对员工的激励理论中，戴维·麦克利兰根据员工的需要层次提出了三种需要理论，他认为个体在工作情景中有三种主要的动机或需要。

① 成就需要：达到标准、追求卓越、争取成功的需要；

② 权力需要：影响或控制他人且不受他人控制的欲望；

③ 归属需要：建立友好、亲密的人际关系的需要，对员工的激励理论可以巧妙地运用到对顾客的价值激励上。

一、基于成就需要的价值激励

利用成就需要对顾客进行价值激励，可以极大地调动和刺激顾客的购买热情，甚至使其产生持续的购买行为。这一点在 SEPHORA 推出的忠诚度奖励计划中体现得尤为明显。为了奖励忠实的顾客，SEPHORA 推出了"Beauty Insider"忠诚度计划。在这个计划中，每消费 1 美元，顾客可以获得 1 个点的积分。这些积分可以用来兑换样品、折扣、化妆教程或名人见面会等。更高的级别，如"VIB"或"Rouge"，可以获得更多的好处，如生日礼物、免费的美容服务等。而要达到这些级别，顾客必须在一年内消费满 1000 美元。这种积分制度和梯度奖励结构创造了一种"成就需要"，使顾客渴望达到更高的级别并解锁更多的好处。有些顾客为了达到特定的忠诚度级别，甚至会购买他们可能不需要的产品，仅仅为了获得积分和好处。成就需要激励必须基于一定的目标，如上例中提到的消费满 1000 美元，因为只有有了一个参考目标，人们才会想从突破这个目标中体验成就感。激励目标的制定通常是既难以实现，但通过一定的努力可以实现的目标，否则就会降低激励效应。如上面的 1000 美元，对经济情况一般的顾客来说，这一激励计划的完成是较为困难的。于是，SEPHORA 又设置了其他目标，如免费注册"Beauty Insider"和 350 美元的 VIB，这样就可以对各种经济水平的顾客进行激励。

二、基于权力需要的价值激励

权力需要实际是一种受尊重或享受自由的需要。在人们实现权力需要的同时，也实现了成就需要。权力需要一样可以应用到顾客价值的激励当中。一些使顾客参与的自助服务就是让顾客满足自己的个性需求，并在不受干预的情况下独立完成。如塑料积木玩具公司乐高，购买了乐高套装的顾客会得到一盒内含各种形状、大小和颜色的积木块，以及一本详细的指导手册。顾客需要按照指导手册，或根据自己的想象，逐块拼接这些积木，最终构建出一个完整的模型，如汽车、建筑、机器人等。这种亲自操作的过程不仅让顾客体验到了制作的乐趣，还满足了他们的成就感和权力需要。很多公司往往利用顾客对权力的需要，让顾客投身于价值创造当中，一方面可以增加顾客的体验价值，另一方面还可以降低成本。

三、基于归属需要的价值激励

基于归属需要的价值激励在企业采用的会员制中得到了很好的应用。顾客会为持有希尔顿饭店的贵宾卡而感到备受尊重；也会为身为奔驰、宝马等高级轿车俱乐部的成员而感到地位显赫。在会员制或俱乐部形式的价值激励中，顾客所感知到的价值在更大程度上来源于那种归属关系所带来的象征价值，而不仅仅是由于会员身份所带来的价格优惠。

不难看出，上面的激励主要是满足顾客较高层次的需要，而且注重顾客的体验价值，通过提供高额的附加价值来使他们高度满意。对低层次的需要和即时购买行为，一样可以采用顾客价值激励手段。只不过对即时购买行为和低层次的需要，多采用价格优惠激励手段。如对即时购买行为，因为它不在顾客的计划购买之列，相对来说，顾客对它的需要是潜在的、不重要的。在这种情况下，顾客最敏感的往往是价格因素，顾客可能愿意以较低的价格购买一个暂时不需要的产品，以备将来使用。如国内知名的电商平台淘宝，新开发了"随手带一件"功能，顾客在购买目标商品时会随机弹出一件商品，此时该商品的价格会明显低于其原本的售价。淘宝通过这种低价的方式来推销该商品。

第五节　顾客价值决策过程

一、传统的顾客购买决策过程

传统顾客行为理论中对顾客决策过程的论述基于一些经典的行为主义心理学理论，认为个体的心理活动是对外界刺激作出反应后形成的过程。它将顾客购买决策过程定义为顾客购买行为或购买活动的具体步骤、程序和阶段，是一个解决问题的过程。即在购买决策过程中，顾客的心理变动和反应是相对固定的。因此，传统顾客行为理论认为顾客购买决策过程是一种"阶段模式"，如图 3-4 所示。

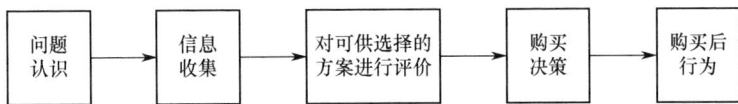

图 3-4　传统的顾客购买决策过程

从这个过程可以看出，顾客的购买决策过程是在实际购买之前已经发生，并延续到实际购买之后。顾客作为企业生存的根本，其购买决策过程是顾客是否会购买该企业产品的关键，因此企业应该加强对顾客购买决策过程的研究，掌握顾客购买决策过程的规律性，从而在销售中采取有针对性的营销策略。

从图 3-4 可以看出，传统的购买决策过程认为顾客在购买产品时会经历问题认识、信息收集、对可供选择的方案进行评价、购买决策和购买后行为五个阶段，它并没有深入分析顾客价值的感知和评价是如何进行的。然而，事实并不是完全如此，因为消费者可能会根据以前的消费经历，越过其中某个阶段从需求直接进入购买决策。这正是顾客价值感知过程的一种结果表现，但这是传统的顾客购买决策过程所不能体现的。

二、顾客价值决策过程模型

与上述理论不同，这里想要阐述的顾客价值决策过程是基于认知心理学格式塔学派的理论。该学派认为个体的心理活动过程是动态随机的。它所依据的是前期所积累下来的"心理素材"。这些"素材"一部分由遗传决定（即"先天素材"），另一部分则是后天形成的，建立在先天基础之上。"先天素材"其实就是顾客作为个体的感知能力和基本的情感因素能力，是基于生物生化方面的。"后天素材"可以笼统地表述为周围环境所附加的认知法则。也就是在一定的情景下，顾客以往的价值决策过程中的体验、经历和学习等，它们受到"先天素材"和情景的影响，而这种影响的结果反过来又会成为顾客自身的一种感知"后天素材"，对下次的顾客价值决策产生作用；并且会通过影响顾客的期望价值而对下次的顾客价值需求产生作用。顾客价值决策的黑箱正由"先天素材"和"后天素材"两部分构成，在微观情景（如消费情景、营销刺激等）的作用下，竞争对手产品、企业产品和顾客价值需求作为一种黑箱的输入，在黑箱中通过比较竞争对手产品提供的价值、企业产品提供的价值和顾客价值需求做出决定。此外，宏观情景对置身其中的每个要素都会有不同的影响。因此，顾客价值的决策过程是，顾客在一定情景下，利用先天感知能力与后天学习的能力，将企业与竞争对手产品进行比较：哪个能提供最大的顾客价值，哪个最接近顾客价值需求的感知过程。顾客价值决策过程模型如图 3-5 所示。

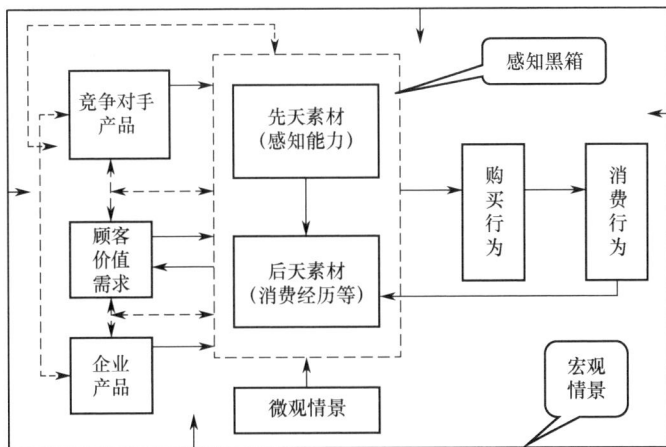

图 3-5　顾客价值决策过程模型

这里提出的顾客价值决策过程模型具有以下几个优点。

（1）以顾客为主体，分析了顾客价值决策的黑箱过程。

这里提出的模型以顾客为主体，认为顾客感知能力由"先天素材"和"后天素材"两部分构成。而以前的研究主要以信息为主体，将顾客的认知黑箱简化为一个处理信息的系统，仅讨论信息的转化过程。

（2）能体现情景对顾客价值的影响。

以前的研究多基于假设情景不变，也就是不考虑情景的作用。事实上情景依赖性是顾客价值的一个本质特征，正如"蝴蝶效应"，情景的微妙差异将导致顾客价值感知程度的显著差异。因此，研究顾客价值不能不考虑情景的作用。这里提出的模型将情景分为宏观情景和微观情景，其中，宏观情景即通常说的环境，它对置身其中的行业、企业、顾客等都会产生影响；微观情景则是指顾客感知的时刻或时段产生影响的因素，如消费情景、购买情景等。

（3）反映了顾客价值感知中的权衡和比较。

在顾客价值决策过程模型中，能够比较清楚和完整地反映包括顾客对自身价值需求和企业产品提供价值之间的比较及顾客对不同产品所提供的价值之间的比较。

（4）对顾客的价值判断标准进行了初步的分析。

在分析黑箱的内容时，我们将顾客的感知能力分为"先天素材"和"后天素材"。"先天素材"和"后天素材"一起决定顾客价值判断的准则，"先天素材"影响"后天素材"的形成，而顾客的消费行为则会持续地影响"后天素材"。换言之，顾客价值决策黑箱中的活动不仅包括比较不同的价值，还包括比较的标准，也就是说顾客的感知能力自身也是变化的。不同的是，感知能力的变化主要发生在时段内，因此在价值比较的时刻，可以认为它是固定不变的。

三、顾客价值决策的混沌性

1. 混沌学

1972 年 12 月 29 日，美国麻省理工学院教授、混沌学开创人之一 E.N.洛伦兹在美国科学发展学会第 139 次会议上，发表了题为 Predictability：Does the Flap of a Butterfly's Wings in Brazil set off a Tornado in Texas 的演讲，提出一个貌似荒谬的论断：在巴西一只蝴蝶翅膀的拍打能在美国得克萨斯州产生龙卷风，并由此提出了天气预报的不可精确性。时至今日，这一论断仍被人津津乐道，更重要的是，它激发了人们对混沌学的浓厚兴趣。今天，伴随计算机等技术的飞速进步，混沌学已发展成为一门影响深远、发展迅速的前沿科学。

与我们通常研究的线性科学不同，混沌学研究的是一种非线性科学，而非线性科学研究似乎总是把人们对"常规"事物、"常规"现象的认识转向对"非常规"事物、"非常规"现象的探索。例如，孤波不是周期性振荡的规则传播；"多媒体"技术在信息存储、压缩、传播、转换和控制过程中，会遇到大量"非常规"现象，因此采用了"非常规"的新方法；混沌打破了确定性方程由初始条件严格确定系统未来运动的"常规"，出现各种"奇异吸引子"现象等。

混沌不是偶然的、个别的事件，而是普遍存在于宇宙间各种各样的宏观及微观系统中的，万事万物莫不混沌。混沌也不是独立存在的学科，它与其他各门学科互相促进、互相依靠，由此派生出许多交叉学科，如混沌气象学、混沌经济学、混沌数学等。混沌学不仅极具研究价值，而且有现实应用价值，能直接或间接地创造财富。

2．顾客价值决策的混沌性

顾客价值决策是顾客针对产品的一种心理活动，顾客的决策是顾客感知活动的结果；而顾客的感知活动正是利用其感知能力对产品或服务的认知过程。顾客的感知能力，也就是我们所说的两种"素材"是相对固定的，但顾客的心理感知过程却是随机的。从心理学来讲，顾客决策作为个体的心理活动，其过程包含了很多"素材"，而且往往是全部类型的"素材"，只不过"素材"的组合不同。客观事物作用于人的主观世界（我们所能感知的那一部分），个体如需要做出回应，回应的结果可能存在无限种可能。如果将每种回应发生的一刻称为"节点"，那么每个节点后都有一个不同的事件结果。而顾客的最终决策，如购买行为，就是"节点"后的事件结果。这里所说的结果，是一种心理感知的结果和判断，不仅包括行为，如购买或不购买；也包括态度，如情绪和倾向等。

科学家给混沌（Chaos）下的定义是：混沌是指发生在确定性系统中的貌似随机的不规则运动。顾客价值的决策过程正是这样一个过程。它是一个由确定性理论描述的系统，但其行为却表现为不确定性，呈现出无序、混乱和随机的状态，存在着混沌性。顾客价值的决策过程，表面上看起来是无规律、不可预测的现象，实际上也有规律可循。此外，如果失去了事物的随机性，也就无法谈其规律性了。将混沌学引入顾客价值研究能够帮助研究者更清楚地理解顾客价值认知和顾客价值决策，发现顾客价值决策的规律。因为混沌学的任务就是寻求混沌现象的规律，并将其加以处理和应用。

第六节 顾客价值链与企业价值链

一、企业内部价值链分析

按照波特的观念，每个企业都存在众多独特的价值创造活动，而这些活动的集合就是企业的价值链。企业的价值创造能力是由价值链中各项活动的能力所决定的，因此要评估企业的价值创造能力就需要适当拆分价值链，逐一评估各价值创造活动的有效性。因此，价值链战略实施要从企业价值活动分析开始。

1. 识别价值活动

价值活动是企业所从事的在物质上和技术上界限分明的各项活动，它们是企业创造对顾客有价值的产品的基石。价值活动可以分为两大类：基本活动和辅助活动。基本活动是指涉及产品的物质创造、销售、转移给顾客和售后服务的各种活动。在任何企业中，基本活动都可以划分为下列五种基本类型：内部后勤、生产作业、外部后勤、市场销售和服务。而辅助活动通过提供外购投入、技术、人力资源及各种企业范围的职能来辅助基本活动并相互支持，其包括四种基本类型：采购、技术开发、人力资源管理和企业基础设施。

2. 确定企业价值链

通过前面的识别企业价值活动及对价值活动的归类和分解，大致可以确定企业的价值链。航空公司的基本价值链如图 3-6 所示。

3. 企业内部价值链评估的原则

评估企业内部价值链主要依据两个原则：一是价值创造活动的财务成本最佳原则，必须严格地控制每个环节的成本，并测算出每项活动的最佳成本状态，因为任何成本的增加都会减少最终的顾客价值，合理控制成本本身就是在创造价值；二是价值创造的流程最优原则，企业需要检查整个价值链上各项价值活动是否都是必需的，有无冗余的流程，有无需要改善的流程，有无需要调整的流程。这样做的目的就是要提高整个价值链的价值创造效率，一方面高效的运作流程可以直接降低成本，另一方面通过价值链的快速反应可以提高顾客的感知质量，降低非质量成本。

图 3-6　航空公司的基本价值链

企业通过自查价值链可以发现价值创造过程中存在的问题，及时把价值修整到最佳状态，这样才能确保企业价值链在价值创造中发挥出其最大功能，在资源最优的情况下提高企业的价值创造能力。

二、顾客价值链与企业价值链的关系

顾客对产品或服务价值的感知是在使用或消费的整个过程中不断积累形成的，也就是说价值是在消费或使用过程中被顾客所获取的，这个获取价值的过程就是顾客价值链。事实上，顾客价值链就是一个典型的顾客消费过程，是用来分析顾客价值驱动过程的有力工具。典型的顾客价值链包括众多环节，如图 3-7 所示，它从产生需求开始，直到产品报废处理而终止。

```
┌────┐   ┌────┐   ┌────┐   ┌────┐   ┌────┐   ┌────┐   ┌────┐
│识别│   │获取│   │备选│   │订货│→│付款│→│取货│→│安装│
│和确│→│产品│→│产品│→│    │   │    │   │    │   │调试│
│认需求│ │信息│   │评估│   └────┘   └────┘   └────┘   └────┘
└────┘   └────┘   └────┘                                  │
                                                          │
   ┌──────────────────────────────────────────────────────┘
   │
   ↓
┌────┐   ┌────┐   ┌────┐   ┌────┐   ┌────┐
│商品│   │产品│   │对外│   │产品│   │处置│
│退换│→│使用│→│传递│→│维修│→│报废│
│    │   │    │   │信息│   │    │   │产品│
└────┘   └────┘   └────┘   └────┘   └────┘
```

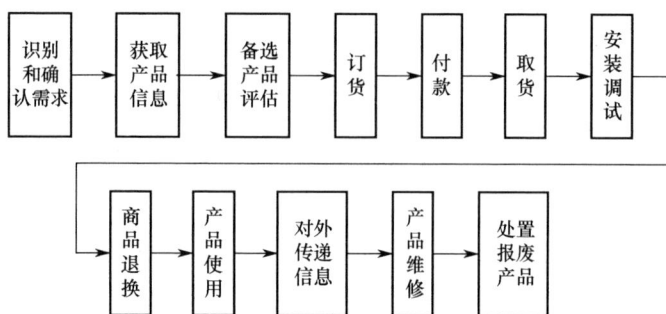

图 3-7 典型的顾客价值链

顾客价值链是连接企业与顾客的纽带，顾客通过价值链的各项活动获取价值，而企业则通过这些活动为顾客创造价值。顾客价值链的各个环节都会对顾客价值的最终结果造成不同程度的影响。顾客价值链与企业价值链是密切相关的，两种"链"在许多环节上存在企业与顾客双方的交互作用，交互作用的环节越多，企业为顾客创造价值的机会就越多。有些存在于企业价值链的环节，虽不与顾客价值链形成双向互动，但仍会对顾客价值链产生影响。企业的营销努力，如品牌宣传、公关活动等就是如此。强势品牌可以增加顾客对产品或服务的亲和度，树立其对产品的信念，减少采购风险、节省选择时间，甚至产生超值感受。如奥迪经常进行品牌宣传和公关活动：赞助大型体育赛事或参与各种社会公益活动。这些并不直接与顾客交互的努力，却在潜移默化中增强了顾客对奥迪品牌的亲和度。但如果仅寄希望于用广告手段树立强势品牌，提高顾客价值，而不在关键环节上下功夫，只能是资源的浪费，并不能得到好的结果。如曾经智能手机市场的领导者黑莓，虽然在广告宣传上投入了大量资源，但未能及时更新操作系统等关键功能，最终导致企业走向衰落。对品牌进行适度宣传，是在提高顾客价值时应考虑的。顾客价值链中各环节价值提升的结果，必然引起顾客感知价值的提高，但企业不能据此认为顾客价值就是各环节价值的简单相加，更不能认为各环节价值之间可以相互替代。某企业家曾经提出这样一个公式："100 - 1 = 0"，其寓意是，职员一次劣质服务带来的坏影响，可以抵消100

次优质服务产生的好影响。

三、顾客价值学习与顾客价值链学习

企业与顾客在价值链上的这种相互作用使其承载着大量的顾客信息，而这正是企业进行顾客价值学习的重点。驱动顾客价值链学习的动力主要是学习型顾客的出现和企业对竞争优势的需求。

学习是组织和个人特有的能力，随着顾客知识水平的提高，顾客的学习能力也在不断提高，顾客正在变为学习型顾客，这种转变也是产品信息中心由企业转向顾客的原因之一。顾客学习主要体现为不断积累的消费经验，由于学习型顾客不断加强自我对产品和服务的学习，他们正在影响着顾客价值链中的活动，以"获取产品信息"为例，顾客可以通过很多种方式（如网络、电话、过去的消费经验，甚至竞争对手的信息等）得到这些信息，已不再像以前那么单一。例如，通过对人类皮肤知识的学习和搜索，顾客可以对各个品牌的抗老型护肤产品的成分进行分析，以对比其价格与功效是否满足自己的需求。由于顾客能够经常接触到供应商或原料的信息，并了解它们的成分、功能和成本，这使他们的采购行为变得极其有效，这种现象目前已经体现在各种产品上，包括汽车、保险、电子设备等。顾客学习能力的提高，有时甚至会改变现有的消费活动，从而改变顾客价值链。

加强学习后的顾客除会改变现有顾客价值链上的活动外，也会改变自己的价值维度，从这个意义上讲，企业更应加大顾客价值学习的范围，以满足学习型顾客不断提高的需求。当然，面对越来越多的学习型顾客，企业不应畏惧顾客学习所带来的变化，而应该变得比顾客更能学习，主动去寻找学习型顾客，通过学习预知顾客学习所带来的影响。例如，随着社交媒体的普及，顾客通过小红书等内容社区分享产品使用后的体验就是产品知识的学习和传播过程，特别是市场影响者（网红）的大量涌现，通过抖音、快手等发布短视频和直播带货的视觉展示产品，极大地拓展了顾客学

习的途径，提升了顾客学习的能力，从而改变了顾客价值链的活动及顾客价值的认知。

企业的竞争力归根结底是通过对顾客价值链施加影响并在为顾客创造价值的过程中形成的。如何创造顾客价值，取决于企业的产品或服务被顾客使用的方式，即企业价值链与顾客价值链之间各种可能的联系，波特认为两种"价值链"的有效对接是获取竞争优势的关键。两种"价值链"的各个环节都将对顾客价值的最终结果造成不同程度的影响，而且在许多环节上都存在企业与顾客的交互作用。这样的环节越多，企业为顾客创造价值的机会就越多。当然，有些价值活动存在于企业价值链的不同环节，虽无法与顾客价值链直接互动，但仍会对顾客价值链产生影响，如企业营销方案中的品牌宣传、公关活动等。

在顾客价值链学习中，企业可以深入地了解顾客的整个活动周期，而对其每个阶段的深入剖析将有助于企业预测顾客价值维度的变化和制订顾客价值交付行动方案等顾客价值战略活动的实施。除此之外，顾客价值链学习也将是收集顾客信息的主要手段。社交商务的发展将顾客的商业活动和社交活动融为一体，企业可以通过社交商务平台与顾客互动、收集顾客消费行为数据、个性化营销等方式，实现企业价值链和顾客价值链的连接。

四、企业价值链的修整

在顾客价值战略中，企业不可能完全依靠自身而不受外界影响实现顾客价值目标。因为这个目标是供应商、销售商和顾客这些价值共同体合作的结果。顾客价值战略管理倡导组织结构向着内外合作的方向变革，这为企业与供应商、销售商等外部资源间良好的商务合作提供了组织保障。按照波特的观念，这些商务合作者都存在自己相对独立的价值链，这些独立的价值链影响着企业价值链，并最终影响到企业顾客价值目标的实现。要消除这种影响，就需要把这些独立的价值链整合起来，使其成为一个相互影响、共生共荣的虚拟价值生态链,如图 3-8 所示,这也意味着企业的价值生成系统是一个开放的系统。

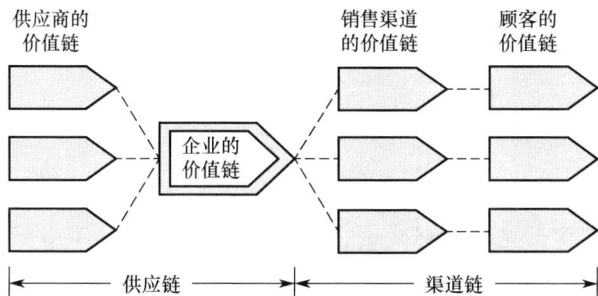

图 3-8　虚拟价值生态链

对企业而言,虚拟价值生态链既包含了和供应商间的上游关系,也包含了和销售商与最终顾客间的下游关系。企业在这个虚拟价值链中居于核心地位,其上游是企业的供应链,下游是企业的渠道链。就本质而言,虚拟价值生态链是由企业内部价值链和企业外部的供应链及渠道链构成的,因而对影响企业创造和传递卓越顾客价值目标的认识就不能仅停留在企业内部价值链上,而应把这种认识拓展到整个价值生态链上。很显然,这种观念的变化能使企业寻找到更多提高顾客价值的途径,如通过有效管理供应链和渠道链来改善顾客价值等。

在价值共同体分析中,已经分析了供应商和销售商在实施顾客价值战略中的作用。但要把供应商和销售商与企业发生联系的各项活动高度整合到一个自我加强的价值系统中,企业就必须加强对供应链和渠道链的掌控。供应链管理关注的是如何为企业提供用于创造价值的产品和服务,它在顾客价值创造中的贡献在于如何去控制成本以提高顾客价值;渠道链管理关注的则是如何把企业创造的价值传递给目标顾客,实现产品的价值,它在顾客价值创造中的贡献在于如何去增加企业提供给顾客的价值。虚拟价值生态链就是因为供应链和渠道链管理积极参与顾客价值的创造,而把它们纳入这个开放的价值系统中。由于这个价值系统是以实现共同的顾客价值目标为合作基点的，有着共同的利益，因此任何一个企图模仿的竞争者都不可能复制整个价值系统，这样也就能有效抵御来自竞争对手的模仿。

本章案例：Louis Vuitton（路易·威登）

Louis Vuitton，简称 LV，是一家法国奢侈品品牌，以其标志性的 LV 徽标和经典的 Monogram 画布而闻名。LV 成立于 1854 年，最初主要生产旅行箱，现在其产品线已经扩展到服装、鞋子、香水和其他许多奢侈品。

许多购买 LV 产品的消费者不仅仅是为了一个功能性的物品，他们购买的是一个象征、一个社会地位的标志。对这些消费者来说，高昂的成本与 LV 的价值是一致的，他们期望通过购买这样的产品来提高自己的社交地位或展现自己的品位。因此，这种高成本反而增强了他们对产品的价值预期，并降低了他们对价格的敏感性。但也有一部分消费者会认为 LV 的产品价格过高，超出了他们的预算。这种情况为 LV 提供了一个关于如何设置其产品价格的参考。为满足不同消费能力的消费者，LV 也推出了相对便宜的小皮具或配饰。有些消费者可能会选择其他较为便宜的奢侈品牌替代 LV，这种替代可能是基于价格，也可能是基于品牌之间的风格或形象差异。这种替代效应要求 LV 不断创新并调整其市场策略，以满足不断变化的消费者需求。

总的来说，LV 作为一个奢侈品品牌，必须了解不同目标顾客群体价值感知的差异，权衡各种因素，以确保其产品和策略与消费者的价值观念相一致。

本章思考：消费者购买决策过程中顾客价值形态有何不同？如何进行顾客价值激励？结合企业实际进行分析。

第四章
测量顾客价值

顾客价值只有被顾客衡量，才能为企业如何创造和传递顾客价值给定标准，企业可以根据自身的行业特点选择合适的顾客价值测量方法，依据顾客价值测量结果制订提升策略。本章论述了顾客价值的可测量性和顾客价值测量的重要意义，介绍了顾客价值的测量标准，并详细介绍目前比较常用的顾客价值测量方法。

第一节　顾客价值测量的意义

一、顾客价值的可测量性

价值，包括价值优点，是人们对事物比较的一种反应。如果不存在现有的价值标准，人们很难确定哪些事物提供什么样的价值。因此，消费活动本身蕴藏着顾客所评估的价值。这使得价值成为一个可感知的概念，而绝非态度或某种形式，它可以不依赖任何影响因素而独立存在。换言之，价值评估是客观存在于顾客的消费经历之中的，并且应该是能够被测量的。

随着研究者们对顾客价值概念和价值方法论的深入研究，他们在价值的可度量本质特性上逐渐发现顾客价值只有被顾客衡量，才能被顾客所判别，才能为企业如何创造和传递顾客价值给定标准。

二、顾客价值测量的重要性

为什么要测量顾客价值？目的就是帮助企业找到以下问题的答案：

企业如何才能明确顾客所需的价值？

企业在市场上处于什么样的地位？

现有战略是否真正体现并满足了顾客的需求和价值？

可以看出，这些问题既包括了具体的价值需求、企业在市场中的竞争地位等战术性的内容，也包括了从战略的高度来审视和调整整个企业的战略适用性等较为宏观的问题。从管理的角度来看，它暗含了企业在进行一系列价值创造活动时，既要考虑方法是否为"正确的方法"，也要审视方向是否为"正确的事情"。

从战术角度看，顾客价值测量是顾客价值应用的前提和基础，只有对顾客价值做出精确的测量之后，才能更好地解释顾客行为，精确地解读顾客对价值的需求和感受，探索顾客自己甚至都未意识到的价值需求趋势，真正做到把顾客的心声纳入产品的设计与生产中，指导开发不同产品以满足不同层次顾客的需求。此外，它还能帮助企业明确目标细分市场，尽可能降低新产品研发投资的风险。不止如此，顾客价值测量在提取广告主题、激发广告创意及制订企业的营销策略，在结合市场的普遍性与行业的特殊性预测市场等方面都能够发挥积极的指导作用。

从战略的高度看，顾客价值测量的意义在于识别和发展一种吸引和保留顾客的公司战略，这样的战略会提升顾客满意度，建立顾客忠诚，并将会为公司创造财富，提升公司的价值，这个过程是重复的、持续的，结合这种规则持续地实践和执行，就能够持续地为公司创造竞争优势。如果没有顾客价值测量，在整个企业内部贯彻顾客价值导向的文化，实施顾客价值战略将成为没有基础和依据的"海市蜃楼"，难免流于一种空泛的口号，不仅不能发挥出其自身显著的威力和独特不可复制的优越性，更谈不上成为企业的一种新竞争优势来源。

第二节　顾客价值测量标准

顾客价值是具有测量性的，只有度量了顾客价值，才能把顾客价值作为一种策略应用于实践，也只有顾客价值能测量，顾客才能客观地比较企业提供的顾客价值孰大孰小。然而就像一颗钻石的质量靠"4c"指标——切割技术、颜色、清晰度、克拉重量来检测一样，企业对顾客价值的测量与评估，也需要一个包含了其内涵和构成的价值评价标准，也就是能够体现顾客价值判断和感知过程中所采用的准则。顾客对价值的感知取决于特定情景下，顾客根据自己的价值标准对产品和服务做出的价值判断。因此当测量、评估顾客价值时，企业需要思考一个问题：所采用的测量指标是否为合适的顾客价值测量指标，能否体现顾客关注的价值维度？即企业进行顾客价值评估的标准是否与顾客价值判断的依据一致？

目前，相关研究领域一直没有一个能够得到大部分学者认同的顾客价值评估标准。顾客价值评估标准难以建立的原因如下。

一、顾客价值测量研究与顾客价值内涵的认识密切相关

因为顾客价值测量研究的起点就是对顾客价值概念和内涵的充分理解。只有充分理解了顾客价值是什么，才能够制定出有效测量它的方法和准则。因此，随着人们对顾客价值概念和内涵研究的深入，其内容不断丰富和完善，使得原有研究中的价值评价方法，如基于价值链、价值工程的方法不再能有效地测量出顾客价值。

二、顾客价值本身的许多不确定特性

如主观性、动态性、情景依赖性等，这些因素都制约了顾客价值测量的研究。从宏观的情景要素来看，社会阶层、不同国家的人文历史、科技等都会对身处其中的顾客的价值评价准则产生影响，而微观的消费场景等要素更

是直接影响着顾客对价值的感知高低，并进一步影响顾客对以后的消费行为和期望价值标准。

三、顾客的价值判断可以出现在三个时间框架里

从一次消费行为来看，可分为购买前的选择阶段、购买行为本身（包括消费过程）及购买后阶段。购买前的价值判断可以被视为期望价值、偏好价值，或称为估价。消费过程中的价值判断可以被视为体验价值感知。购买后的价值判断可视为一种消费事后的价值评价。购买前及购买过程中顾客价值判断是一种主观感受的顾客感知价值评价，而购买后的价值判断是对产品或服务的消费体验中所获得的价值的感知。此外，从长期的连续消费行为来看，顾客价值判断的标准是随时间而变化的，当新的顾客逐步成为长期顾客时，他们随着消费体验的增多会变得越来越理性，越来越专业，对价值的需求会越来越丰富，越来越抽象；同时，这些对价值需求的变化和消费经历的丰富也对顾客价值判断的标准产生了影响。这些顾客价值判断准则的变化会影响到顾客价值感知的程度和大小，就会影响企业价值评价准则的确定。

四、目前的研究角度

由于工业市场、商业市场和服务市场中的产品或服务，所包含的价值内容存在显著差异，这些差异严重阻碍了学者们试图从包括所有市场或大范围划分（工业市场、商业市场和服务市场）的角度来建立一个完整的顾客价值测量模式。

在对文献进行大量研究和进行一些实证研究后，我们发现由于顾客价值的维度和权重在不同产品中的差异性较大，因此，想要从这种"大市场"角度来进行顾客价值评估是不够科学和严谨的。关于某一具体产品的有效测量量表是有可能生成的，但需要大量的实证和有代表性样本的支持来决定维度和权重。

第三节 顾客价值测量方法

顾客价值存在于顾客的意识当中，关于顾客感知价值的研究涉及心理学、行为学、社会学和数学等多门学科，这决定了顾客价值测量的复杂性和困难性。目前顾客价值的测量方法有以下几种。

一、VALS 和 LOV

1. 价值观与生活方式（VALS）

20 世纪 80 年代早期，SRI（斯坦福国际研究所）的 Mitchell 提出用价值观和生活方式（VALS）来对价值进行衡量，这是价值方法论中最有趣的发展之一。

Mitchell 运用马斯洛需要层次理论和社会特征的概念，完成一个由 24 个问题构成的调查问卷，这些问题包括各种具体的或笼统的价值陈述问题和一些人口统计问题。然后用此问卷对美国公民进行调查。通过用统计学方法和有效的理论方法来对这些问题的调查结果进行识别，综合马斯洛需要层次理论和美国社会学家戴维"驱动说"两个视角来建立生活方式群体。从而把美国人群归类为 9 种不同生活方式的细分群体：

- ✧ 幸存者（占总人数的 4%）；
- ✧ 维持者（占总人数的 7%）；
- ✧ 拥有者（占总人数的 35%）；
- ✧ 竞争者（占总人数的 9%）；
- ✧ 赢得者（占总人数的 22%）；
- ✧ 我行我素者（占总人数的 5%）；
- ✧ 经验主义者（占总人数的 7%）；
- ✧ 社会关注者（占总人数的 9%）；
- ✧ 综合者（占总人数的 2%）。

Mitchell 提出 VALS 方法之后，很多研究者开始把这种价值衡量的方法应用于顾客价值测量领域。通过 VALS 方法对目标顾客群体进行细分，然后从中识别出一种或几种最重要的价值。

VALS 是一种非常实用且有效的工具，很多公司都使用 VALS 对顾客群体进行细分，从而衡量不同细分市场中的顾客价值，如 AT&T。很多国际知名的公司也出现在 SRI 所列出的客户名单中，如 New York Times、Penthouse、Atlantic Richfield、Boeing Commercial Airplane Co.、American Motos 和 Rainier National Bank。

VALS 模式不能通用的原因是很明显的，针对不同的群体对象，得到的结果不同。如欧美"狩猎民族"与东方"农耕民族"的文化底蕴及价值观都存在着巨大的差异，因而，在中国研究 VALS 就不能简单地套用美国模式。近年来，日本、中国等国家的研究者都在陆续开发适合本土的 VALS 模式。

2. 价值清单（LOV）

在 VALS 提出的同一时期，价值方法论另一个发展就是由密西根大学调查研究中心的研究人员所提出来的价值清单（LOV）方法。这是一种可以与VALS 相互替代的方法。

LOV 是在对价值研究的理论和社会适应理论的基础上发展起来的。主题是一个由 9 种价值组成的价值清单：

✧ 拥有感；

✧ 兴奋；

✧ 与他人良好的关系；

✧ 自我实现；

✧ 被很好地尊重；

✧ 生活中的趣味和娱乐；

✧ 安全感；

✧ 自我尊重；

◇ 成就感。

LOV 法采用了等级排序或对各种价值进行两两评价的评估方法，从而识别其中最重要的价值，或者对价值的重要性等级进行排序，同时 LOV 方法也能评价偏好替换物。

与 VALS 相比，LOV 有三个优点：一是大量研究发现，LOV 比 VALS 在预测顾客行为趋势方面的指示性效用更大；二是其操作更加简便；三是在广告研究中，LOV 比 VALS 更容易保持价值调查中的精确措辞。

由于实施简单，且具有较好的预测性，与 VALS 一样，价值清单是一个更普遍且有用的工具，其在确认细分市场、对销售人员的调查、衡量社会变化和其他的营销实体等方面都表现出很好的特性。

3. 贡献与局限性

VALS 与 LOV 是一种建立在人本主义心理学、行为心理学和社会学等理论基础上的方法论，通过对顾客价值观的研究来追踪与识别顾客在产品与服务需求及消费中所追求和体验到的价值项目。在这两种方法的核心概念中都包含了如生活形态、价值观这样的词语。事实上，这些价值项目就是顾客价值测量中的价值要素。

VALS 与 LOV 有一些很明显的类似点。例如，VALS 的分类中有赢得者，LOV 的分类中包括成就感；VALS 的分类中有拥有者，而 LOV 的分类中有归属感。更进一步，可以看到这种语义或逻辑上的形似性的来源：虽然它们借助心理学的理论并不完全相同，但借助这些理论，这两种方法都识别出了顾客作为主体其内部和外部的感受差别项目。从这一点来看，在顾客价值测量方面，VALS 与 LOV 确有异曲同工之妙。

具体而言，在 VALS 中，这种差别叫作外部导向与内部导向。外部导向包括赢得者、模仿者和拥有者，而内部导向包括社会意识者、经验主义者和我行我素者。而在 LOV 中，这种差别存在于内部控制与外部控制之间：外部价值包括归属感、受人尊敬和安全感；内在价值包括娱乐和生活乐趣等。

需要特别指出的是，VALS 与 LOV 只是识别出了具体的各个价值要素项目，并没有进一步识别出这些顾客价值要素归属的价值维度，也没有对各个要素之间的联系做出进一步的指示和说明。但它们都是通过对生活形态、价值观、社会分层结构范式等的研究来挖掘顾客的价值意识，从而确定顾客价值要素。然后，通过满足这些顾客最为看重的价值清单来实现顾客价值的最大化，从而获得顾客忠诚。因此，它们被很多学者视为顾客价值评估很好的方法，是由于这两种方法本身就是把顾客作为主体来研究的，从这个角度来看，它们是适合作为"顾客导向"的顾客价值研究方法的。

二、顾客让渡价值测量方法

1. 顾客让渡价值测量模型

菲利普·科特勒的顾客让渡价值（Customer Delivered Value）模型也是顾客价值测量中重要的模型之一。他从顾客让渡价值和顾客满意等角度来测量顾客价值。今天的顾客面对如此多的产品和品牌、价格和供应商，他们将如何做出购买决策呢？科特勒指出，顾客能够判断哪些供应品将提供最高价值（总顾客价值），在搜寻成本和有限知识、灵活性和收入等条件（总顾客成本）的约束之下，顾客是价值最大化的追求者。其中总顾客价值代表顾客期望从给定的产品和服务中所得到的全部利益，它包括产品价值、服务价值、人员价值、形象价值等。而总顾客成本是顾客为取得产品和服务所付出的所有代价，主要包括货币成本、时间成本、体力成本、精力成本等。顾客让渡价值是顾客总价值与总顾客成本之间的差额部分，如图 4-1 所示，在这个观念的指导下，将顾客让渡价值的测量归纳为下列公式：

设产品价值为 P_d，服务价值为 S，人员价值为 P，形象价值为 I，整体顾客价值为 TCV，则存在如下函数关系式：

$$TCV = f(P_d, S, P, I)$$

设货币成本为 M，时间成本为 T，体力和精力成本为 C，整体顾客成本为 TCC，则存在如下函数关系式：

$$TCC = f(M, T, C)$$

设顾客让渡价值为 TCDV，则由以上两式可得：

$$\begin{cases} TCDV = f(P_d, S, P, I) - f(M, T, C) \quad\text{绝对数表示} \\ \text{或} \\ TCDV = f(P_d, S, P, I) / f(M, T, C) \quad\text{相对数表示} \end{cases}$$

简单地说，如果 $TCDV_a > TCDV_b$，就可以认为 a 产品是顾客最终会购买的产品，b 产品次优于 a 产品。

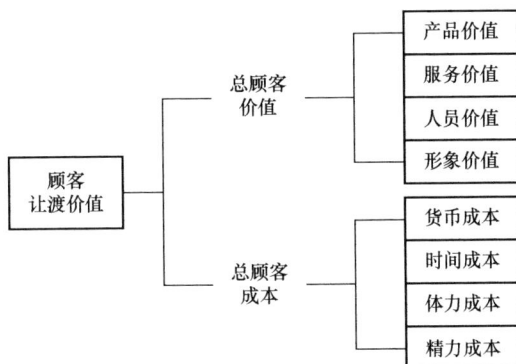

图 4-1　顾客让渡价值测量模型

2. 贡献与局限性

顾客让渡价值理论不仅明确了顾客价值形成的基本等式，即价值=利益-成本，而且进一步指出了企业增加顾客价值的具体途径：企业可以通过改进产品、服务、人员或形象来增加总顾客价值；可以通过降低顾客的货币、时间、体力和精力成本，削减总顾客成本。企业为顾客让渡的价值越多，顾客购买产品的动机就会越强。

科特勒的顾客让渡价值测量方法注意到了产品特性本身以外的众多因素，为顾客价值的测量构建了一个良好的理论框架，对顾客价值的探测研究产生了深远的影响。但其局限性也是明显的：他给出了测量项目和公式，但变量如何测量、各变量之间存在怎样的函数关系仍有待进一步研究。公式所能提供的只是一种思路，具体的操作应用是一个需要摸索的过程。科特勒的价值测量变量有一个共同点，都是偏向于购买阶段的价值形成。如前所述，顾客价值是一个连续的概念，涉及顾客评价的方方面面，TCDV 所提供的价值不能将顾客价值割裂来看，它只是顾客价值测量中的一个环节，不能全面表述顾客价值。所以 TCDV 是对短期效应的衡量。

三、顾客价值图测量方法

1. Gale 的简单价值图及其局限性

Gale 是较早提出顾客价值理论的学者之一，他提出的方法通过质量和价格两大维度来测量顾客价值。首先，由以顾客为中心的经济实体或管理机构提供价格和质量的重要属性，用顾客调查的方法得到每种属性的权重。

$$顾客价值 = \sum（质量维度上某一属性的相对得分 \times 这一维度的权重）+$$
$$\sum（价格维度上某一属性的相对得分 \times 这一维度的权重）$$

$$某一属性的相对得分 = \frac{本企业在该属性上的得分}{竞争者在该属性上的得分}$$

其中，每种属性的得分是由顾客给出的。Gale 在测算基础上，又绘制了顾客价值图，如图 4-2 所示，提供了更直观的分析方法，使测量结果一目了然：将质量和价格构成的二维坐标图分为四个部分，顾客价值通过计算之后会落在图中的不同象限（范畴）。公平价值线通常是以图中的 45° 对角线来定义的，它提供了平均价值水平的品牌。因此，价值高的品牌就是那些在相对更低的价格上提供更高质量的品牌。在图 4-2 中位于Ⅲ象限的品牌在相对最低的价格上提供最高的质量，是最高价值；位于Ⅰ象限的品牌在相对最高的价格上提供最低的质量，是最低价值。若在Ⅱ、Ⅳ象限，表明企业可以扩大市场规模，并保持 P 不变。

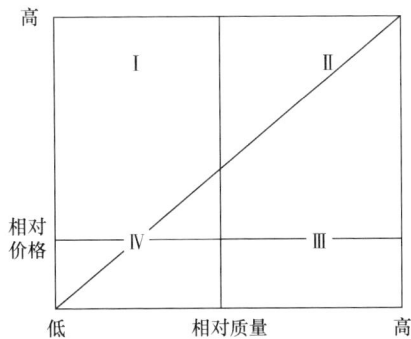

图 4-2　Gale 的顾客价值图：市场感知的质量/价格比

2. 贡献与局限性

Gale 的顾客价值测量方法弥补了顾客满意测量缺乏竞争指导性的缺陷，是一种能将企业与竞争对手提供的顾客价值直接做比较的方法。Gale 的模型虽然克服了没有竞争对手下的顾客价值测量的不足，且简单明了，但它也存在着很大的局限性。

第一，对价值的理解比较狭隘。虽然可感知价值通常被定义为质量和价格之间的交易，但有些营销人员已经注意到可感知价值是一个更加模糊和复杂的多维结构，它包含了很多定义，如感知价格、质量、利益，还有牺牲。

第二，不能解释顾客在衡量价值时的异质性。很多因素会造成顾客在对价值进行衡量时的异质性。因为价值的感知来自不同顾客，不同产品类别和不同的消费刺激，都会影响感知价值的测量。Holbrook 通过实证研究证明了细分市场间的差异会影响感知价值的衡量。不同的产品类别，如橘汁和汽车之间的价值范畴存在着显著的不同。而个人环境的改变也会对价值感知产生重要的影响。

第三，范畴是被强加的一种前提条件，而非实际的顾客感知价值。

第四，公平价值线位置的选定也显得有些独断。

正因为这些制约因素的存在，Indrajit 和 Wayne 提出了三维结构的价值图。

3. Ulage 的驱动因素透视图

Ulage 提出的"驱动因素透视图"（Drivers Profiles），此方法的理论基础是顾客感知价值由下式决定：

$$CPV = \theta_1 X_1 + \theta_2 X_2 + \cdots + \theta_n X_n$$

其中，CPV 表示顾客感知价值，X_i 表示顾客感知价值驱动因素，θ_i 表示顾客感知价值驱动因素对顾客感知总价值的重要性。该式中包含了影响顾客感知价值的全部驱动因素，从多维的角度揭示了顾客感知价值的构成。

Ulage 针对这一理论做了实证研究，通过对美国中小制造企业 21 名采购经理的深度访谈，识别出供应商的八个驱动因素，并采用七级量表打分的形式建立了驱动因素透视图。此方法不仅突破了维度的局限性，其比较范围也不再局限于两家企业的比较，但也有学者指出驱动因素透视图是一种静态图，不能体现在整个顾客价值生命周期内驱动因素的动态变化特点，因为驱动因素在不同时期具有不同的权重和绩效表现。

四、十九项价值量度体系——PERVAL

1. PERVAL 体系

人们对顾客的研究逐渐深入，最初倾向于从顾客决策制订的认知角度研究，后来逐渐演变为从顾客自身的角度来评价某种目标或经历。如 Holbrook 和 Hirschman 认为，人们在评价产品或服务时，大多数采用的都是一种实用主义标准，即这些产品或服务是否很好地体现了他们的设计目的和本身的功能；而在体验式消费中则以享乐主义标准来评判产品或服务，如体验式消费过程可能包括象征、快乐、优雅等方面。Sheth 等人提出了五个维度的顾客价值度量尺度：功能价值、情感价值、社会价值、知识价值、情境价值。

Sweeney 和 Soutar 在前人研究的基础上提出了一种由十九个子项目构成的四维顾客价值量度体系——PERVAL 体系（Perceived Value System），用来评估一位顾客的感知价值。

在 PERVAL 体系下，顾客价值分为四个维度：情感价值、社会价值、功能性价值（价格）、功能性价值（品质）。在这四个维度下又划分了十九个子项

目，从不同的细节角度刻画和评价顾客感知价值。PERVAL 体系结构如表 4-1
所示。

表 4-1 PERVAL 体系结构

四个维度	十九个子项目
情感价值	（1）稳定的质量 （2）良好的工艺 （3）可接受的质量标准 （4）做工（手工）很好 （5）可以使用很久 （6）功能的稳定性
社会价值	（7）我很喜欢它 （8）我总是想使用它 （9）使用它时让我很放松 （10）它让我感觉良好 （11）它让我很开心
功能性价值 （价格/以货币衡量的价值）	（12）价格合理 （13）物有所值 （14）对这个价格来说是个很好的产品 （15）经济实惠
功能性价值 （性能/品质）	（16）让人可以接受 （17）提升了我获取价值的方式 （18）给其他人留下很好的印象 （19）让它的拥有者得到社会的认可

2. 贡献与局限性

与以前的测量标准不同的是，该测量结构考虑到了实用主义和享乐主义
因素。因为人们在消费某种产品或服务时，很少是完全理性或完全感性的，
一个购买决策的制订通常是理性因素与感性因素的合成过程。实证结果表
明，多维的价值结构体系在统计学方面或定性方面都比单一的货币价值因素
能更好地解释顾客的选择，并且在测量顾客价值时能产生更好的结果。

这种量度标准在终端购买环境中用来决定用什么样的消费价值引发顾客
的购买动机和购买行为。并利用探索性、肯定性的分析手段在购前环境中对
尺度的有效性和可行性进行评估。结果发现这四个价值维度在解释购买动机

和购买行为方面有非常显著的作用。在解释售后行为时也具有有效性和可信性。PERVAL 尺度还有一系列潜在的应用，能够为在这个重要领域进行进一步理论研究建立概念框架。

这种方法研究在购买前后两种情景中的顾客感知价值。然而，价值的评价标准会随着时间的推移而变化，其本身也需要不断地改进，如在决定价值时，使用产品后的经历可能是更重要的属性。另外，感知价值并不是孤立存在的，先前的购买经历可能会对当前的感知价值造成影响，该研究没有涉及反馈信息在顾客决策制订中所起的作用。

五、Woodruff 顾客价值测量理论

1. Woodruff 顾客价值等级模型

Robert B. Woodruff 是一位在顾客价值研究方面颇有造诣的专家，1997 年，他将顾客价值定义为：顾客价值是顾客在一定的使用环境中对产品性能、产品属性的表现及使用结果达成（或阻碍）其购买意图的感知偏好和评价。他认为顾客对价值的认知是随时间而变化的。在购买前，顾客先对价值进行预评价，然后在预评价的基础上产生购买行为，购买后又对价值做出评价，这一评价又成为下次购买前的预评价。在购买过程的不同阶段，顾客对价值的认知可能存在差异，如当对价值的预评价是正向时，顾客就会购买；而在购买过程中要花费金钱，顾客对价值的评价就可能为负向的。Woodruff 根据"手段—目的"链的原理，构建了由属性到结果再到最终目标的顾客价值等级模型。

如图 4-3 所示，顾客价值的等级模型指出，顾客按照"手段—目的"的方式构架出期望价值。在等级的最底层，顾客把产品作为一组特定的"属性和属性效用"来考虑。当购买和使用产品时，他们基于产品帮助他们获得期望"结果"的能力及对特定属性的期望和偏好，来考虑产品的使用价值和占有价值，这是等级的中间层。然后顾客基于产品能够帮助他们达到"目的或目标"的能力来考虑，期望得到一定的结果，这是最高层。从顶层向下看这

个等级结构，顾客用"目的和目标"来衡量"结果"的重要性。同样地，在强调"属性和属性效用"的重要性时，重要的是"结果"能够指导顾客。

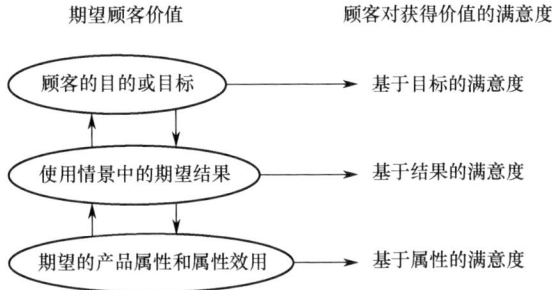

图 4-3 顾客价值的等级模型

顾客价值等级模型同样可以很好地描述感知价值。顾客运用当时在心中形成的期望属性、结果和目标结构来评价产品。顾客使用情景在评价和期望中都起着很重要的作用，如果使用情景变化了，产品的属性、结果和目的也相应地变化。例如，工作时使用的网络服务的顾客价值等级与家庭娱乐时使用这种服务的顾客价值等级就有很大不同。

2. 贡献与局限性

Woodruff 提出的理论是目前顾客测量领域比较有代表性的一种方法论，包括顾客价值维度的确定、顾客价值测量和顾客价值分析。他的主要贡献是引入了能够探测顾客心理感知的定性数据收集和分析方法。他把对顾客价值的理解比作剥洋葱，认为顾客价值维度的确定需要这样一层一层地"剥下去"。分析方法主要包括阶梯法和全程法。阶梯法是一种中度结构化的访谈方法，特别是用来测量顾客对产品或服务的"手段—目的"（属性、结果与最终目的）之间的联系。从价值层次的底层开始访谈，在引出一组属性之后，挑选出相对重要的"属性"。再针对每一个重要属性建立完整的"阶梯"。阶梯法的结构性访谈让访问者的任务比较轻松，用时也较短；同时，属性、结果、最终目的之间的关系也更明显。但它的缺点是受访者可能因为问题的单调重复性而感到疲劳，产生困倦。在受访者察觉你在寻找什么时，可能做出普遍性回答。阶梯法还有一个缺点就是不能揭示关于使用情景的许多信息。全程法则用于获得关于个体的更多信息。

这里需要特别指出的是，在顾客价值测量领域，学者们使用了很多语义上相近的词语来表达"度量"的含义，如测量、评估、评价、分析等。Woodruff 的方法论认为，顾客价值测量仅仅是对顾客进行调查的过程，之后的过程是顾客价值分析。然而，目前大多数学者对此并没有进行区分，当然Woodruff 的观点也没有得到学术界的一致认可。事实上，顾客价值测量的过程中包含了对所测量的顾客价值维度的分析；而顾客价值的分析，是对顾客价值测量结果更深层次的解读。因此，本书同主流观点保持一致，不对评估和测量进行语义上的区分，即本书中的顾客价值测量和顾客价值评估是同义的。

六、关系视角下顾客价值的测量

1. 全情景价值、顾客感知价值的测量模型

Gronroos 认为顾客在感知价值时除关注企业提供物以外，还关注相互间的整体关系；顾客感知价值不仅来源于产品及附属服务，还应包括维持关系的努力，可以通过发展良好而持续的顾客关系来创造价值。在关系范畴中，提供物品同时包含核心产品和各种类型的附加服务；代价包括价格和某方处于关系中而发生的额外成本，称为关系成本。在长期的业务关系中，企业需要考虑"全情景价值"或关系期间所有创造价值的交易互动价值的集合即"关系价值"。

全情景价值度量方式如下：

$$全情景价值 = \frac{情景利得+关系利得}{情景利失+关系利失}$$

顾客感知价值度量方式如下：

$$顾客感知价值 = \frac{核心产品+附加服务}{价格+关系成本}$$

上式中，价格是短期概念，而关系成本则是随着关系的发展发生的，且呈边际成本递减趋势。核心产品和附加服务的效用也是在关系的发展过程中

体现出来的。

此外，顾客价值也可以由增益价值计算得出，具体度量方式如下：

$$顾客感知价值 = 核心价值+/-增益价值$$

不难看出，顾客感知价值是随着时间发展和变化的。上式中包含了长期概念，增益价值也是随着关系的发展而显现出来的。

2．贡献与局限性

Gronroos 提出的模型表明与关系本身有关的成本和利益都是客户感知总价值的决定因素，长期顾客关系价值对于顾客价值的评价研究十分重要，同时也增加了价值概念的复杂性和动态性。

然而，价值的评价标准会随着时间的推移而变化，其本身也需要不断地改进。换言之，Gronroos 提出的模型虽然刻画了价值概念的复杂性，但实际操作上很难准确度量顾客感知价值。此外，Gronroos 提出的模型高度依赖情景，使得其泛化性受到一定限制。

七、九种企业常用顾客价值评估方法

在回顾市场营销文献和一些探索性研究的基础上，我们识别出九种方法，它们都已经被用来评估顾客价值。这九种方法可以细分为五类：第一类是工业管理法，包括内部管理评估法、使用价值评估法和间接调查法三种；第二类是对顾客价值整体的评估法，包括中心组价值评估法和直接调查提问法两种；第三类是整体价值分解法包括相关分析法和分离标记法两种；第四类和第五类方法分别是联合分析法和重要性评估法。

1．内部管理评估法

内部管理评估法是由供应商的工程师或科研人员进行实验测试，得出产品价值的估计值。这一方法的运用相对较为简单，因为其不需要外部人员的配合。运用这一方法所计算出结果的实用性，取决于供应商的研究人员对顾客的运作系统是否有足够的了解。供应商的产品通常只构成企业顾客生产投入的一部分，要计算出供应商的产品能为企业提供的价值，就必须了解企业顾客的产品生产流程，了解企业顾客使用本供应商的产品后，对企业生产最终产品成本的各种直接和间接影响。例如，供应商的产品质量高，价格也高。高价格增加了企业顾客的购买成本，减少了其获益；但高质量可能降低了企业顾客最终产品的废品率，减少了停工损失等，增加了企业顾客的收益。

2. 使用价值评估法

运用这种方法时，供应商的有关人员访问顾客，并收集有关数据资料，列出顾客使用本企业产品与使用最好的或次优选择的厂商的产品时的各种利益所得和付出的成本。然后，估算出以货币额表示的各种利益和成本，得出总顾客价值。与内部管理评估法不同，在运用使用价值评估法时，需要顾客的紧密配合和参与，否则就无法得出合理的结论。正因为如此，这一方法在实施中的难度较大，比内部管理评估法要复杂。但正因为其通过访问顾客，从顾客那里获得有关数据，并进行本企业产品与竞争产品的比较研究，因此，得出的结论往往更能被顾客所接受，更具有说服力。为了让使用价值评估法更为完整，有些供应商在进行分析时，将顾客生产经营的全过程以图示方式表示出来，列出在整个过程中由于使用本企业产品可能产生的利益和发生的成本，以避免对成本和利益考察方面的疏漏。

3. 间接调查法

该方法通过向目标客户群体提问，了解他们认为当前产品应作出哪些改进才能提升销售表现。根据这些回答，并结合其他已知信息，可获得每一种产品改变的价值评估。

间接调查问题法是最后一种工业管理方法，在顾客参与和积极提供所需资料方面介于前两种方法之间，因此，这种方法可以填补企业对顾客使用产品的方式等信息的空白，也能够了解顾客对某种功能的消费是否合理。

4. 中心组价值评估法

在一个中心组中，向参与者陈述潜在的产品或产品概念，让他们回答这些产品或产品概念将会为公司带来什么价值。例如，这种价值评估法可能会问："你的老板愿意为此支付多少？"

利用中心组价值评估作为定性的、形象化的方法，可以更好地理解和认识参与者对实际产品和潜在产品的感受和反应。使用这种方法，研究者试图得到产品的估计价值。在这种方法中，参与者通常由顾客和企业内掌握丰富的有关产品和市场知识的人组成，有时也可以邀请咨询顾问或行业内的权威参与。

5. 直接调查提问法

在一个领域的调查研究中，向被调查者描述一种潜在产品或产品概念，然后让他们回答这些产品将会为公司带来什么价值。例如，这种价值评估法可能会问："你的公司愿意为此产品支付多少？"为获得可信的价值评估，回答者必须愿意回答并且拥有所需的知识来回答关于产品感知价值的每一个直接问题。若这两个条件中有一个没有达到要求的程度，所得到的评估结果的有效性就会大打折扣。

在中心组价值评估法和直接调查提问法中都需要一系列的问题来了解产品各组成部分是如何构成产品的整体价值的。

6. 相关分析法

在一个领域的调查研究中，要求参与者根据其公司对每种产品的购买偏好评价潜在产品。每个产品包含不同的属性与特征，这些属性和特征的水平在这些产品中规律地变化。参与者将对产品的购买偏好进行排序，然后利用统计分析将这些评价与排序转化为参与者对每一水平的属性和特征所给予的价值量。各种特征水平的价值决定了各种特征的相对价值。

7. 分离标记法

在一个领域的调查研究中，首先向参加评估的人员展示一种现有市场上已经存在的产品，通常是现有的行业标准产品，作为评估的基准供给；然后，再向评估人员提供本企业准备推出的产品，要求他们比照基准供给，回答若干问题，如比照基准产品，贵公司愿意为本企业产品中所增加的功能或特点付出多少？比照基准产品，在去除贵公司不需要的某些功能和特点后，贵公司期望价格下降多少？因此，这种方法能在低成本和使用简易等方面缓解采用相关分析法评估价值时的困难。

尽管相关分析和分离标记这两种价值评估的方法在本质上有所不同，其实可以归为一类，因为它们都使研究者能够把对产品价值的整体感受分解为各个组成部分的价值之和。

8. 联合分析法

在一个领域的调查研究中，要求回答者直接给出所选择的属性和特征水平对及其对公司价值的具体体现。例如，可能要求回答者给出每英镑中每一便士的价值，分别给出属性和特征的价值，那这个产品的其他属性也是相同的（可比的）。各种水平特征的价值之和是该产品对回答者的整体价值评估。（该方法将在下面详细介绍）

9. 重要性评估法

运用重要性评估法时，供应商提出产品的一系列特点或特性，要求参加评估的人员对不同的产品特性对本企业的重要性进行评价，表明不同特性的重要性等级。在评估过程中，不仅要求他们对一家供应商的产品进行评价，还要对其他供应商进行评价，要求根据不同供应商的产品性能表现，列出各供应商的绩效等级；最后，以评出的各供应商产品的各种特性的绩效等级数乘以重要性等基数后加总，即可看出评估人员对不同供应商产品的总体评价，进一步分析绩效等级差异，则可以发现总体评价不同的原因。重要性评估法作为顾客价值评估的一种方法的局限性是它无法在货币单位方面做出对产品及其组成部分的感知价值的评价。与此相联系，重要性评估法也无法表明产品此特性和彼特性的水平变化，以及顾客相对价值的变化。

八、其他顾客价值测量方法

此外，还有其他一些用来评估顾客价值的方法和工具：Parasuraman 认为随着顾客从第一次购买到短期顾客再到长期顾客的转变，他们的价值评价标准可能会变得越来越全面、抽象，并提出了一个系统监测模型；Flint 等人认为顾客紧张是导致顾客期望价值变化的主要因素，而影响力、期望广泛程度、临时冲动、环境变化驱动力和能力驱动力将造成顾客紧张，并开发了顾客期望价值变化指示模型。Hogan 提出通过价值中心的识别、不确定性的评估、建立关系模型和分析关键变量四个步骤来测量预期关系价值。El-Adly 和 Eid 于 2015 年开发了名为 MALLVAL 的量表，以度量购物中心情景下的顾客感知价值。MALLVAL 包含七个维度：享乐（Hedonic）、自我满足（Self-gratification）、功利主义（Utilitarian）、认知（Epistemic）、社交互动（Social Interaction）、交易（Transaction）及时间便利（Time Convenience）。Varshneya 和 Das 则认为顾客价值应由体验性价值表征。他们提出的顾客价值量表包含四个维度：认知（Cognitive）、社交（Social）、享乐（Hedonic）与伦理（Ethical）。Oyedele 和 Simpson 以流媒体应用软件为研究对象，在传统顾客价值维度中新增了便利价值（Convenience Value）这一维度。Previte 等人为了探究情感价值（Emotional Value）对于被试阅读或撰写关于利他服务（献血）事件产生的影响，加入了利他主义价值（Altruistic Value）这一维度。这里不再赘述。

　　从上述对现有顾客价值测量方法的研究可以看出，这些方法大多不能较好地反映顾客感知心理，原因包括多方面：或者不能刻画顾客价值多维度的属性；或者顾客价值定义的局限性影响到所选择方法的效度；或者没有从顾客的角度来理解顾客价值；或者没有意识到顾客自身的价值需求、竞争产品价值与企业产品价值的不同等。顾客价值评估的正确性依赖于所采用方法的科学性，而方法的选择又依赖于对顾客价值的定义是否正确，所包含的内容是否完备。因此，在研究中我们通常不能仅依靠一种方法来评估顾客价值，需要对现有方法进行合理的选择，整合运用，以达到最好的评估效果。

　　本章思考：企业如何建立适合自身产品和顾客特点的顾客价值测量体系？

现在，许多企业提出"为顾客创造独特的价值"的经营理念，但他们创造的价值是否可以为他们的顾客所感知到呢？这就使企业面临一个新的挑战：在以顾客需求为导向的基础上，制定有效的顾客价值传播策略，做好顾客价值传播工作，让顾客感知到企业提供的独特价值，从而使企业经营目标得以实现。

社会学和心理学对顾客行为模式及顾客价值的认知都有详细的分析，基于这些领域的观点，可以为企业制订相应的顾客价值传播策略提供理论依据。

企业制订顾客价值传播策略要以了解市场需求为基础，市场是企业营销活动的出发点和归宿。深刻认识市场的特点，准确把握顾客购买行为，科学地确定产品的目标顾客，有针对性地制订顾客价值传播策略。同时，社交媒体时代的内容营销及口碑营销为顾客价值传播提供了新的方式。

本章首先从顾客市场的特点及顾客的行为模式进行分析，并在此基础上研究了顾客价值认知过程，将顾客价值认知过程划分为信息处理、学习、记忆三个阶段。顾客价值传播具有信息双向流动的特点，这是选择顾客价值传播媒介的关键。此外，本章运用阿克洛夫的信息不对称理论分析了企业与顾客在价值沟通上存在突出的信息不对称问题，认为顾客价值传播的主要任务是解决企业面临的信息不对称问题，并提出了一系列顾客价值传播策略，包括品牌战略、体验营销、情感营销和密集传播。

第一节　顾客市场

顾客市场（Customer Market）是指为满足生活需求而购买货物和服务的一切个人和家庭。现代市场营销的口号是"顾客至上""顾客是上帝"。因此，一切企业，无论是生产企业，还是商业、服务企业，无论是否直接为顾客服务，都必须研究顾客市场。因为只有顾客市场才是商品的最终归宿，即最终市场。在这个意义上，可以说顾客市场是一切市场的基础，是最终起决定作用的市场。

要了解顾客的深层需求和心理活动并不容易，市场调研人员往往会发现这样一种现象：顾客对自己的需求和欲望的叙述是一回事，而实际行动可能是另外一回事。顾客本身可能并没有认识到自己的深层动机，他们往往会因受到其影响而在最后一刻改变主意。

顾客的行为受到各种因素的影响，其中不仅有个人因素和心理因素等内在的影响因素，也有社会因素和文化因素等外在的影响因素。因此，如果企业希望与顾客进行良好的沟通，前提是要了解顾客市场的特点、市场主体的行为模式及其影响因素。

一、顾客市场的特点

顾客需求由于受多种主观和客观因素的影响而呈现多样性，但从总体上看，各种需求之间又呈现出某些共性，这些共性就是顾客市场需求的特点。

1. 需求的无限扩展性

人类的需求是永无止境的，永远不会停留在某一水准上。随着社会经济的发展、技术的进步、顾客收入的增长，消费需求也在不断扩展。例如，过去在我国市场未曾见过的高档消费品，现在已开始进入普通家庭；过去完全由家庭承担的家务，现在已部分转为由社会服务行业承担。顾客的一种需求被满足了，又会产生新的需求，这是一个永无止境的发展过程。

手机的更新换代表现了顾客对智能移动终端需求的扩展性。最早期的手机仅仅提供了短信、电话等基本业务。随着手机系统的智能化，人们逐渐需要各种复杂的功能，如安装智能系统，使用各种 App 来实现移动社交，电话、短信成为手机产品最基本的功能，这也符合 Kano 模型的定义，即当一个功能为基本的模块时，即使该功能很优秀，也不会吸引顾客，反之，如果缺乏该模块，则会引发顾客的失望情绪。在手机功能逐渐完善的同时，顾客也越来越追求手机产品的美观性，如从最早的按键手机，到全面屏手机，再到现在的折叠屏手机等，体现了顾客对于同一产品的需求是变化且扩展的。

2. 需求的多层次性

顾客需求是在一定的购买能力和其他条件下形成的，尽管人们的需求无穷无尽，但不可能同时得到满足，每个人总要按照自己的支付能力和客观条件的许可，依据需求的轻重缓急，有序地实现。由此形成了需求的多层次性。在同一时间、同一市场上，不同顾客群体由于社会地位、收入水平和受教育程度等方面的差异，必然表现出多层次的需求，绝不会千篇一律。

马斯洛需要层次理论指出，顾客的需要从低到高可以分为五个层次。最低层次为生理需要，即食欲、睡眠等。以食品为例，满足饥饿感就是顾客的最低需要。第二层次为安全的需要，即售卖的食品应该是安全、卫生且无毒的。第三层次需要为社交的需要，即强调顾客与其他顾客进行沟通的需要等，如在社交媒体上发布一些和食品产品相关的内容，获得浏览者的评论、点赞等。第四层次需要为尊重的需要，即想被他人尊重的需要，如某食品产品具有特定的包装或就餐环境，从而可以增加产品的象征价值。第五层次为自我实现的需要，如在制作该食物产品的过程中，顾客提高了自己的能力，实现了自己精神上的需要等。马斯洛需要层次论呈递进关系，随着生活物质水平的提高，顾客也越来越关注较高层次的需要，这提醒商家在满足顾客基本需要的基础上，也要通过增加产品的附加价值来满足更高层次的需要。

3. 需求的复杂多变性

由于各种因素的影响，顾客对商品和服务的需求不仅复杂多样、千差万别的，而且经常变化。因此，营销人员必须注意研究顾客市场需求，并预测其变化趋势，从而提高企业的应变能力和竞争能力。

消费情景是消费行为的重要环节，对顾客的决策和购买行为产生重要的影响。有时，同样的顾客在不同的消费场景下，也会做出不同的消费选择。同样是在夏天，艳阳高照的天气会使顾客在一家奶茶店购买冷饮或冰激凌类的产品，而阴雨连绵的天气则会让顾客更加倾向于选择温度较高的饮品，以抵御下雨带来的阴冷潮湿的感觉。

除了场景的不同，顾客本身的需求也存在动态变化。随着时间的推移，需求会呈现一定的时间规律性。企业应该敏锐地捕捉这种变化趋势，并做出有针对性的预测。例如，如果商家捕捉到顾客购买了一款婴儿奶粉，则商家就可以在一定时间（如几个月）后，为顾客推荐如玩具等相关产品，因为婴儿的成长必然会催生出动态的购物需求，而这些需求正是商家需要预先考虑到的。

4. 需求的可诱导性

顾客需求有些是本能的、生而有之的，如对食物的需求，但大部分是在外界的刺激诱导下产生的。宏观环境的变动，企业营销活动的影响，社会交往、人际沟通的启发，以及政府的政策导向等，都可能使顾客需求发生变化和转移。例如，顾客在直播间中受网红直播的诱导或促销活动（如发放福袋）的诱惑时，很容易产生冲动性购买。潜在需求也可能变为现实需求；微弱的欲望也可能形成强烈的购买欲望；有害的不良需求和嗜好则可通过引导得到控制。因此，营销人员不仅要适应和满足顾客需求，而且要通过各种沟通手段正确地影响和引导顾客需求。

研究顾客市场需求的上述特点，对一切市场营销管理者都是十分必要和有益的。只有了解并适应顾客市场需求的特点，企业才能实现生存和发展。因此，企业的沟通必须以市场为出发点，首先考虑顾客行为的特点，而不是首先考虑产品本身。

乔布斯曾说，顾客有时并不清楚自己的需求，我们需要展示给他们看。这是引导需求的经典例子。福特汽车创始人亨利·福特也曾说过，如果我最初问顾客想要什么，他们应该会告诉我，他们想要更快的马。而福特选择研发汽车这类新兴产品，起到了诱导和引领消费的作用。

二、顾客行为模式

顾客的行为是其做出决定或选择的过程，也就是在给定的社会环境中，顾客选择某种产品或服务，并对该产品或服务消费后的感知与评价的过程。不同的顾客对一组具有相似属性的产品或服务的态度可能是不同的，这一点表现在他们重复购买的可能性上，重复购买的次数多，说明顾客对这个产品或服务的评价很高；重复购买的次数少，说明顾客对该产品或服务的评价不高。重复购买是顾客黏性和忠诚度的重要指标。做出不同的感知与评价，是因为顾客间有不同的行为特性，这些特性都是受不同的因素影响所形成的。

顾客行为模式是一种建立在感性因素上的结构，顾客以此来描述他们在社会背景下的感知、选择和态度。例如，一个顾客把他的早餐描述为"快餐"或是"方便的食物"，这意味着顾客从方便快捷的特性角度来理解自己的午餐选择。顾客也会选择符合其预期口味，避免其不喜欢的口味，使其选择与自身价值观保持一致。图 5-1 展示了阶梯图示例和顾客在家进行早餐选择的模型结构。

图 5-1 简单地表明当前顾客选择麦片、牛奶和果汁作为自己的早餐。这种选择是为了有助于身体健康，享受生活乐趣和便捷，是受到"快乐"这一价值所引导的。

由以上的例子还可以看出，顾客的行为是受心理活动支配的。心理活动是如何起作用的呢？心理学家提出了多种观点，其中"刺激-反应（S-R）"

观点认为，人们行为的动机是一种内在的心理活动过程，像"黑箱"（Black Box）一样，是一个不可捉摸的神秘过程。客观刺激经过"黑箱"（即心理活动过程）产生反应，进而引发行为，如图 5-2 所示，只有通过对行为的剖析，才能了解心理活动过程。我们想要知道的就是顾客对营销刺激和其他刺激的反应。

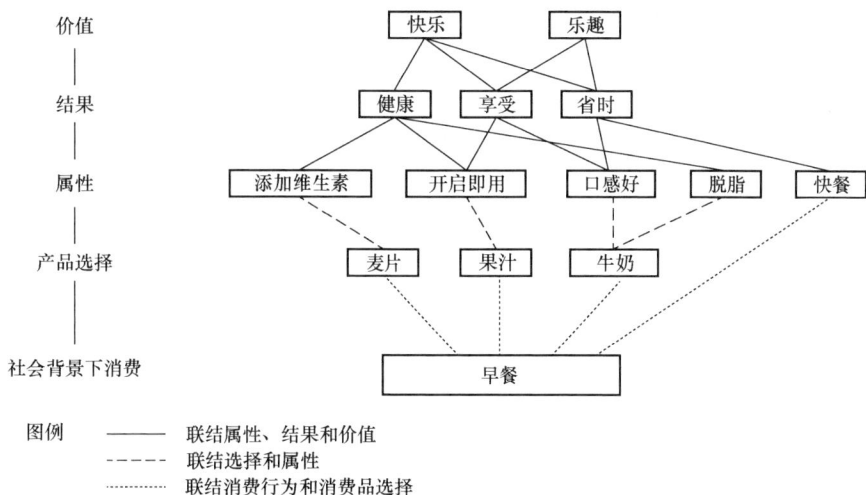

图 5-1 阶梯图示例和顾客在家对早餐选择的模型结构

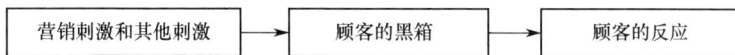

图 5-2 顾客购买行为的基本模式

刺激−反应理论将复杂的顾客行为划分为两部分：刺激与反应。刺激泛指外部因素的作用，而反应是指顾客由此产生的各种行为表现。在营销领域，一般采用众多外显的刺激，如打折、促销等活动来刺激顾客进行购买，并在购买之后进行重复购买和推荐行为。正如 Kotler 提出，顾客购买行为基于刺激−反应理论模型。顾客在最终购买之前要经过五个阶段：需求确认、信息搜集、方案评估、购买决策和购后行为。在第二和第三个阶段，顾客会受到大量的外在刺激，这些刺激会对最终的行为产生影响。有研究表明，相比于文字刺激，视觉刺激（包括图片和视频）更可以刺激顾客产生购买行为。

营销刺激（Marketing Stimulation），指企业营销活动的各种可控因素，即"4Ps"：产品、价格、分销、促销；而其他刺激，指能够影响顾客行为的环境因素（经济、技术、政治、文化等），如国内政治经济形势的变化、币值的波动、失业等。这些刺激通过购买者的"黑箱"产生反应，即形成顾客行为。

刺激-反应之间的"顾客黑箱"包括两个部分。第一部分是顾客的特性，顾客特性受到许多因素的影响，这些因素进而能够影响顾客对刺激的理解和反应；第二部分是顾客的决策过程，它将直接影响顾客决策的结果，如图 5-3 所示。

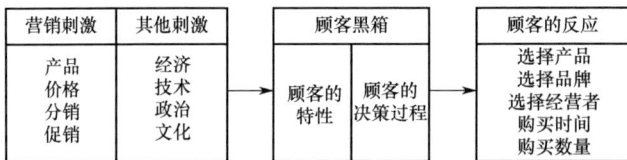

图 5-3 顾客购买行为的详细模式

有研究表明，某些产品信号作为关键信号，可以使顾客对产品的感知产生影响。根据信号理论，产品信号的可观测性和信号获得的成本都可以影响顾客对产品的感知。如在电子商务情境下，产品的价格相比产品的内在性能指标，更容易被顾客感知，从而能够影响顾客的决策行为。

三、影响顾客行为的要素

顾客行为取决于他们的需求和欲望，人们的需求、欲望及消费习惯和行为，是在许多因素的影响下形成的。影响顾客行为的要素主要包括文化因素、社会因素、个人因素和心理因素，如图 5-4 所示。这四类因素属于不同的层次，对顾客行为的影响也各不相同。影响最深远的是一个民族的传统文化，它影响着社会的各个阶层、每个家庭，进而影响到每个人的心理及行为。而影响顾客行为最直接、最最决定性的因素，则是个人及其心理特征。

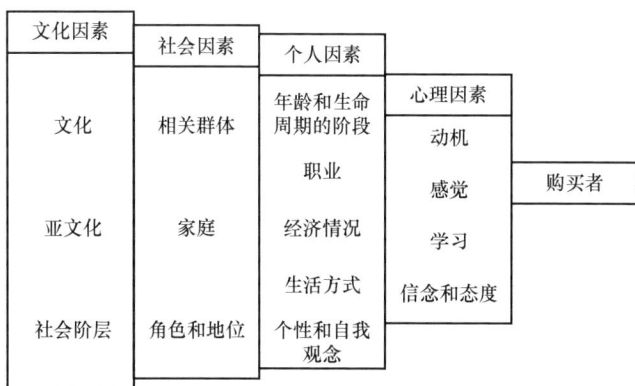

图 5-4　影响顾客行为的要素

第二节　顾客价值的认知

顾客价值认知是指顾客对企业提供的顾客价值信息的理解过程。顾客对顾客价值信息的理解程度，将直接影响其将企业传递的重要信息转化为可执行行动的能力。

在实际操作中，顾客价值认知应从企业期望被顾客认知的顾客价值信息流入手，帮助顾客在不同阶段的活动中获取相关信息，使这些信息流转化为真正对顾客有效的顾客价值知识。同时，将在与顾客接触过程中获得的不同来源的顾客信息进行整合与组织内部共享，最终使这些共享信息成为企业可利用的知识资源。

将顾客对顾客价值的认知过程进行归纳和简化之后，可以分为三个主要阶段，如图 5-5 所示。

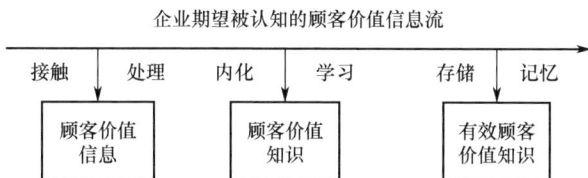

图 5-5　顾客价值的认知过程

一、顾客价值信息处理

当顾客接触到企业提供的顾客价值信息时，他们就在有意识或无意识的情况下开始了对这些信息的处理。顾客价值信息的处理机制主要有两类：一是信息自动处理；二是信息受控处理。

1. 信息自动处理

1981 年，Shiffrin 和 Durnais 指出信息自动处理是不妨碍其他正在进行的信息处理并可实施的过程，也就是说，信息的自动处理是可以与其他信息处理过程并行的。这很好地说明了在接触到顾客价值信息的时候，顾客会在一种非主动的状态下对企业想要传达的部分信息进行处理的，并且这种非主动的信息处理会与受控处理同时进行。通过分析，我们可以看出顾客价值信息自动处理既涵盖了 Shiffrin 和 Durnais 提出的信息自动处理概念，又在某种程度上区别和发展了他们的概念。顾客价值信息自动处理除强调在信息处理过程可并行性以外，更主要的是突出了在信息处理问题上的"顾客潜意识"处理模式，突出了顾客在接收信息后自然的反应（自动处理）。

2. 信息受控处理

信息受控处理是指被有意识控制的过程，这种有意识控制与目标有一定的联系。顾客接触到顾客价值信息后，一定会有意识地对其中的部分信息进行处理，而这种信息的处理是与顾客某种目标的实现（顾客需求得到满足）相联系的。在顾客价值信息受控处理过程中，顾客会对部分信息（有关于自身目标实现的信息）进行概念化处理与简单分类。顾客价值信息自动处理是受控处理的基础，在信息受控处理过程中，也往往伴随着信息自动处理，这样一来，顾客价值信息受控处理在很大程度上会受到自动处理的影响。

其实，认知-体验自我理论中很详细地阐述了这两类信息处理机制的区别。认知-体验自我理论结合了自我/现象学理论、学习理论、认知理论、精神分析理论和情绪理论。这个理论中关键的一点是人们使用两个系统来处理信息，分别是认知系统和情感系统。其中认知系统主要处理认知相关的事情，大脑会以事件、图式的内部表示形式或隐含的信念对认知信息进行存储。这样的学习模式对个人来说尤为重要。在调动认知系统的时候，需要调动如意识、注意力等系统共同完成任务。同时，认知-体验自我理论（Cognitive Experiential Self-Theory，CEST）也认为情感是重要的。根据该理论，情感在强化和激励方面发挥着关键作用，因其提供了一条便捷的路径来处理新信息，在面对需要快速处理的信息时，大脑往往需切换至处理快速情绪的体验系统，从而达到加快信息处理速度的效果。

二、顾客价值学习

在顾客价值认知过程中，顾客价值学习是将顾客价值信息内化，这种内化的结果将直接影响到顾客价值认知程度，最终影响到顾客价值的传播。所以，顾客价值学习是影响顾客价值认知效果的关键性因素。

1. 顾客价值信息向知识的转化

当顾客与顾客价值信息进行较为全面的接触以后，这种顾客价值信息就会被顾客内化为属于其自身的知识，这种知识是顾客与顾客价值信息流相互作用的结果。

相关研究表明，个体的知识分为两类：一类是陈述性知识；另一类是程序性知识。前者主要是以命题、命题网络或图式表征，后者以产生式的方式表征。我们可以从表 5-1 中更清楚地了解这两类知识的特征和差别。

表 5-1　个体知识类型及其特征

类　　型		特　　征
陈述性知识	命题	根据不同认知水平抽象的产物
	命题网络	由若干个具有共同成分的命题组成
	图式	对同类事务命题的或知觉的共性编码方式
程序性知识		（1）经由复杂学习而得到； （2）储存为一系列的"如果/则"形式； （3）以陈述性知识为基础

研究表明，顾客在运用程序性知识的时候，往往不需要很高的意识水平，而是依靠着一系列流程性知识来感知产品。而当意识水平较高的时候，往往会引起顾客对于内化知识的疑惑，从而降低知识内化的效率。例如，当顾客接触到一部新款手机时，其可以用已经内化的流程性知识来辅助使用这款产品。而当意识水平较高的时候，如新产品和以往产品的构造不同时，顾客会激活认识系统，从而降低流程性知识的应用效率。

顾客价值信息在内化为顾客价值知识时有两种途径，经由不同途径获得的知识是不同的。如图 5-6 所示，经由简单学习（直接学习）的顾客价值信息转化为陈述性知识，经由复杂学习（间接学习）的顾客价值信息转化为程序性知识。

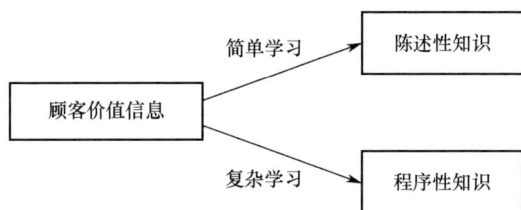

图 5-6　顾客价值信息转化为知识的过程

2. 基于社会建构主义的顾客价值学习理论

对顾客将信息内化后得到的两类知识进行分析比较后，可以发现顾客价值知识与信息最根本的区别在于前者是经由顾客自身学习而内化的。

这里根据 1997 年 Williams 和 Burden 提出的社会建构主义理论分析顾客价值学习过程。采用这种社会建构主义理论进行分析，是因为它吸取了人本主义、认知主义及社会互动理论的思想精华，使用该理论来分析将比采用其他理论分析更为准确。

根据 Williams 和 Burden 的社会建构主义理论，可以看出作为个体的顾客对于世界的理解和赋予的意义是由顾客自己决定的。顾客是以自己的经验为基础构建并解释顾客价值信息的。由于顾客的个人经验、信念不同，他们对外部世界的理解也有差异。他们在对顾客价值信息内化过程中更加关注如何以原有的经验、心理结构和信念为基础构建知识。

如图 5-7 所示，基于社会建构主义理论的顾客价值学习模式主要包含四个关键因素：企业、顾客、传播媒介和环境，其中任何一个因素都不可能孤立于其他因素而存在，它们之间的关系是动态的、不断发展的。在这些因素相互作用的过程中，企业传达信息；顾客对这些信息进行学习；传播媒介则成为企业和顾客之间的连接界面。企业和顾客之间存在着互动，企业传达的信息反映了企业的价值观念，而顾客对企业传达信息的反应方式与他们的个人特征有关。这样企业、顾客、传播媒介三者处于一种动态的平衡之中。环境对顾客的学习过程也起到了重要的影响作用，从顾客的家庭环境、社交环境再到企业的市场环境及整个社会环境，都会对这种学习效果起到潜移默化的影响。

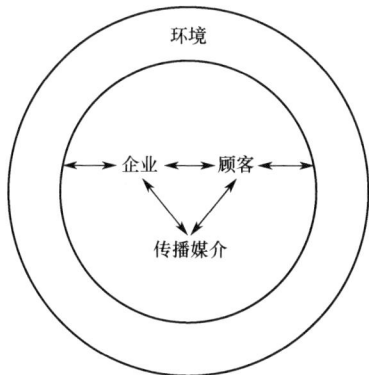

图 5-7　基于社会建构主义理论的顾客价值学习模式

三、顾客价值知识记忆

在将顾客价值信息内化为知识以后，这种知识是否会影响顾客的消费决策？这主要取决于顾客价值知识记忆的效果，如果顾客对内化的知识有良好的记忆，则会对企业的经营水平产生积极的影响。

Wickelgren 在有关记忆问题上指出："如果在学习了某一个概念的信息之后，紧接着又学习了有关这一概念的额外信息，就可能将这一概念的初始信息忘掉。"围绕着 Wickelgren 的这种观点，通过对许多心理学家所做的相关测验进行研究，我们发现内化的顾客价值信息（顾客价值知识）总会保持在记忆中，但有时候附加的内化信息却阻塞了这种顾客价值知识的通路，而处于此种状态下的顾客价值知识是无效的（这种无效主要是对企业而言，它们无法通过顾客价值信息的内化而影响顾客的购买决策）。附加的内化信息是多种多样的，可能来源于企业竞争对手的顾客价值信息，也可能来源于其他不相关的信息，而直接影响企业经营水平的常常是前者。图 5-8 反映了顾客价值知识记忆的完整过程。

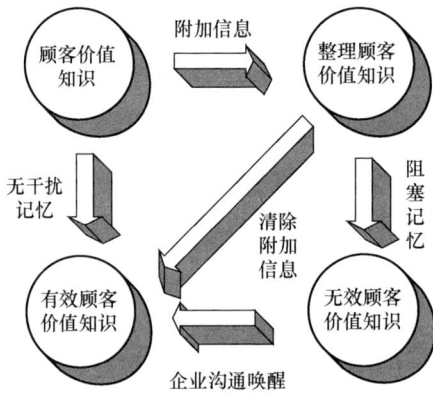

图 5-8　顾客价值知识记忆的完整过程

在图 5-8 中，顾客价值知识记忆过程是一个不断发展的过程，企业可以采用一些传播策略对其进行影响，以提高企业的顾客价值认知水平。

通过对顾客价值信息处理、顾客价值学习及顾客价值知识记忆的研究，不难发现顾客价值学习是顾客价值认知的过程，而顾客价值知识记忆则表现为顾客价值认知的结果。所以企业必须对顾客价值学习和顾客价值知识记忆进行重点分析，以此为顾客价值传播奠定良好的基础。

"零糖零脂零卡，我喝元气森林。"这是一段很火的广告词，品牌方就很好地消除了无用信息对顾客记忆的干扰，并且使用了缩略词来减少顾客的记忆负担。品牌将脂肪简化为脂，将卡路里简化为卡，这也是注重养生保健的顾客最关心的几项指标。根据心理学家米勒的实验，人们只能记住 7±2 以内的信息，过多的信息会对顾客产生干扰。而元气森林运用排比的手法，很好地精简了顾客关注的信息，让顾客在短时间内加强了对品牌的记忆深度。

四、顾客知识管理

企业在帮助顾客获得有效的顾客价值信息的同时，还有一个非常重要的任务，即把与顾客接触过程中获得的不同来源的顾客信息予以整合并在组织内部共享，最终使这些共享顾客信息成为企业实施顾客价值战略可利用的知识。因为知识能从信息中归纳出明确的观念和准则，而这些要比信息更加简洁和专业，更适合传递给需要它们的员工、业务伙伴、顾客、供应商和渠道商，共同为顾客创造价值。

企业对顾客知识的管理分为以下三个主要阶段。

1. 顾客信息的获得

顾客信息获得的过程包括两个连续的步骤：顾客数据的获得和对数据的解释，后者是将数据转换成顾客信息的过程。但当我们向管理者调查他们在组织中怎样管理顾客信息获取过程时，明显地发现管理者都倾向于过分强调顾客数据获得的过程，而不怎么重视信息解释的过程。

大多数公司都采用了事先设计好的过程来获取顾客数据。典型的方法是通过母公司或姊妹公司的关系，以直接顾客接触、网络平台和二级数据库的途径来获得定性和定量的顾客数据，然后利用一系列现成的软件包来得到他们认为有用的顾客信息。

随着社交媒体的兴起，顾客信息的获取不仅仅局限于线下环境，线上环境中的大量数据也起到了很重要的作用。顾客在网络上的搜索、浏览记录都可以作为重要的顾客信息，被公司捕捉并记录。

图 5-9 所示为顾客购买过程图，可以看出在不同的产品购买阶段，顾客留下的信号与企业反应之间的关系。其中，顾客的行为可分为购买前、购买中与购买后，不同的企业决策行为会对顾客的行为产生影响。

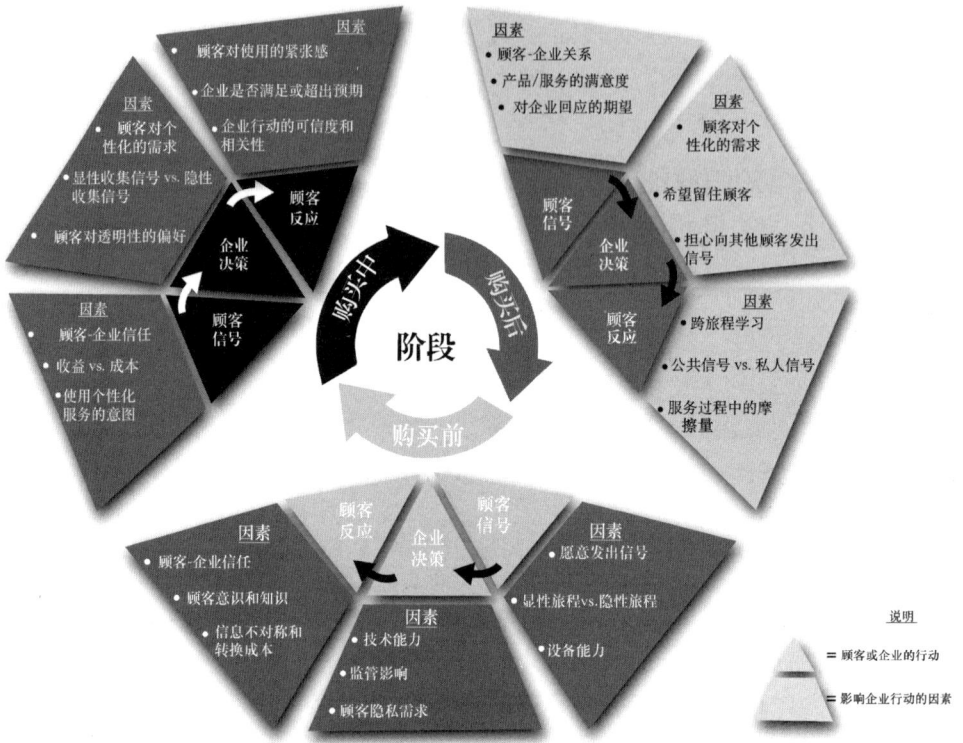

图 5-9　顾客购买过程图

顾客数据通常使用数据分析软件来分析，这些软件包将顾客数据与一些其他数据（如商业类型、销售行为和市场规模等）进行交叉分析。然而，在很多公司内部，对于怎样解释和充分利用这些由软件得到的信息的问题，却一直无法得到很好的解决。不同的职能领域之间似乎也没有办法统一他们对这些结果的看法，更谈不上充分共享顾客信息。正如某家银行管理者所说："尽管我们很擅长积累关于数据库中顾客的'个人满意'信息，并且将其用于统计和研究的目的，但我们却未能很好地将这些信息与顾客相互作用和销售过程中的分销渠道联系起来。并且，营销、客户服务等独立的职能部门都有自己的模型，在这样的情况下，CRM 怎么可能改善沟通？"由此可以看出，只停留在顾客价值信息收集阶段是不够的，要想使这些数据有意义，还需要组织各部门对大量的数据进行处理、整合与共享。

2．顾客信息的整合与共享

顾客信息的整合与共享通常通过互联网进行。在很多企业中，无论是解释还是整合组织全部顾客信息，企业内部局域网都是最主要的整合工具。有管理者评论说："局域网是迈向'形成更好的内部关系以促进与顾客的外部关系'的最重要的一步。"企业都希望能够充分理解并传递来自不同部门的信息，这也是顾客信息共享的前提条件。

在企业运营中，企业的各个部门都有收集信息的渠道，而所收集的顾客信息侧重点是不同的，如销售部门由于与顾客直接接触获得的都是顾客消费行为方面的一手资料；生产部门可能根据产品的返修率获得产品质量方面的数据；顾客服务部门可能获取的是顾客的抱怨、投诉等方面的数据；市场部门可能获得的是市场占有率和竞争对手之类的数据；等等。很显然，每个部门获取的顾客信息都是有价值的，但这种价值并不是拘囿于各部门内部各自利用，因为这样并不能充分发挥出所收集顾客数据的价值。顾客信息战略管理是企业成员的共同目标，它需要企业各部门的极力协调与配合实施，部门信息共享可能会为企业带来很多有利于顾客价值创造的新发现，但这些发现是各部门独享顾客信息所不能做到的。

要在企业内部共享这些顾客信息，首要任务就是要整合这些来源和口径不同的数据，整合的过程必然伴随着信息的共享。顾客信息整合的目的就是要剔除不同部门收集到的相同信息而造成的冗余信息，修正不同部门相互矛盾的信息，统一数据的比较标准等，总之就是要使这些包容性的信息简单化，便于不同部门的成员理解，寻找适合自己的信息。

信息整合与共享的难易程度取决于多方面因素，其中企业内部信息化管理程度和企业文化是两个较为重要的因素。

第一，企业的信息化管理程度越高，信息的整合就越容易。ERP、CRM及 MIS 等管理软件本身就是一个信息整合平台，这些平台直接可以为管理者提供多方面的共享顾客信息，如果没有这些管理信息系统，信息的整合与共享的程度就会逊色不少。

第二，企业文化是另一个重要的影响因素。企业各部门间利益目标并不是完全一致的，如对顾客服务部门来说投诉的顾客越多，提出的问题越多，他们越能体现自身的工作职责，因此，该部门所收集的顾客信息也更倾向于反映问题和反馈。对生产部门来说返修率越低越好，显然顾客服务部门与生产部门的利益目标是相矛盾的。在这种情况下，如果没有顾客导向型的企业文化来减缓部门间的利益冲突，要实现顾客信息的整合与共享几乎是不可能的。

3. 顾客信息的管理

虽然顾客知识的形成是顾客和企业共同参与的结果，但顾客知识的利用却是超越企业范围为所有参与顾客价值创造与传递的组织所共用的。无论从顾客知识的形成还是利用来看，它都存在多组织的协作问题，因而如何管理顾客知识就成为一个影响顾客知识形成与利用的关键性问题。

计算机和信息技术的广泛使用使得顾客知识管理成为可能，在这个管理过程中，最困难的还是组织间的关系协调，良好的关系是顾客知识实现价值的重要保障。企业可以建立"顾客组织"（如会员俱乐部、粉丝群等），以此通过感情投资与顾客建立起牢固的关系，这种关系可以进一步转变为一种信任，这样就会很容易实现顾客与企业间信息的互换，并加速信息向知识的转化，提高顾客价值战略成功的可能性。企业与业务伙伴、供应商和渠道商寻求的良好关系是构建在利益基础上的，事实上，产业链上下游的各种战略联盟也是如此。与企业相关的组织都期望能共同分享企业所掌握的顾客知识，而企业愿意分享的程度则视他们愿意为顾客提供的价值的多少而定，很显然，只有最大限度地把顾客知识转化为价值创造的能力，在组织间传递顾客知识才有意义和价值，才能实现共赢。

Mishra 等人的研究表明，企业对于人工智能（AI）技术的关注会显著影响企业的绩效水平。此外，对 AI 的关注还能帮助公司减少广告方面的花销，因为企业可以对目标用户进行更为精准的定位与投放。AI 虽然可以优化岗位，但经优化后的岗位往往需要更为高精尖的人才来维护和运营。此外，对不同行业的企业而言，关注 AI 会普遍增加企业的绩效，同时也有助于员工更好地投入工作。

第三节　顾客价值传播媒介

一、顾客价值传播媒介的复杂性

企业在将价值传递给顾客时，为保证传递过程的有效性，需要与顾客进行有效的沟通。在企业与顾客进行价值沟通的过程中，企业需要利用某种载体把有利于价值传递的信息完全与顾客共享，很多时候沟通水平取决于企业所选择的价值沟通载体，而这种载体实际上就是顾客价值传播的媒介。

顾客价值传播媒介在形式上与品牌传播媒介、公共关系传播媒介基本相同。但在传播过程中，顾客价值传播媒介所承载的信息量要远远大于后两者，其信息深度也是品牌传播媒介和公共关系媒介所无法比拟的。这是因为在传播过程中，顾客价值传播媒介所承载的不仅是一个品牌的公众形象和内涵，它在某种程度上还承载了一种更具实体性的产品信息。也就是说，顾客价值传播媒介所承载的信息更为具体，并有可能直接促使顾客产生购买行为。可以从表 5-2 中更为清楚地看出顾客价值传播媒介的独特之处。

表 5-2　三种传播媒介比较

差　异　项	类　型		
	顾客价值传播媒介	品牌传播媒介	公共关系媒介
信息量	大	一般	小
信息深度	最深层次	一般	流于表面
信息流向	双向	单向	单向
作用	现实与长远利益统一	品牌美誉度、知名度	良好的公众形象

在表 5-2 中，除能更清晰地看出三种媒介在信息量和信息深度上的差别外，还能看出经由顾客价值传播媒介的信息流向也明显不同于其他二者，正

是这种信息流向的差别揭示了三种媒介在形式上相似，而在作用上却有实质的不同的原因。基于顾客价值传播媒介的信息流是双向的，这也从本质上反映了媒介所要承担的是互动沟通的任务，最终实现有效的顾客价值传播，这种传播既会在企业长远的公众形象和品牌底蕴方面有突出的贡献，更会为企业带来短期内明显的收益。这种表现出来的兼顾现实与长远利益的作用也很好地解释了为什么相比同样形式的媒介，对顾客价值传播媒介的把握更加困难。

二、顾客价值传播媒介分类

与品牌传播媒介、公共关系媒介相似，顾客价值传播媒介也可以按照不同的标准进行划分。但与品牌传播媒介和公共关系媒介相比，其划分依据有所不同，我们是根据顾客价值传播媒介自身的特点对其进行分类。

我们依据媒介在顾客价值传播过程中所发挥的互动作用，将顾客价值传播媒介划分为如表 5-3 所示的三种类型。

表 5-3　顾客价值传播媒介的划分

差 异 项	类 型		
	全双向信息流媒介	准双向信息流媒介	单向信息流媒介
特征	通过此种媒介，企业可以和顾客进行最大限度的即时信息交流	通过此种媒介，企业可以和顾客进行简单的即时信息交流及充分的后续信息交流	通过此种媒介，企业只能将信息传递给顾客，而很难与其互动
典型媒介	数字媒体、电话	电视、广播	报纸、杂志
发展方向	充分利用网络终端设备，使交流达到文字、声音和图像的统一	利用家电信息化技术，接入互联网，最终实现完全即时信息交流	补充电子版本，基于互联网尽量增加反馈信息流

在表 5-3 中顾客价值传播媒介的发展方向中，可以看出，无论什么类型的媒介，其最终的发展方向都是为了使信息可以在企业与顾客之间双向流动，并且这三种类型的媒介在顾客价值传播过程中，将会不断整合和相互完善。发展到一定阶段以后，这些媒介会构成一个整合媒介体系，从而帮助实

现企业与顾客之间的价值传播。

根据信息丰富度理论，不同媒介的信息传播具有不同特点。Daft 和 Lengel 于 1984 年首次提出"信息丰富度"（Information Richness Theory）的概念，认为媒介的丰富度会影响用户对媒介的选择、传播的过程以及任务执行的结果。

信息丰富度理论指出，媒介中信息的丰富度包括四个方面：

① 实时回馈的能力，即允许问题得到实时响应及做出修改；

② 多渠道沟通提示，如面对面接触、数字、文字及图像等；

③ 日常用语的使用；

④ 个人对媒介的关注点，即使用重点。

根据这套理论，有学者对不同媒介进行了分类。例如，相较于传统的电视传媒，社交媒体被认为是一种较为丰富的信息传播媒介，因为它具有实时反馈功能。

案例：社交媒体成为顾客价值传播的重要媒介

互联网的蓬勃发展给以往的顾客价值传播媒介格局带来巨大的变革，特别是在 Web 2.0 技术成熟后，社会化媒体日渐普及，"去主流""去中心"的碎片化网络社群不断发展壮大。企业第一次有机会如此贴近顾客，与他们建立更平等、更亲密的关系，这是莫大的机遇， 也是新的挑战。那种仅仅依靠平面或电视广告传播顾客价值信息的时代已成为过去，传统的 Push 式的传播手段效果大打折扣，顾客不再局限于传统媒体和 Web 1.0 时代的网络媒体的单向获取信息渠道，而拥有了如博客、论坛、SNS 社交网站、微博、微信、抖音、小红书等多种社会化媒体工具，他们转而自己获取需要的信息，同时还能很方便地围绕品牌产品知识和体验等与企业进行互动和沟通。

三、顾客价值传播媒介的选择标准

任何一个企业都想充分利用所有的媒介来进行有效的顾客价值传播服

务，但事实上，考虑到资源的有限性和相对获益水平等因素，企业往往会放弃一些媒介，而将最有利于顾客价值传播的媒介进行整合。这种顾客价值传播媒介的选择与舍弃需要遵照以下几项原则。

1. 适应性原则

适应性原则是指根据顾客价值传播的对象特征来选择和使用传播媒介，即根据不同的顾客对象选用不同的媒介组合，这样才可能使信息有效地送达目标顾客，并被顾客所接受。在此基础上，顾客的反馈信息会经由这种合适的媒介组合流回企业，从而达到互动沟通的目的。

2. 区别性原则

区别性原则是指根据顾客价值传播的内容特点和要求来选择和使用传播媒介。现在，很多企业盲目地选择那些"接触率"最高的媒介，而忽视了对本企业价值传播最有优势的媒介，这往往浪费了巨大的人力、财力。事实上，只有根据传播的内容来决定传播的形式，才有可能充分发挥顾客价值传播媒介的优势。

3. 经济性原则

经济性原则是指根据组织具体的经济能力和最经济的条件选择和使用顾客价值传播媒介。根据企业预算和企业投资能力，量力而行，争取在最经济的条件下获取尽可能大的传播效益。经济性原则还有一种相对意义上的含义，即企业应关注传播活动的投入产出比。例如，如果企业希望与顾客沟通的价值信息用数字表示为 100，在表 5-4 中，企业应该选择哪一种传播媒介呢？

表 5-4　顾客价值传播媒介的经济性

媒介	识　别　项		
	有效的顾客价值传播中的信息量	传播中所需的成本	顾客价值传播媒介的经济性水平
甲	99	100	0.99
乙	90	80	1.125
丙	40	50	0.8

从表 5-4 中可以看出，乙媒介的经济性水平最高，虽然甲媒介的有效传播信息量最大，但单就经济性水平来说，企业更应该采用乙媒介。但在现实中，企业有时候却会选择丙媒介，这可能有两种原因：一是企业可能在选择传播媒介时，过于考虑成本因素，而忽视了有效的传播价值中的信息量；二是由于资金有限，企业被迫选择成本较低的顾客价值传播媒介。

从上面的顾客价值传播媒介的基本选择标准中可以看出，企业应该在顾客价值传播中综合考虑各种因素，最终做出本企业顾客价值传播媒介的正确选择。

第四节　顾客价值传播

顾客在购买消费时，追求的是一种自身价值最大化的交易。在购买时，由于企业和顾客间存在信息不对称，顾客对企业提供产品或服务的价值信息可能存在认知偏差，往往不能做出最好的选择。如果企业缺少与顾客必要的沟通，就无法了解顾客对企业提供产品或服务价值的认知偏差。所以顾客价值传播的主要任务就是解决企业和顾客间价值信息不对称的问题。

一、顾客价值信息不对称

2001 年的诺贝尔经济学奖获得者阿克洛夫就商品交易的信息不对称问题给出了精辟的论断：信息不对称现象的存在使得交易中总有一方会因为获取信息的不完整而对交易缺乏信心。他以旧车交易市场为例进行了阐述，他在论述中指出因为信息的不对称，好车会被"垃圾车"赶出市场，而在这种情况下，对市场中的卖主来说，如果他们一贯坚持只卖好车不卖一辆"垃圾车"，长期以来建立的声誉便可增加买主的信任，大大降低其交易成本；对买主而言，他们同样也可以采用更好的策略将"垃圾车"剔除。

为解释交易中的信息不对称，信号理论应运而生，信号理论是早期用来解释在商品交易之时，交易双方是如何通过不同的信号来减少信息不确定性的理论。在信号的传递过程中，信号发送者、信号本身、信号接收者和反馈是重要的组成元素。其中信号发送者作为信号传播的起点，使用自身能力来整合资源。在发送信号之后，信号接收者接收并解读信号中的信息资源，从而做出反馈，并将反馈信息传递给信号发送者，形成信号传播的循环。

在营销领域，信号理论可以帮助企业来解释信号中的何种元素可以有效地增加顾客的购买行为。其中，信号的可观测性和信号的获得成本是两个重要的信号特征。前者指信号接收者对接收信号的直接观测程度，对于一些内隐的信号，接收者很难直接获取。信号的成本则表示信号接收者接收信号需要付出的代价。有研究表明，信号获得成本的高低及信息的观测程度会影响顾客的感知水平。

在市场中，相互竞争的企业间创造的顾客价值的质量水平呈现如图 5-10 所示的趋势，也就是说，绝大多数的企业所能创造的顾客价值是集中在一般水平的，而只有少数企业创造的顾客价值质量水平会明显高于或低于这个水平。

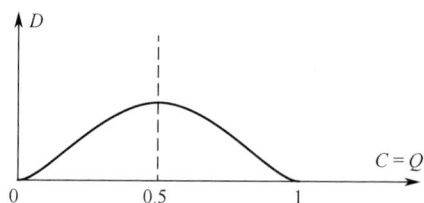

图 5-10　顾客价值的质量分布

但在信息不对称的条件下，顾客不能充分分辨出各个企业所提供的顾客价值质量水平的明显不同，他们就不会为质量水平为 1 的顾客价值付出较大的成本，而是只愿意为此付出平均成本 0.5，此时获益的是那些创造的顾客价值质量水平低的企业，而受损的就是那些创造的顾客价值质量水平高的企业，完善的顾客价值信息沟通正是那些顾客价值质量水平明显大于 0.5 的企业所急需解决的问题。

二、顾客价值传播策略

通过对顾客价值信息不对称的分析，可以看出顾客和企业沟通的目标就是消除这种信息不对称。

1. 品牌战略

根据前面对顾客价值信息不对称的分析，顾客不愿意为其所不能充分了解的高质量水平的价值付出相应的高成本，那么如何才能让顾客在对有关价值信息不充分了解的情况下愿意支付较高的成本呢？首先就要建立顾客对企业的信任，而这种信任的载体就是品牌。

品牌本身可以提升顾客感知价值，在顾客价值传播中起到举足轻重的作用。人们对名牌的崇拜和追逐，从某种程度上恰恰说明了较普通品牌而言，知名品牌为顾客提供了更完全的顾客价值信息（这种完全的信息是建立在名牌的信誉基础上的），并且在这种情况下，顾客更愿意与企业就顾客价值质量水平进行沟通。所以，企业实施品牌战略、建立起品牌知名度和美誉度之后，只要选择适当的传播媒介，就可以很好地与顾客进行顾客价值信息的沟通了。

案例：万宝路的品牌价值传播策略

万宝路一直积极赞助各项国际体育事业，尤以世界一级方程式车赛最有声望，这是万宝路最有影响、最重要的赞助活动之一。在大众心目中，一级方程式赛车被视为自由、奔放、竞争、极具挑战性的运动。一级方程式赛车手的形象正符合万宝路要塑造的"男子汉形象"，而一级方程式车赛所体现的精神正符合万宝路的"牛仔文化"。至今，万宝路已赞助一级方程式车赛二十余年，以支持这项体育运动为己任。另外，公司也很关心比赛的各种安全措施，树立了万宝路关心他人生命与健康的形象，使人们联想到这样的公司会从顾客的健康出发，会生产"健康型"香烟以减少对他们的毒害。万宝路的品牌传播策略实现了万宝路与公众良好的品牌价值沟通。

2．体验营销

当顾客在两个信誉度相近的品牌之间做选择的时候，品牌在传播中的作用就不那么明显了。特别是在需要传递产品的无形价值时，企业须采取其他策略来与顾客进行沟通。除要以品牌战略消除顾客对价值质量水平的疑惑以外，企业还可以通过体验营销，让顾客在付出成本之前先进行体验，从而解决信息不对称问题。

目前，体验营销越来越被企业广泛关注，已成为品牌与消费者互动的一种重要营销方式。国内外不少企业都已经或正在实践体验营销，享受着体验营销带来的财富。国外著名企业包括可口可乐、麦当劳、星巴克、苹果、宝马、耐克、迪士尼、强生等。在中国，小米、海尔、华为、TCL 等知名企业也追随其后着力实践体验营销。体验营销能够通过向顾客提供全面体验，创造更多的顾客价值，使顾客在更高层次上获得满意，从而形成高度的顾客忠诚。体验营销适应了新时代的顾客特征，成为企业重要的价值营销模式。

体验营销是企业从顾客的感觉、感受、思维、行动和关系等五个方面，对营销方式的重构，如图 5-11 所示。企业采用体验营销，首先可以在感觉上给顾客留下深刻的印象，其次利用氛围的烘托抓住顾客的感情，最后使顾客感受到如同在日常生活中一样享受企业为其创造的价值。这样，顾客就会得到较为完全的顾客价值信息，从而影响其消费行为。

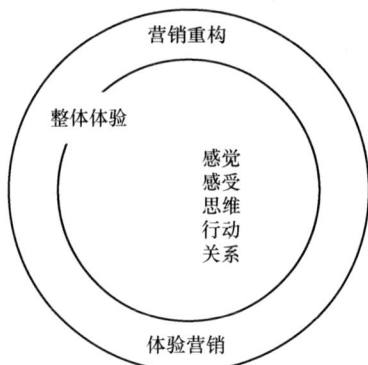

图 5-11　体验营销模式

从图 5-11 中可以看出体验是一系列的过程，但顾客究竟是在怎样的体验过程中与企业进行良好的价值沟通的呢？

1）产品体验

产品体验是顾客在产品试用过程中产生的，这种试用可以在卖场，也可以在与顾客熟识的购买者的交流中。在产品体验过程中，顾客可以对产品的内在品质和价值有良好的认知，而在以往的营销手段下，这种认知只有顾客在购买产品以后才会发生。顾客可以通过产品体验体味到哈根达斯冰激凌独特的口味，更可以感受到法拉利跑车的速度……如临其境的产品体验经历将会在很大程度上促成企业与顾客就顾客价值进行良好沟通，进而导致顾客的购买行为。例如，巴宝莉品牌最近在 Harrods 百货推出了一款 AR 体验产品，在疫情期间，巴宝莉希望顾客能以另一种方式逛实体店。顾客只要扫描二维码，便可以看到 Elpis 的雕像在周围走动，并可以与其进行互动，或者拍照发朋友圈留念。

案例：土星汽车

土星汽车是通用汽车公司以"土星"为名创建的一个新的品牌和品牌体验。通用汽车公司意识到，要和日本汽车企业竞争必须重新考虑汽车的销售方式，即更加重视顾客体验的重要性，改变顾客体验购买汽车的方式。因此，土星汽车成立了专门的体验中心。在这里顾客可以看到最新型号的土星汽车及汽车的制造过程；可以亲自试驾汽车；还可以跟其他顾客交流经验体会。在体验过程中，企业与顾客间、顾客与顾客间都得到了良好的交流与沟通，从而为土星汽车的发展奠定了良好的基础。投放市场五年之后，土星成为全美汽车销售的亚军，在市场上的顾客占有率最高（61%）。

2）服务体验

服务体验会影响顾客对企业所提供的服务质量（或服务价值）的预先判

断。顾客通过对模拟性服务的感知，可以充分感受到在选购企业产品之后所能接受到的快速、热情、完善的服务，在此基础上，顾客会对企业的服务质量提出自己的个性化建议，从而促进企业与顾客之间良好的价值沟通。

通过邀请客户深度参与的体验营销方式，服务已经超越了自身的功能，为客户带来了具有强烈吸引力的、难以忘怀的体验，并由此形成了难以模仿的竞争优势，赢得了客户的认可，提升了客户的忠诚度。

案例：Airbnb 平台

Airbnb 平台在疫情期间提供了云旅游服务。云旅游，即线上旅游，与传统意义上的线上观看图片不同，Airbnb 提供导游专享服务。导游在线下旅游目的地带领顾客进行体验，通过 Zoom 软件，导游可以与付费的线上用户进行专属的交流与沟通，此外，顾客还可以与全世界的游客进行交流与互动，更加沉浸式地体验到不同文化与地理差异带来的逼真的旅游体验。

3）事件体验

很多企业还会利用一些营销活动或是事件营销充分发挥其体验营销的魅力，从而为顾客传递独特的价值，实现顾客价值的传播。

案例：华帝

世界杯，一项全世界体育迷的盛会，让华帝品牌嗅到了商机。作为法国队的官方赞助商，借助这个四年一次的事件，华帝提出了"法国夺得世界杯，可以退全款"的口号。这一口号无疑引起了广大体育爱好者的疯狂购买。华帝产品迎来大幅增长，仅"618"一天华帝销售同比增长 450%，销售转化率高达 86%，且夺冠套餐累计销量进入行业前三。2018 年 7 月 16 日，华帝官方在其社交媒体网站上宣布，对购买华帝产品的消费者，正式启动退款手续。从线上线下数据来看，华帝的退款额并不算大，远远小于其近两年超过 10 亿元的销售额。因此，从实际的宣传效果来看，华帝无疑是 2018 年世界杯期间最为成功的广告商之一。

3. 情感营销

体验营销会为顾客带来心理上的满足，但当其产品承载着情感价值时，单纯地依靠体验营销并不能达到企业价值沟通的目标。

人与其他动物一个很大的区别就在于人具有丰富的感情，所以最吸引人的体验就是最感人的体验。要与顾客进行无障碍沟通，无疑要借助情感营销手段。其基本思路是：以人性化的内涵接近顾客的内心，让他们参与或分享产品和服务所带来的某种愉悦的精神享受，让情感价值在顾客的感官和理智水平上停留，并最终触及心灵，驻留于心。

耐克公司在情感营销手段的运用上无疑是一个成功者。耐克没有单纯地关注顾客对产品质量、服务质量的体验，而是在更深层次上吸引顾客的情感需求，向其目标顾客传递着依附在产品中的情感价值。耐克的"只管去做"（Just Do It）点燃了顾客生命的激情，推动顾客对自己的生活方式有更深的认识。全面的耐克情感体验不断激励它的顾客竞争、进步和成功。而爱立信的"沟通就是爱""沟通就是理解""沟通就是关怀"到"一切尽在掌握"，无不体现了它所倡导的情感沟通艺术，在这一过程中，企业成功地将赋予产品中的情感价值传递到顾客的心中。

Henkel 的研究表明，情感在快闪店（pop-up）的营销中起到了很重要的作用。快闪店不同于固定的店铺，其营销产品往往具有鲜明的实时性，更新换代速度非常快。而且其目标用户往往是寻求情感独特性的用户（Uniqueness）。Henkel 进行了田野实验和实验室实验，结果表明，快闪店产品的实时性可以显著影响顾客的品牌体验。而且，顾客需求的独特性也会影响品牌体验和电子口碑行为的关系。

案例：哈根达斯，为品牌注入情感

"爱我，就请我吃哈根达斯" 自 1921 年在美国纽约布朗克斯市诞生之初，哈根达斯便被赋予了罗曼蒂克的情感元素。正因为哈根达斯为自己贴上永恒的情感标签，对那些忠实的"粉丝"来说，吃哈根达斯和送玫瑰一样，关心的只是爱情。哈根达斯把自己的产品与热恋的甜蜜连接在一起，吸引恋人们频繁光顾。其店内店外都散发的浓情蜜意，更增添了品牌的形象深度。哈根达斯的产品手册、海报无一不是采用情侣激情相拥的浪漫情景，以便将"愉悦的体验"这一品牌诉求传达得淋漓尽致。

来自马达加斯加的香草代表着无尽的思念和爱慕，比利时醇正香浓的巧克力象征热恋中的甜蜜和力量，波兰亮红色的草莓代表着嫉妒与考验，巴西的咖啡则是幽默与宠爱的化身。结合了卓越的工艺和不朽的情感，独创出各种别具风情的浪漫甜品，让唇齿间细腻香滑的味道，营造出恒久的爱的回味，这为哈根达斯注入了满满的情感价值。

4．社交媒体传播

社交媒体是企业进行顾客价值传播的重要媒介，企业可以在社交媒体上建立官方账号或社群，如在微博、抖音、小红书等社交媒体平台开设官方账号。企业可以运用问答、投票、话题讨论、线上活动等多种形式与顾客进行互动，同时还可以借助社交媒体平台的直播、短视频等功能来提高互动的趣味性和吸引力。通过多种互动形式的运用，企业可以更好地了解顾客的需求和反馈，与顾客进行有效的顾客价值沟通。此外，电子口碑可以传播企业文化、产品及品牌活动的相关信息，顾客对品牌的体验和评价，媒体对品牌的宣传报道等，能起到很好的顾客价值传播作用。例如，企业可以通过赞助市场影响者（网红），发布与品牌和产品相关内容的帖子，进行顾客间的顾客价值传播，提高顾客价值传播效率。近年来直播电商的迅猛发展更是展现了全新的传播顾客价值的方式，将社交与产品销售融为一体，实现了主播与用户间的实时互动交流，极大地提升了顾客价值传播效率。

5.密集传播

企业在与顾客进行沟通的时候，有一种现象，如果二者可以进行大量集中的信息交流，很多时候会放大顾客对价值的期望与感知。也就是说密集传播可以产生现实的顾客价值以外的"虚拟价值"，从而使顾客产生价值想象，导致顾客的购买行为。

密集沟通在传统媒体中的主要方式是密集广告投入，例如，前些年，只要打开电视机，准会看到脑白金的广告。脑白金产品轮番轰炸人们的视听神经，成为营销界的一大景观。市场是营销成功与否唯一的试金石，脑白金年销售额逐年迅猛攀升，已经有力地证明了其强势广告宣传和密集传播策略的巨大成功。在数字媒体的情境中，密集传播的效率高、成本低，可以采用程序化广告频繁地推送实现密集传播，也可以利用事件营销，通过病毒营销实现密集传播。

所以说密集传播也是一种很好的顾客价值传播策略，但在采取密集传播策略时，需要注意的是这种虚拟价值不能对顾客价值产生负面作用。脑白金的广告虽然播放次数很多，但其广告版本逐渐更新且内容精简，即便观众频繁换台，仍然会记住产品的核心诉求点。一旦走进商店，在潜意识的作用下浮现在脑海的就是脑白金的产品，而这正是脑白金厂家希望得到的效果。

本章案例：与辉同行阅山河：全场景顾客价值传播

与辉同行阅山河是与辉同行直播间与地方文旅合作、展现当地旅游文化特色，并同步直播带货当地知名品牌、老字号及特色产品的一档直播栏目，是与辉同行打造的三个子品牌之一。2024年6月12—15日开启的"宝藏三晋，古韵山西"山西行，通过在直播过程中多场景的交互呈现，展示了名胜古迹沉浸式穿越体验和自然风景的浏览（如吉县黄河壶口瀑布、永乐宫壁画、平遥古城、乔家大院）、与地方文化名人交流互动、地方特色文化表演的视觉盛宴等，这些内容与直播带货场景高度契合。直播中，主播向顾客介绍产品知识，对特色产品蕴含的文化娓娓道来，时而引导顾客下单购买，时而像朋友聚餐聊天，时而与现场粉丝互动，强化了观众的临场感。这些方式将知名品牌、老字号、特色产品和旅游文化产品的传播和沟通，与文化娱乐价值创造有机地融合为一个整体。此外，众多中小网红通过短视频、今日头条等平台的二次传播，与当地官方和带货品牌企业社交媒体账号的报道传播叠加一起形成的密集传播，创造了一种通过社交直播电商多场景融合的顾客价值创造、传播和传递的新模式。

本章思考：如何理解顾客价值传播的含义，如何制定企业的顾客价值传播策略？结合企业实际案例进行分析。

第六章
传递顾客价值

  营销管理者在进行持续有效的顾客价值传播的同时，还必须把顾客价值有效传递给顾客，实现企业创造价值向顾客价值的转化，进而使其需求得到充分满足。

  本章将分析顾客价值传递，包括传递的影响因素、传递机制及策略。

  在顾客价值传递分析中，本章归纳总结出影响顾客价值传递效果的组织障碍，其中包括组织文化障碍、组织程序障碍和管理学习障碍，这些因素将导致顾客价值在传递过程中衰减，甚至失效。顾客价值传递的三要素包括顾客的期望价值、顾客的感知价值和顾客的实受价值，实现这三种形式的价值、协调统一好不同价值间的关系、缩小其间差距便成功地实现了全过程的顾客价值传递。本章还将分析顾客价值墙、产品价值转化率和产品价格占成率对顾客价值传递的影响。

  本章还将总结企业实施顾客价值传递的四个步骤：第一步是制定一个顾客价值传递战略；第二步是将战略转化为内部的顾客价值程序和需求；第三步是实施顾客价值传递策略；第四步是跟踪顾客价值传递的表现。

第一节　顾客价值传递的影响因素

  制造企业通过分销商和零售商与顾客间建立价值传递网络，服务企业通过服务人员直接向顾客传递价值。顾客价值传递一是将产品或服务等相关的价值移交给顾客，二是顾客在使用中将其转化为顾客价值。高效的价值传递网络可以保障企业及时交付产品或服务价值，有效的顾客价值传播可以提升产品价值转化率。

一、顾客价值传递的组织障碍

每个企业都希望将其为顾客创造的价值完全传递给顾客，但实际上，由于内部障碍（如企业组织结构存在问题）和外部障碍（如顾客对价值感知并非完全理性、渠道的效率不高）等因素的存在，顾客价值传递过程极为复杂。

研究人员通过对顾客价值传播策略进行探讨，认为顾客价值传播的本质就是使顾客得到并理解完整的顾客价值信息，即得到相关产品价值、服务价值、成本价值、个性化价值和品牌价值信息。对企业来说，在顾客价值传递过程中，产品价值、服务价值、成本价值、个性化价值和品牌价值是企业需要传递的核心内容。

更高层次的顾客价值方面的竞争需要比简单的顾客价值附加更多的东西，也需要组织管理方式有相应的改变。问题在于，一个组织能否及时做出相应的必要改变。许多组织，恰恰可能因无意间建立起的障碍阻止了他们从一种内部结构向更有利于顾客价值传递竞争的结构转化。建立顾客价值传递能力经常需要找到和超越组织文化、程序和学习障碍。最初的挑战就是识别存在的障碍。

1. 组织文化障碍

最难克服的障碍就是组织文化中所蕴藏的障碍，表现为企业运行的各个方面，尤其是现存的员工业绩考核和奖励系统。尽管企业可能无法直接看到这些障碍，但它们与企业的理念和价值观密切相关。许多企业经营中并没有真正贯彻顾客价值的理念，在传递顾客价值的过程中没有做到以顾客为导向。一个积极向上的组织文化可以协同团队合作，建立良好的品牌形象，提高员工忠诚度，促进顾客价值的传递。

案例：海底捞：企业文化支持服务价值传递

海底捞的企业文化核心在于尊重、信任和家的营造。尊重人、相信人是海底捞的核心价值观。公司鼓励员工创新发明，并以员工名字命名其发明创造，同时给予员工一定的权利，如普通服务员拥有免单权和退菜权，体现了对员工的信任和尊重。海底捞还通过创造家的文化，为员工提供良好的住宿条件、免费上网等福利，以及职业发展空间，解除了员工的后顾之忧，使他们能全身心投入工作中。此外，海底捞还通过内部培养提拔干部，为员工提供长期发展的平台，共同创造奇迹和拥有梦想。海底捞的组织文化保证了其"快速响应、细致入微、关怀备至、超值服务"的服务差异化的优势，与"顾客至上、服务至上"经营理念实现了完美的契合。

2. 组织程序障碍

市场需求的变化、竞争及技术进步带来的顾客价值需求的改变需要组织的调整来适应。但每一个组织都有已经被普遍接受、管理者非常熟悉的组织程序。虽然一些组织程序已经不适应提高顾客价值传递竞争力的要求，但由于标准（如"我们在这里都这样做"）或偏好（如"我喜欢用习惯的方式做事"）、利益分配、人员技能等因素，组织仍然愿意保留原有的程序。例如，一些企业试图识别顾客需求，但仍用头脑风暴法来解决这个问题，而不是基于市场调查或大数据分析，即由管理者们凭空猜测顾客期望的价值。虽然这种方法很难达到预期的目的，但因其执行便利、操作简单，至今仍被一些企业广泛应用。因此，企业要针对市场环境的变化，按照提高顾客价值传递效率的要求，调整组织程序。例如，前些年，一些家电企业面对电商的快速发展，担心线上销售会影响线下渠道商的利益，仍然固守传统线下渠道，未能及时调整分销网络，导致了市场份额的下降。

3. 管理学习障碍

由于市场环境的变化，顾客价值传递的途径和方式发生了改变，企业也必须及时获取新的知识和管理技能。当现有的企业管理体系不能和新环境下的顾客价值战略保持一致时，学习就变得非常重要。企业的管理者可能太执着于已有的管理方法，而忽略了那些需要他们注意的新技术、新工具和新方法。一部分原因可能是难以超越组织文化，另一部分原因可能仅仅是缺乏学习研究新环境、新问题、新工具、新方法的条件，这将形成顾客价值传递的障碍。数字经济及人工智能的发展带来许多新的顾客价值传递场景和方式，企业需要通过不断学习新知识、新技术，打破这种传递顾客价值的管理障碍。例如，一些服务企业利用人工智能机器人为顾客提供服务，电商企业利用数字人在网络虚拟场景销售产品等，都是新的顾客价值传递方式。一些企业利用数字化将市场、销售、渠道和顾客连接起来，重塑企业的价值传递网络，从而有效提高了顾客价值传递效率。

案例：天猫的虚拟试衣间

很多消费者在电商平台上购买衣服，苦于不能够看到衣服上身后的效果，目前，天猫采用数字技术开发了虚拟试衣功能，很好地解决了这个问题。顾客使用虚拟试衣间功能，能够足不出户，便可以从手机上看到自己的穿衣效果。该软件具有自我调节功能，通过选择自己的身形、身高、体重等个性化指标来展示最终的穿衣效果。从而减少了线上购物的不确定性，提升了传递顾客价值的效率。

二、顾客价值墙

为什么顾客价值会在传递过程中衰减甚至失效？这主要是因为在企业和顾客之间存在着价值墙，即价值在企业向顾客传递过程中产生成本，包括财务成本和非财务成本。通过对近 100 家企业在生产、管理、营销等方面的研究，研究者发现顾客价值墙主要由四个因素决定：物流技术、沟通技术、市场信息及市场竞争，如图 6-1 所示。

根据顾客价值墙的影响要素，可以看出顾客价值墙就是在顾客价值传递过程中阻碍物流与信息流正常流动的障碍。

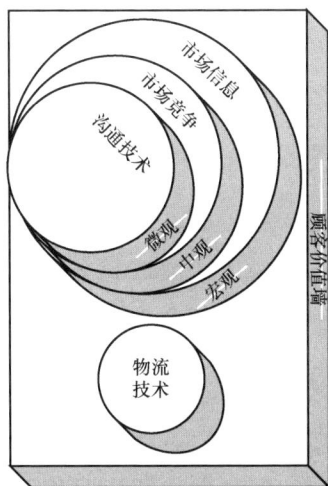

图 6-1　顾客价值墙的影响因素

1. 物流技术

许多公司都在不断努力使其创造的顾客价值在市场中标新立异，以此来获得竞争优势。但在很多行业中，产品差异化变得越来越困难，这使得越来越多的企业更加重视服务，并努力通过提高服务水平提升企业形象，引导顾客行为。由于电子商务和物流业的发展，在如今的市场中，顾客们似乎可以随时得到他们想要的最好的产品与服务。在顾客享受到如此的便利之后，就是企业如何在顾客需要时，第一时间将产品或服务带到顾客面前。这就要求企业打破顾客价值墙中的第一道障碍——物流技术。

在顾客价值墙中，物流技术是与物流要素活动有关的所有专业技术的总称，主要包括各种操作方法和管理技能，还包括物流规划、物流评价、物流设计和物流策略等。当一台电视机由制造商传递到顾客手中时，就要依靠企业的物流技术来解决整个电视机的实体传递过程：从运输到仓储及最后配送的每一个环节都关系到电视机是否可以及时、完好地到达顾客手中。例如，上海清美为提高及时调动能力，降低损耗率便自建物流系统，实现了生鲜物流的智能化改造，将整体配送量提高了 40%以上，而成本却下降了 2%。

近十几年来，国内物流业得到了快速发展，物流基础设施日益完善，信息技术实现了供应商、制造商、经销商和客户的信息联通，例如，顾客可以随时查阅订单的进程，自建物流的企业，如海尔的日日顺、京东物流已转为第三方物流。可以说，企业卓越的物流技术保证了核心产品价值的有效传递。

2．沟通技术

企业糟糕的沟通技术也会成为企业向顾客传递顾客价值的障碍。沟通技术是指在整个沟通过程，即企业从顾客需求出发，利用顾客价值的信息对购买过程中的顾客认知、顾客学习等因素产生影响，从而使有关顾客价值的信息得到充分传递和反馈。实际上，在这个过程中便建立起了企业与顾客之间的互相学习关系。

在顾客价值墙中，沟通技术反映了企业直接或利用公众媒介与顾客进行互动式交流的能力。过去，很多企业的沟通技术都是不完善的，很多时候沟通是单方面的，顾客作为接收者只能被动接收信息而无法参与到价值的创造与传递中。如顾客在购买手机的过程中，会受到企业促销的影响，企业向顾客讲授本企业手机的品质、功能与技术优势，而如果顾客无法将自己对这些信息的接收情况反馈给企业，就会导致企业无法理解为什么顾客没有选择本企业"近乎完美"的产品，这也是许多企业在沟通中缺少与顾客充分互动所导致的。如今，信息技术的革新与发展，社交媒体的普及，为企业提供多种触达顾客需求与反馈的新途径。例如，华为、小米等不少企业选择建立在线品牌社区，以其为沟通媒介，通过收集用户对于产品或品牌的反馈，从而更好地满足其潜在需求，并借此形成与品牌爱好者或潜在顾客的连接。此外，直播技术的发展为企业向顾客传递更及时、全面的信息及获取更为真实的顾客反馈提供了良好的契机，这种实时视频交互技术也越来越多地被企业所应用。

3．市场信息

如果说沟通技术是顾客价值墙中的"微观障碍"，市场信息就是价值墙中的"宏观障碍"。价值墙中的市场信息是指市场中固有的信息，这种固有信息可能以两种形式构成传递顾客价值的障碍。如果这种市场信息是完善的，也就是说，在市场中的企业与顾客之间的信息对称的情况下，市场信息中有阻止顾客购买的因素，这时完全的市场信息构成了顾客价值传递的障碍；如果市场信息是不完善的，也就是说，在市场中的企业与顾客之间信息不对称的情况下，驱使顾客采取购买行为的信息被隐匿了，这时候不完全的市场信息也构成了顾客价值传递的障碍。例如，顾客在购买电视机的时候，CRT 电视机不利于身体健康的辐射（完全信息）无疑成为阻止顾客购买的一个因素，而很多电视机清晰度、对比度等隐藏的技术信息（不完全信息）因为不能被顾客所了解而成为阻碍顾客价值传递的障碍。

市场信息是由企业目标顾客的知识水平、学习能力及与企业产品/服务相关质量信息的普及状况等因素决定的，它近似于"公理"，企业很难改变它。所以说，企业对此所应该采取的对策就是根据自己所处的行业，充分适应、影响和利用市场信息。社交媒体的发展为打破这一障碍带来了机遇和挑战，企业可以利用社交媒体平台，如官方微博、微信公众号、抖音官方账号等向顾客传递品牌和产品信息，还可以利用电子口碑传播，并可以和顾客互动，及时获取市场反馈信息。同时，这一过程中也会产生许多嘈杂的市场信息，如竞争对手雇用的网络水军、黑粉发布的诋毁品牌和产品的信息，构成了顾客价值传递的障碍。

4．市场竞争

相对于沟通技术和市场信息，市场竞争应该是价值墙中的"中观障碍"，因为它是一个涉及行业内竞争对手的障碍因素。市场竞争构成顾客价值传递的障碍，主要表现在两个方面：一是在企业所处的行业中市场竞争是否激烈，激烈的市场竞争会给顾客价值传递增加难度；二是在企业所处的行业中，竞争对手采取何种竞争策略，是企业愿意接受的价格竞争，还是企业难以应对的非价格竞争。例如，国内的一些手机企业可以很好地应对小米的价格竞争，却很难在与苹果的非价格竞争中取得优势。也就是说，这些手机企业可以打破小米价格竞争为其在顾客价值传递过程中设置的障碍，却很难逾越苹果通过非价格竞争（如品牌竞争）设置的顾客价值传递障碍。

在竞争不激烈的市场中，即使企业不能非常有效地传递顾客价值，也不会对企业的经营业绩造成很大影响。但在一个竞争激烈的市场中，如果企业不能很好地打破行业内竞争为顾客价值传递设置的障碍，就不能充分有效地传递顾客价值，就会严重影响企业的经营业绩。

许多企业创造的顾客价值质量水平很高，却因为不能很好地打破顾客价值墙障碍，传递效果很差，最终导致顾客层中的价值三要素（顾客期望价值、顾客感知价值及顾客实受价值）普遍低下。顾客价值墙起到阻碍作用是由于顾客价值虽然是由企业根据顾客需求所创造的，但却必须由企业与顾客在沟通、传递过程中不断提升顾客的获得感。有效互动的缺失在顾客价值共创中造成了顾客价值传递的衰减和失效。信息大爆炸时代，在信息过载和信息茧房的作用下，企业在创造顾客价值的同时，必须检查是否存在顾客价值传递障碍，以及时消除各种障碍，推动顾客价值的传播和传递，提高顾客价值的转化率，增强顾客的获得感。

三、顾客价值的三种形式

顾客与企业互动、共同创造顾客价值的过程可以视为一个动态变化的过程。在这个动态的变化过程中，不同的时期内顾客价值的传递效果主要是由顾客期望价值、顾客感知价值和顾客实受价值等表现出来的。在图 6-2 中，可以看出这三个因素在顾客购买的不同阶段产生的影响。

正是上面这三种价值在不同购买阶段的作用，决定了企业与顾客是否能在顾客价值传递过程中充分互动，从而决定顾客价值传递的效果，最终导致顾客的初次购买、重复购买及转换品牌等行为的发生。

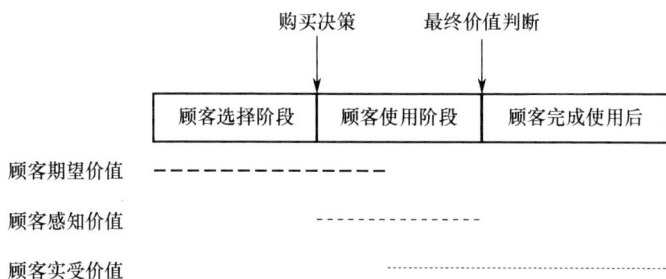

图 6-2　顾客价值的三种表现形式

1. 顾客期望价值

从顾客价值表现形式图中可以看出，顾客期望价值在顾客购买选择阶段就已经影响了顾客价值的传递效果，并一直延续到顾客感知价值达到一个稳定阶段，顾客期望价值会影响到顾客使用阶段波动的顾客感知价值，所以在顾客价值的传递过程中，我们要注意顾客期望价值的影响。

按照 Woodruff 和 Gardial 的定义，顾客期望价值是指顾客在提供的产品或服务的帮助下，为实现期望的目标，期望在一个特定的场合下将会发生的情形（如使用过程、结果等）的一种感知。这个定义暗含了价值是由产品和服务创造的，当其传递的利益帮助顾客在各种情形下达到他们的目标时，价值就产生了。在这个意义上讲，顾客对产品或服务的评价往往基于其是否能实现预期目标或履行预期应有的功能。

期望价值表现为两个方面：使用价值和拥有价值。使用价值是顾客在一定情况下使用产品或服务可以实现的一个特定的或一系列的目标。拥有价值是对顾客而言，产品或服务的内在含义。例如，一个顾客拥有一个艺术品带来的快乐感觉。

期望价值可能包括多个层次，旨在帮助顾客在特定情形下达到目标。而不同情形下的顾客价值也有所不同。这些多层次的期望价值可能是长期存在的。只要人们和组织存在，顾客所寻求的利益（如节省时间、节省成本、感觉到被照顾、感觉被相信、感觉被公正地对待）就会继续被认为是很重要的。然而，当组织改变时，期望价值的层次范围也可能会发生变化。新的期望价值可能会出现，以促进新的企业文化的形成，或者可能在相对重要程度方面发生一些变化。简单地说，期望价值变化就是顾客希望发生的那些变化，这些变化正是企业为获得竞争优势而做出的相应回应。

企业主要通过向顾客传递有关产品或服务的外在功能信息对顾客期望价值产生影响。例如，在顾客根据自身需求选购手机时，企业可以通过媒体广告、自媒体撰文、促销员推介等形式向顾客传递如产品品牌、价格、外观及技术参数等信息，或者在体验店让顾客体验到产品的内在属性，如速度、拍照效果等，从而在顾客的心目中形成对产品的特定印象及期望，即在顾客选择阶段为顾客价值的传递清除障碍。

2. 顾客感知价值

从图 6-2 中可以看出，在顾客做出购买决策以后，顾客就会对所购买的产品或服务进行消费，在消费过程中通过自己的价值判断形成特定的感知价值。在产品使用阶段，顾客价值的传递效果由顾客感知价值决定。由于顾客感知价值是随顾客的心理状态变化的，而这种心理状态的变化又极为复杂，既有可能受顾客所处环境的影响，也可能受顾客对价值与成本个人权衡的影响。因此，可以说顾客感知价值是在价值判断的波动中逐渐达到的一个稳定的状态。

价值判断描述的是顾客对接收到的供应商传递的某个特定产品或服务的评价。尽管顾客感知价值并未有统一的定义，但这些定义间存在的共同点就是，价值是顾客决定的一些东西，评价是一个过程，发生在每次交易完毕后顾客对于供应商传递的产品或服务做出的获利和牺牲的比较。感知价值被视为当今市场的驱动力，也是竞争优势的关键来源。

价值判断取决于特定情况下顾客根据自己的价值标准和目标对产品和服务的感知。因此，价值判断就是一个顾客对特定的情况下，在有关利益和牺牲的交易中为其所创造的价值的评价。例如，企业可以通过增加附加产品，来获得顾客良好的感知价值，使顾客满意。

对相同产品和服务的价值判断可能会经常改变。首先，任何能够引起顾客关注的与企业相关的事件都可能影响顾客对特定情况下所接受的价值的评价。例如，企业通过联合拥有流量基础的明星或网络红人进行产品或品牌推广，但这种行为可能是正面的，也可能是负面的，进而影响到顾客对产品的价值判断。其次，发生在特定的产品或服务使用情景下的改变也可能改变价值判断。通常，发生在供应方的事件比发生在顾客方或环境方的事件更有可能改变价值判断。最后，发生价值或期望价值的变化并不直接影响价值判断，而是通过顾客自身的否定过程改变顾客对产品或服务的满意度从而影响价值判断的。

这三种价值形式的变化最终都会影响顾客对企业所提供的产品或服务的价值判断和由此形成的顾客感知价值。

企业可以通过向顾客传递与产品及服务有关的信息来影响顾客的价值判断和感知价值。例如，当顾客购买电视机后，他就会对电视机的清晰度、声音效果、操作的便利性等有进一步的体验，并会对服务人员的安装调试、售后服务等（包含服务价值、人员价值和形象价值）进行个人判断，与所付出的货币成本、时间成本、精力成本、体力成本等进行权衡。这个权衡是一个动态的过程，并最终影响顾客价值的传递结果。

3. 顾客实受价值

从图 6-2 中，可以看出，顾客实受价值是顾客在多次相似的消费经历后，顾客期望价值不会再对顾客价值的传递产生影响时才出现的，而此时顾客感知价值也进入一个稳定的状态。也就是说，顾客实受价值是顾客对顾客价值传递的最终结果形成重复的、稳定的态度，这种态度就是顾客满意度的高低。此时，顾客已经完成了产品消费后的所获得利益和付出成本的权衡，在顾客心中已经有了一个确定的满意值。

顾客满意度本质上是对可感知的产品或服务的一种评价反应，它基于消费前阶段的期望值与购买或使用服务或产品后的消费后感知值的比较。高水平的顾客满意度能营造长期稳定的客户关系，这反过来又会带来利润的提高、正面的口碑，以及更低的营销支出。而不同的顾客感知价值水平会带来不同的满意度水平。它以顾客对价值的判断为基础，并且能够影响最终行为，例如，抱怨、再次购买的意图和忠诚都是顾客维系所涉及的。顾客产生满意的感觉来自对感知到的产品表现和一些标准的比较。具体来说，顾客把感知到的产品表现同一个标准或一系列标准（如期望价值）进行比较，如果产品的主要表现同所期望的是相等的（确定的），顾客就会感到满意；如果产品的主要表现超过了顾客期望（积极的否定）或是达不到顾客期望（消极的否定），顾客就可能会非常满意或非常不满意。

从上面顾客价值三要素的描述中，可以看出，企业在将顾客价值传递给顾客的过程中，顾客价值在顾客购买的不同阶段反映为顾客期望价值、顾客感知价值和顾客实受价值。顾客价值在传递过程中逐渐达到稳定状态。

4．顾客价值概念模型

顾客价值概念模型是由 Zeithaml 等人提出的服务质量模型发展起来的，这个模型有两个基本特征：一是根据顾客对期望和感知价值之间的比较对服务质量进行定义，二是根据这两种质量在传递过程中的差距进行定义。

顾客价值概念模型展示了产品从模糊的创意到传递给顾客的发展过程，它不仅包括来自顾客的感知价值的形成，也包括公司对顾客感知的反应，如图 6-3 所示。在产品发展的初始阶段，公司可能只有许多试图提供顾客价值的模糊创意，这种价值依赖于公司对顾客需求的感知，以及公司的战略、能力和资源。在这个模型中，将其称为公司计划价值集合（即公司在产品的概念阶段，根据顾客的特点，试图为顾客提供的一系列价值）。

通过市场研究，公司将尽力使其计划价值与未来用户的偏好和欲望相匹配，来创造能满足顾客需求的产品。在顾客价值模型中，我们把模糊创意都集中到第二个抽象层次上，作为顾客的渴望价值集合。这里所运用的"价值集合"，主要是指由产品或服务的顾客价值整合成的一系列价值或一个整体价值，是利益和成本的总和。各种差距就发生在这两个价值集合之间，其中信息差距反映的是公司对顾客渴望的信息掌握不充足。因为公司的战略和/或市场能力的限制，公司可能会把焦点集中在错误的顾客需求上。

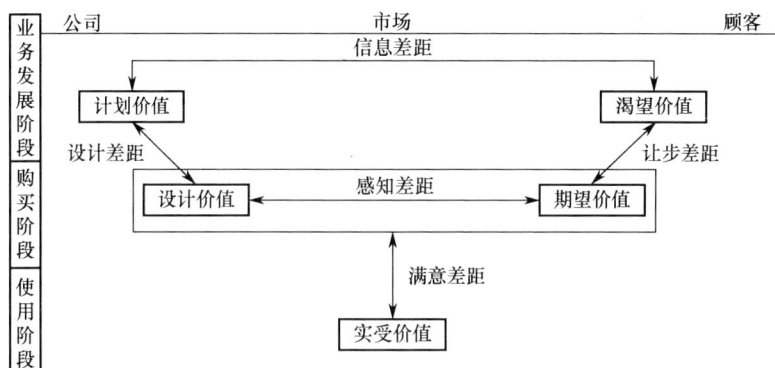

图 6-3　顾客价值概念模型

有了产品概念之后，公司应制造出产品，并进行产品的市场推广。公司所设计的产品价值在顾客价值模型中称为设计价值集合。由于市场需求与产品开发之间存在技术限制或沟通不畅，设计价值是不同于计划价值的，这种差异就导致了设计差距。当产品在出售时，产品代表了顾客的多种价值。顾客对产品表现的期望都基于他们的感知，在顾客价值模型中这种期望叫作期望价值集合。这种价值集合不同于渴望价值集合，因为市场上的任何产品都不可能准确地与顾客的渴望相匹配。因此，顾客不得不选择那些能最好地与他们的渴望相匹配的产品或服务。换句话说，他们不得不在所感知的价值和他们所渴望的价值间做出让步。这种让步的差距越小，公司成功赢得顾客的机会就越大。感知差距反映了公司设计的价值与顾客对这种期望价值间的潜在不匹配性。

购买和使用之后，顾客将能得出他们经过实际经历评价出的实受价值。在顾客价值模型中，顾客的这种评估价值叫作实受价值集合，顾客的满意差距反映了期望和实受价值间的差异。

四、产品价值和产品价格与顾客价值和顾客成本的转化

企业通过提供产品和服务来满足顾客需求，必然要把产品和服务传递给顾客。但是，顾客感知价值是不是等价于产品/服务价值呢？答案是否定的，它们之间存在着某种转化的关系。这种转化关系的存在，势必影响顾客价值的传递。

1. 转化原理

顾客通过消费产品可以使自己的需求得到某种程度的满足，获得顾客价值。顾客之所以消费产品，是因为产品具备满足某种需求的属性，即依靠产品价值。如果产品不具备相应的产品价值，不具备满足某种需求的可能性，顾客需求也不可能通过消费产品而获得满足，顾客价值也将无从获得，所以顾客价值的获得依赖于产品价值。同时应注意到，顾客消费产品获得的是顾客价值，而不是产品价值，二者不仅性质不相同，在量的方面可能也并不等同。可以认为，顾客价值是产品价值通过顾客消费产品转化而来的。

顾客消费产品必须付出顾客成本，顾客成本中与产品价格相对应的部分被企业获得，即企业获得了产品价格。应注意到企业获得的不是顾客成本，而是顾客购买产品时支付的产品价格。如果顾客不付出顾客成本，企业也无法获得产品价格。所以可以认为产品价格是由顾客成本转化来的。图 6-4 所示为顾客价值和顾客成本与产品价值和产品价格的转化图。

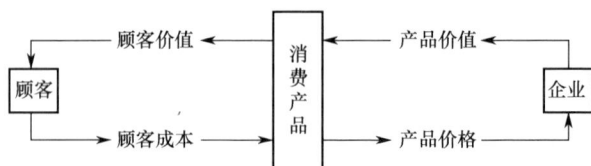

图 6-4　顾客价值和顾客成本与产品价值和产品价格的转化图

2. 转化程度

顾客价值是由产品价值转化而来的，但即使有相同的度量单位，产品价值也不一定等于顾客价值，或者说并不是全部的产品价值都肯定能够转化为

顾客价值，二者之间存在差异。同样产品价格也不一定等于顾客成本，或者说并不是全部顾客成本都一定能转化为产品价格，二者之间也存在差异。

1）顾客价值和产品价值相异的原因

顾客价值的多少取决于顾客需求的满足程度，依赖于顾客的主观感受。但产品价值却并不是由顾客需求的满足程度来决定的，它是由产品的客观属性决定的，也就是由围绕核心产品生产的实际产品和外延产品决定的，包括质量、特色、设计、品牌、包装、附加服务等。如一台电视机的产品价值主要是能够接收电视信号并将之转化为图像、声音信号等，这是由电视机的电路结构决定的。而顾客价值却不是由电视机的电路结构来决定的，也不是由电视接收机的电视信号来决定的，顾客价值是顾客需求的满足程度，是通过使用电视机满足顾客需求的程度。如收看娱乐节目能够满足顾客放松、愉悦的需求；收看教育节目满足了顾客学业上进的需求。同一台电视机，具有同样的产品价值，但不同的人通过使用电视机得到的顾客价值是不同的。假如有 A、B 两个地区，A 地区无法接收到电视信号，B 地区有丰富的电视节目，一台电视机放在 A 地区使用，顾客获得的顾客价值为零，因为没有电视信号，不能满足顾客看电视的需求。若将此电视机移到 B 地区，顾客则可以获得较高的顾客价值，因为电视节目丰富。同一台电视机，其客观属性没有变化，所以产品价值肯定是不变的。但对于不同地区的顾客，其顾客价值有着很大的差异。

2）产品价值转化率

顾客价值的获得虽然依赖于产品价值，但并不等同于产品价值，顾客从产品中获得的价值和产品所能提供的价值可能一致，也可能不一致。通常，产品价值大于顾客价值，这时顾客通过消费产品满足了其需求，但并未完全发挥出产品的作用，也就是产品还能满足顾客的其他需求，但顾客并不知道。如顾客购买了一台计算机，由于缺乏计算机技术知识，使本来功能强大的计算机，仅仅发挥了打字机或游戏机的作用，这时产品价值大于顾客价值。有些情况下产品价值可能等于顾客价值，这时产品价值才能全部发挥出来满足了顾客的需求。如顾客口渴时购买饮料饮用，如果购买量适当，应该把产品价值全部转化为顾客价值。可以用式（6-1）来表示顾客价值和产品价值之间的关系。顾客价值等于产品价值和产品价值转化率的乘积，产品价值转化率指有多少产品价值转化为顾客价值，产品价值转化率介于 0～1。可以看出，产品价值相同时，产品价值转化率越高，顾客价值越高；产品价值转化率越低，顾客价值越低。

$$顾客价值 = 产品价值×产品价值转化率 \qquad （6-1）$$

3）顾客成本和产品价格相异的原因

顾客成本是指顾客因为消费满足需求的产品而付出的金钱、时间、精力等方面的总和。顾客成本具有多样性与持续性。多样性指顾客成本除包括货币成本外，还包括时间成本和精力成本等；持续性指顾客成本贯穿产品的整个消费周期，在消费周期的各个阶段顾客都可能要付出成本。产品价格包含在顾客成本之内，顾客成本不可能小于产品价格。因为产品价格仅是顾客在购买阶段支付的一部分货币数量，而顾客成本中除购买阶段以外，还包含在产品消费周期其他阶段也要付出的成本，即顾客除了追寻期望得到的产品，还希望在其搜索、评估和交易过程中能最大限度地节省时间、精力等方面的成本。即使是货币方面的成本，有时也不仅是产品的价格，还有其他方面的货币成本。如顾客准备购买轿车，在轿车的购买阶段，除轿车的价格外，顾客还要承担车辆购置附加税、保险费、燃油费等其他费用。当然在大多情况下，产品价格是顾客成本中占比最大的一部分。有的情况下，在整个产品消费周期内，顾客仅需支付产品价格，而无需支付其他方面的成本，这时产品价格就是顾客成本，如快消品的消费。

4）产品价格占成率

式（6-2）表示顾客成本和产品价格的关系，顾客成本等于产品价格除以产品价格占成率。假设顾客在整个产品消费周期内付出的所有成本都可以折合成货币形式，则产品价格在总的货币数量中占的比例，就是产品价格占成率，其值介于 0～1。产品价格占成率越高，意味着顾客支付的产品价格以外

的成本越少，当产品价格占成率等于 1 时，表示顾客消费产品仅需支付产品
价格。产品价格占成率越低，意味着顾客支付的产品价格以外的成本越多，
当产品价格占成率等于 0 时，表示顾客成本中不包含产品价格，此时产品价
格也为 0，如一些需反馈使用意见的试用品。

$$顾客成本 = 产品价格/产品价格占成率 \quad (6\text{-}2)$$

产品价值转化率和产品价格占成率的高低反映了顾客价值传递的绩效，
产品价值转化率越高，说明顾客价值的传递越好；同样地，产品价格占成率
越高，则顾客价值的传递也越好。

第二节　顾客价值的传递机制

一直以来，顾客价值传递被简单地视为企业向顾客传递价值，但事实上
存在着另一种顾客价值传递方式，即顾客之间的价值传递。虽然顾客之间
的价值传递会受到企业传递行为的影响，但在某种程度上也具有独立性，
并且常常在价值传递过程中起到独特的作用。如图 6-5 所示为顾客价值传递
过程。

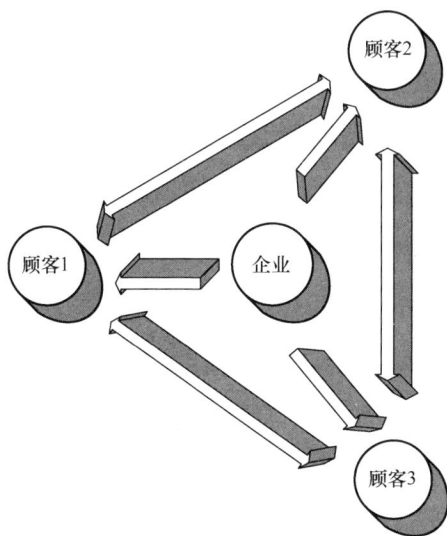

图 6-5　顾客价值传递过程

一、企业向顾客传递价值

正如前面提到的，企业向顾客传递价值的过程在本质上可以说是企业打破顾客价值墙、构建高效的价值传递网络的过程，如图 6-6 所示，即企业通过对可控的物流技术与沟通技术的提升，对不可控的市场信息和市场竞争的适应与影响，努力降低接近于顾客层的成本障碍，最终实现顾客价值有效传递的过程。

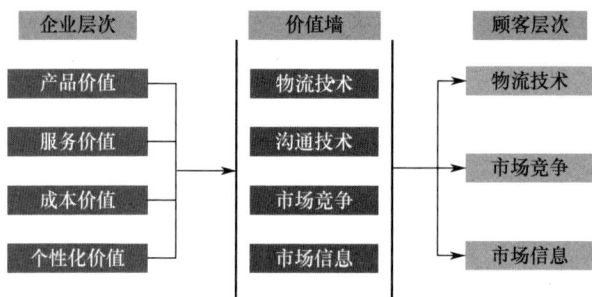

图 6-6 顾客价值传递层次及过程

顾客价值传递是始于企业层，经过顾客价值墙，最终到达顾客层的过程。所以企业要想进行有效的价值传递，首先要做的就是创造出优异的顾客价值。

在企业创造价值的过程中，企业价值创造策略通常要受到其经营战略的影响，其中所受影响最明显的就是产品价值。企业的某种产品价值会在很大程度上依赖于企业的战略。例如，差异化战略下的产品价值创造，其优异性主要表现为在一些产品属性上不同于市场上的其他产品，也就是通过彰显"不同"来提升产品价值。正如低温无添加剂乳制品的领军品牌简爱酸奶，在洞悉顾客健康需求的基础上，避开蒙牛、伊利等乳制品巨头的锋芒，依靠无添加高端酸奶的差异化产品理念突围而出。产品价值还会受到产品的一些技术特点的影响，对于技术密集型产品，企业应该注意通过提高产品技术含量、开发相应前沿技术来提升产品价值。

　　服务价值、成本价值和个性化价值都是以产品价值为基础的，当然，纯粹的无形服务除外。成本价值和个性化价值的传递在很大程度上需要依赖服务价值的传递，而成本价值和个性化价值的传递效果又会反过来影响服务价值的传递。现在许多企业都致力于提高其服务水平，而这种所谓的"提高了的服务"价值却很难为顾客所完全接受，因为这些企业没有意识到服务价值与成本价值、个性化价值是密不可分的。企业提升了服务价值，却忽略了个性化价值，而与此同时又使成本价值上升（出现了超值价格）。这便导致即便服务价值得到了很大的提升，顾客价值的提高却往往不明显，有时候甚至会呈现下降的趋势。因此，只有兼顾服务价值、成本价值和个性化价值的改善，才能有效提升顾客价值。

　　在这里需要补充的就是，很多企业忽略了企业内部因素的外化性问题，如企业文化、经营理念及员工的知识水平、工作作风等，如图 6-7 所示。这种外化会影响顾客对服务价值的感知，从而影响服务价值的传递效果。这是因为，服务价值需要以企业的员工作为载体实现传递，而企业的员工又受到企业文化和经营理念的影响，所以企业内部因素的外化会在很大程度上影响到服务价值的传递。

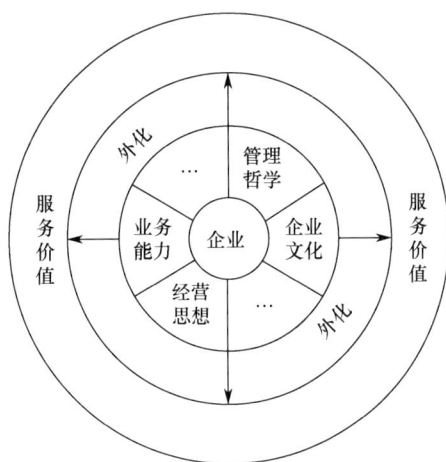

图 6-7　企业内部因素的外化

从上面对顾客价值传递的分析中，我们发现企业进行顾客价值传递的基础就是提高产品性能、改善服务质量、制定合理价格，与顾客建立长久的"一对一"关系。

打破顾客价值墙是顾客价值传递的中心任务。在打破价值墙的过程中，企业依据现存市场信息情况，考虑到其面对的市场的竞争激烈程度，通过合适的传播媒介，采取相应的传播策略，提高顾客的认知水平，在此基础上，提升顾客感知价值。

企业应如何打破价值墙？现在许多企业都已经能够充分运用各种营销工具和手段来为企业的经营服务，但仍然无法打破价值墙。这主要是受到企业战略出发点及各种营销策略不能很好整合的制约。

对企业战略发展的衡量可以采用基于市场占有率、销量、利润等可量化指标，而在数字经济时代更重要的是从顾客角度出发对企业战略进行相应的调整，积累顾客资产应成为企业发展战略的一个重要衡量指标。例如，直播类等轻资产公司的价值，其重要衡量指标是所拥有的顾客资产，尤其是头部主播的粉丝数量为打破价值墙，企业必须在战略导向上有所突破，即企业应该从原有的以自身为中心基于交易视角的战略导向转变为以顾客需求为中心为顾客创造价值的战略导向。这是因为关注顾客需求实质上就是关注企业未来的发展方向，企业根据顾客需求的变化来制定发展战略要比企业根据发展战略来想方设法"讨顾客欢心"以求经营业绩更符合现实情况。而为顾客创造价值的过程，就是企业不断提高产品品质、服务质量和个性化价值，以满足顾客价值需求。例如，在这个过程中，企业不再是盲目地进行产品更新换代，而是根据顾客现实需求来选择时机对产品进行更新。

二、价值传递最大化

顾客的期望与感知并非没有规律，相反，在不同的行业中，顾客期望与感知服从相应的概率分布，如图 6-8 所示。因此，企业在顾客价值传递过程中，首先应该遵循的原则就是选择占较大的群体作为顾客价值传递对象。

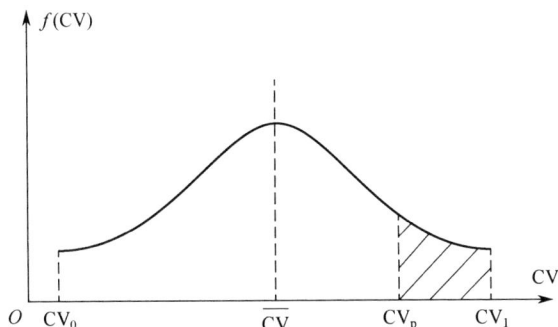

图 6-8　顾客期望与感知的概率分布

在图 6-8 中，CV 表示某一顾客需求的价值，$\overline{CV}$ 表示企业所有可能顾客需求的平均价值，CV_p 表示企业在现有能力基础上可以为顾客创造的价值，$f(CV)$ 表示在顾客需求价值为 CV 水平的概率密度，CV_0 表示顾客对价值的最低要求，CV_1 表示顾客对价值的最高要求。它们之间满足下面的关系：

$$\overline{CV} = (CV_0 + CV_1)/2 \tag{6-3}$$

$$\int_{CV_1}^{CV_0} f(CV)dCV = 1 \tag{6-4}$$

式（6-3）表示企业所有可能顾客需求的平均价值是由顾客对价值的最低要求和最高要求决定的；式（6-4）表示图 6-8 中曲线下方的部分，包含了所有顾客对价值要求的可能性。在此基础上，企业可以满足其价值需求的顾客占总顾客的比率 A 可以表示为

$$A = \int_{CV_p}^{CV_0} f(CV)dCV \tag{6-5}$$

这样，企业只需要满足这一部分顾客的价值需求，就可以在现有条件下实现价值传递的最大化。而在现实中，企业往往希望可以在此基础上进一步满足图 6-8 中用斜线表示区域的顾客价值需求。然而，企业为满足这种顾客

价值需求，成本会明显上升。企业最终是否会努力去满足这种顾客价值需求，取决于企业在向这部分顾客传递价值过程中的所得和所失。企业的所得可能包括品牌形象的提升、利润的上升、市场占有率的上升等，而企业的所失则主要包括成本的提高和难以平衡两类顾客间的利益与情感。通过对一些行业和产品的研究，我们发现当顾客需求高于 CV_p 的顾客价值是一种奢侈而非必要的需求时，企业更有可能来努力满足这种价值需求。这是因为在这种情况下，这种特殊的价值需求为企业品牌形象提升做出了很大的贡献，并且企业可以从中获得较高利润。

案例：麦当劳：以私域流量突破顾客价值墙

公域流量价格的持续攀升使其红利渐失，迫使企业寻找更便宜、可以反复使用的流量。私域流量凭借其不用付费，可以在任意时间、任意频次，直接触达用户的独特优势，开始逐渐盛行。建立独有的私域流量对于各行业头部玩家的重要性日益凸显。特别是受到新冠疫情的影响，2020 年第一季度，中国餐饮业收入 6026.3 亿元，同比下降 44.3%。疫情让抗风险能力相对较弱的餐饮行业陷入前所未有的困境，这使得几乎整个餐饮行业都在抢占私域的第一波红利。喜茶、星巴克等将私域运营提到了日趋重要的位置，一度处于低谷的瑞幸，也通过独有的私域完成了市场自救。全球快餐巨头麦当劳当然也不例外。

据腾讯《2021 智慧零售私域增长指南》披露，截至 2021 年 8 月，麦当劳中国总会员数已经接近 2 亿人，拥有近 4.5 万个社群，其中社群中92%都是会员，覆盖人数约 670 万人。通过小程序的交易订单占比近70%。麦当劳通过 App、小程序、企业微信群等通道，与粉丝建立了坚固的连接。同时，CBA、《部落冲突》等一系列有趣的 IP 玩法也被引入。麦当劳企业社群的定位更强调和顾客直接的交流和沟通，保证 365 天社群内持续传递信息并保持与顾客互动。顾客能够在社群中分享消费体验、反馈疑惑，也可以参与问答题、猜盲盒、掷骰子等互动游戏。这种建立私域流量的方式能够有效降低企业向顾客传递顾客价值时的沟通障碍，提高顾客价值转化率，在增强用户黏性的同时打造品牌忠诚。同时，也正是通过这种方式，麦当劳实现了向潜在顾客传播和传递顾客价值、产品理念，以及打造顾客心智的目的，以产品为依托精细化运营，以私域流量突破顾客价值墙。

三、顾客之间的价值传递

除企业向顾客传递价值外，在顾客之间也进行着顾客价值传递。顾客间的价值传递主要有两种。

1. 价值陷阱

在向顾客进行价值传递的过程中，企业可能有意采取利益诱导方式，使企业顾客价值传递的目标顾客之间可以享受到特殊的利益。在这种情况下，顾客可能会促使与其有关的企业竞争对手的顾客转向该企业，此时顾客就陷入企业为之设计的"价值陷阱"之中。

例如，中国联通和中国移动的校园卡之争就是企业设计价值陷阱的一个经典案例。

如图 6-9 所示，顾客 1、2、3、4 是中国联通的顾客，顾客 5、6、7、8 为中国移动的顾客；而顾客 1、2、3、5 之间的电话联系较多，顾客 4、6、7、8 之间的电话联系较少。中国联通和中国移动都为网内通话设计了较低的资费标准。这时，受到利益的驱使，以及顾客 1、2、3 的劝说，顾客 5 转向中国联通，同样的道理，顾客 4 转向中国移动，而实际上，这种转变可能并没有给顾客 4、5 带来可以准确描述的利益，甚至有时候，他们可能再次转变回原来的状态，所以我们称这种顾客间的价值传递为"价值陷阱"。

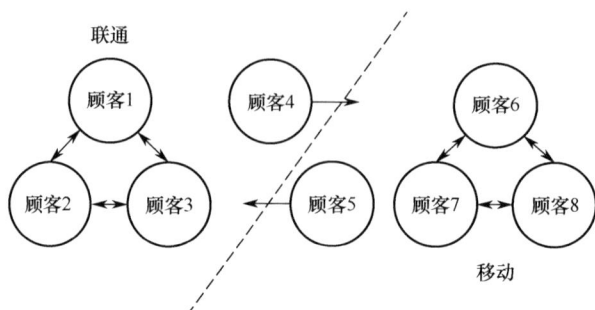

图 6-9　移动和联通校园卡之争中的价值陷阱

2. 口碑

当顾客对企业传递的顾客价值较为满意的时候，他就会向社交圈子里其他人"推荐"；当顾客对企业传递的顾客价值非常满意的时候，他就会向社交圈子里的其他人"力荐"。这时，此类顾客推动了企业向顾客传递价值，并在这个过程中与其他顾客充分互动，提升了顾客价值传递效果。近些年来由于社交媒体的普及，电子口碑已是顾客之间价值传递的主要方式。

案例：海底捞的顾客价值传递

国内知名餐饮企业海底捞的顾客之间就存在这种价值传递，陪伴娃娃、手机套膜、围裙护袖、热毛巾等各种精细化服务在老顾客评价中不绝于耳，很多新顾客正是在老顾客"口碑"的影响下，才选择海底捞的。这时，老顾客（忠诚顾客）不仅起到了促进价值传播的作用，而且促进了海底捞向顾客传递价值。与此同时，老顾客也向新顾客传递价值，这种价值的源泉是海底捞，但主要是由老顾客促成的传递。

四、顾客价值传递策略

现今，许多企业在顾客价值传递方面，采用了各种各样的营销方式，但为什么顾客价值的传递效果仍然不尽如人意呢？通过对国内一些企业采用的营销方式的研究，我们发现企业采用的营销方式已经很全面，但却不能将这些营销方式很好地组合来为顾客价值传递服务。

在图 6-10 中，我们列出了企业采用的较为常见的营销方式，并将它们依托在企业应该付出的成本维度上，以此合理配置企业资源，为顾客价值传递服务。每种营销方式应该付出的成本主要由企业经营范围及上面提到的市场信息、市场竞争、企业与顾客间的沟通水平和物流技术等决定。

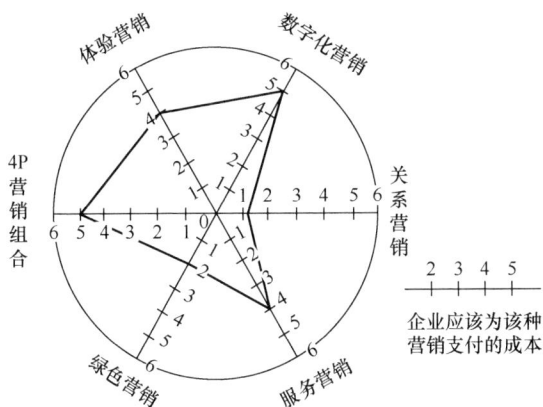

图 6-10　顾客价值传递中的营销组合

例如，在当前中国市场环境下，某计算机制造企业采取了图 6-11 中的营销组合策略。

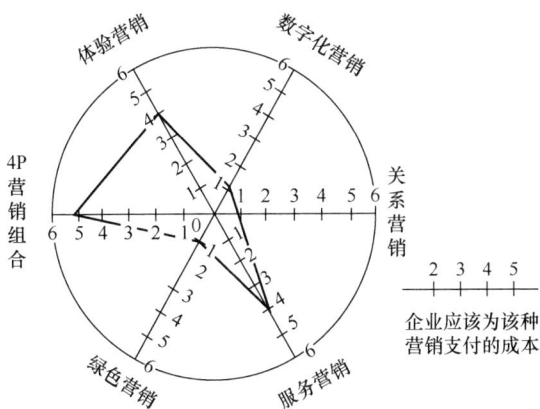

图 6-11　某计算机制造企业顾客价值传递中的营销组合

该企业首先在 4P 营销组合上支付比重最大的成本，这是由中国计算机行业的特点决定的；其次，面对产品价值趋同的局面，企业重点突出了服务价值，与此同时，建立体验店、打体验广告等体验营销方式无疑可以使顾客很快走近、接受并认同企业创造的顾客价值；而绿色营销、关系营销、数字化营销等营销方式就目前计算机厂商的顾客价值传递过程看来，付出的成本较小。

案例：华为花粉俱乐部：传递顾客价值

在线品牌社区是指围绕品牌而建立的基于品牌爱好者之间社会关系的在线社区。在线品牌社区汇集了对品牌具有共同兴趣的顾客或潜在顾客，这些品牌爱好者在社区中可以交流消费经验、咨询售后问题或分享兴趣爱好等，通过这种形式，品牌为用户传递甚至于超过顾客期望价值的顾客价值。而在品牌社区建设方面，华为品牌旗下花粉俱乐部的创建与维系始终是行业内学习的榜样。

花粉俱乐部是华为官方以服务华为粉丝（花粉）为宗旨的综合性平台，为花粉提供最新的华为手机产品资讯、最丰富的应用软件主题游戏 EMUI ROM 资源、最丰富的花粉活动信息。花粉俱乐部不仅为用户提供了一个互动交流的平台，还能使用户群体进行有效的聚合。截至 2018 年 12 月 27 日，花粉俱乐部用户数量已经破亿，成为国内手机品牌最具规模的粉丝群体之一。

作为华为与花粉沟通的桥梁，花粉俱乐部的成立对于顾客价值传递具有重要意义。一方面，花粉俱乐部的存在实现了产品创新与用户声音的正反馈循环，提高了顾客的感知价值，降低了顾客成本，从而实现了顾客满意度和忠诚度的提升，使消费者与品牌间的情感纽带更加牢固。花粉俱乐部能够在第一时间呈现华为最新的产品和服务资讯，帮用户答疑解惑，优化社区交流渠道、完善社区的功能、建立圈圈论坛等，提高花粉们的交流体验。另一方面，品牌社区的成员之间的交流同样会影响顾客价值的传递，正面的口碑传播往往使得顾客价值得到进一步提升。通过组织丰富的线上内容和线下面对面互动交流活动，花粉俱乐部进一步提升和延伸华为产品体验，社区中用户的口碑传播无疑促进了华为品牌的顾客价值传递，提升了顾客的感知价值。

第三节　顾客价值传递步骤

顾客价值传递是企业创造顾客价值的实现过程，顾客价值传播是顾客价值传递的基础，并且是伴随着顾客价值传递过程的。管理者通过顾客价值学习，准确（或近似准确）地掌握顾客进行价值感知的实际过程。进而确定顾客价值传递步骤。如图 6-12 所示为顾客价值传递步骤。

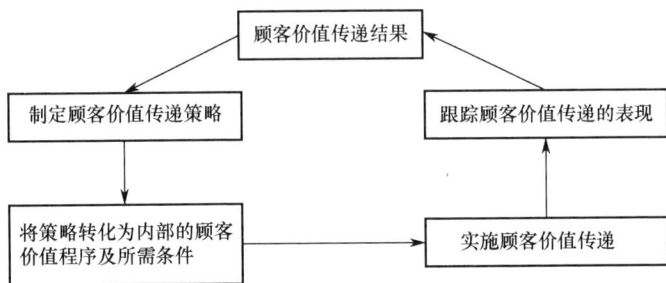

图 6-12　顾客价值传递步骤

一、制定顾客价值传递策略

管理者为目标顾客制定的价值传递策略的核心是对顾客价值概念的理解。这个概念明确指出了价值的各个方面，尤其是管理者通过向目标顾客提供产品而在使用情景中产生的利益结果。例如，一艘运动游艇的制造者可能会将其价值概念定义为。"提供能增强游艇使用者自豪感的体验，在水中具有安全感和难忘的游艇经历，以及具备扩大水中活动的宽度和广度的灵活性"。这包含了三种价值属性——自豪、安全、游艇活动的范围——都总结出一系列目标顾客期望的比较特殊的结果和与游艇有关的属性。对扩大游艇活动范围的目的来说，这可能包括"能够整夜在外生活的方便性""能容纳更多游客的空间"等。

价值作为市场营销领域中一个核心且经常被重新审视的概念，对价值的界定影响了顾客考虑该品牌时进入头脑中的形象。与顾客期望价值相对应的品牌形象很可能成为影响品牌价值的重要因素。因此，企业应明确什么是最好的价值概念，接下来是实现这些价值需配备哪些方面的资源，价值传递网络需要由哪些角色构成，如何执行等。这些构成了顾客价值传递策略的要素。

二、将策略转化为内部的顾客价值程序及所需条件

将顾客价值传递策略转化为顾客价值的传递程序既存在于某个单独的部门内部，也可能贯穿多个部门。这些程序可能包括特定市场分析（为了查明顾客所期望的是什么）、产品和过程设计（为顾客而创新）、采取的营销策略、销售人员和技术上的服务（对顾客现场的服务）。例如，假设销售人员了解到，目标顾客倾向于与一些销售者保持长期关系，那么企业应鼓励销售人员与顾客维持长期稳定关系，并设计相应的顾客关系管理流程，了解并满足顾客更多的价值需求。

识别了传递顾客价值的关键程序后，企业应细分出传递顾客价值的不同方面或针对不同情况设计差异化的传递程序。对价值的理解是由顾客的特点决定的，它常常不同于企业的看法，这一事实使顾客价值传递变得更复杂。例如，在顾客价值沟通和体验中顾客更多的是通过利益表达感受，而企业已经习惯于产品属性的说明；顾客希望与销售人员维持关系是为了获得特殊待遇利益，而销售人员关注更多的是增加产品销售量。企业需要对销售人员进行定期的顾客价值培训以保证价值的传递。

三、实施顾客价值传递

顾客价值传递需要通过企业构建的价值传递网络实施，涉及组织内部和外部的协同。企业内部的职能部门，如销售部门、市场部门、技术部门等，

企业外部，如分销商、零售商等，都参与其中。这种广泛的协同这可能会给组织带来难题。例如，一些价值传递过程可能需要企业内部整个部门结构体系的协同，这便引发了内部职责划分及资源分配的问题。企业外部因素，如企业和渠道商的利益分配、对渠道的促销支持力度、渠道商间的利益平衡等，都会影响到顾客价值传递的实施效果。

四、跟踪顾客价值传递的表现

今天的企业都能在跟踪财务表现上做得很好，未来企业必须能够同样有效地跟踪顾客价值传递的表现。越来越多的企业需要及时了解顾客如何评价其价值传递表现。企业可以采用科学的方法解决以下三个方面的问题。

首先，越来越多的企业关注产品属性层面的顾客满意评价以及顾客价值传递的表现。但仅了解顾客价值等级的属性层次，仍不足以深入理解实现竞争优势所需的顾客价值。企业还可以将顾客价值传递的表现延伸到结果层面，从而获得竞争优势。

其次，企业营销战略要从注重短期销售转向关注长期顾客留存，只关注单次交易的价值传递，而忽视与目标顾客建立长期关系所需的价值传递，是不够的，因为维系关系可能会影响短期交易。例如，价格是影响购买决策的关键因素，但并不能带来顾客对品牌的长期忠诚。事实上，持续地为顾客进行优异的价值传递，才能减少顾客寻找替代品的动机，从而提高其忠诚度。

最后，企业要跟踪了解目标顾客所感知的价值。事实上，营销者经常在满意度调查问卷中长期保留关于期望价值的相同问题（如顾客期望的质量、可信度等属性）。但是，这种方法也存在局限。企业可能对顾客期望价值方面的必然变化疏于应对。例如，在一个动态的工业品市场中，某公司近年来用几乎相同的属性测量顾客满意度。面对于那些已对当前顾客行为失去影响的价值要素，继续跟踪其顾客满意度，很难能获得对管理者有用的数据。利用同样问题的重复性问卷，只对跟踪那些需求没有变化的顾客是有效的。

本章案例：海尔——打造卓越的顾客价值传递网络

1985 年以砸冰箱事件出圈的海尔开启了几十年的追求卓越的顾客价值创造和传递之旅。海尔从注重产品质量开始，到服务价值创新，再到消费者个性化价值创新，到目前的生态化价值创新。海尔的顾客价值理念始终走在时代的前列。在为顾客创造价值的同时，海尔也非常重视顾客价值的传递，海尔结合自身产品矩阵的优势构建了工贸公司、营销中心、专卖店及海尔物流（日日顺）支持的价值传递网络，通过为专卖店提供全面营销上的支持，加持海尔优秀的服务系统，海尔产品在售前、售中、售后各个环节的每个顾客接触点，顾客价值都得到了有效沟通和传递，保证了海尔的产品价值、服务价值、个性化价值和品牌价值转化为顾客价值。

目前，海尔数字化正在赋能价值传递网络。在用户数字化运营平台上，海尔智家围绕消费者在产品购买、使用、服务的全生命周期，重构业务流程。在精益制造平台上，海尔智家持续提升在智能制造、采购、供应链、物流等环节的效率。未来海尔将通过创造性重组人、组织及商业模式三要素，构建物联网生态的价值循环，实现零距离创造价值、零中介传递价值、零摩擦分享价值。

本章思考：如何理解顾客价值传递的含义？企业传递顾客价值的障碍有哪些？如何构建高效的顾客价值传递系统？结合企业实际进行分析。

第七章
创新顾客价值

  企业要保持持续的竞争优势，就需要不断创新使顾客价值持续提升，保持较高的顾客满意度，并不断吸引新顾客。这里提到的顾客价值创新（Customer Value Innovation）就是基于对顾客需求的分析，企业通过对其产品、服务及业务流程等方面的改进与革新，为顾客创造竞争对手所不能提供的价值，进而确立企业的竞争优势。需要注意的是顾客价值创新不是盲目地提升价值，而是以顾客需求为导向的，是随着顾客需求的动态变化而进行的，企业非顾客需求导向的创新并不能带来顾客价值的提升，很多情况是仅提升了产品价值，而不能转化为顾客价值的提升。

  本章从顾客价值创新形式分类入手，主要依据顾客价值创新自身的特点，依据创新度标准和顾客预知度标准对顾客价值创新形式进行划分。在顾客价值提升上，我们总结了五种顾客价值创新方法：产品价值创新方法、服务价值创新方法、个性化价值创新方法、成本价值创新方法和品牌价值创新方法。最后，给出具有普遍性的顾客价值创新管理方式。

第一节　顾客价值创新的形式

  企业要想采取有效的顾客价值创新策略来提升顾客价值，就必须对顾客价值创新的形式有深入的了解。顾客价值创新形式的分类有很多种，但绝大多数的顾客价值创新分类无法从最基本的产品、服务及业务流程标准划分出来。这里我们仍然围绕这三方面进行分析，但划分标准则根据其现实意义确立。我们主要以顾客价值创新度标准和顾客预知度标准对顾客价值创新形式进行分类。

一、依据创新度标准的顾客价值创新形式分类

创新度标准指的是在进行顾客价值创新时，以企业对其产品、服务及业务流程的改进与革新的程度为衡量尺度，将顾客价值创新划分为以下三类。

1. 变革性顾客价值创新

变革性顾客价值创新是在企业充分研究顾客不断变化的需求的基础上，通过开发新产品、提供新服务，或者是业务流程重塑等方式，满足顾客动态需求的过程。在价值创新过程中，只要企业为顾客提供了一种全新或换代的产品，或者提供了以前没有的新服务，再或者是将企业为顾客创造价值的业务流程重塑，这种顾客价值创新就属于变革性顾客价值创新。例如，蓝月亮推出洗衣液替代了传统洗衣粉，这种新形态的洗涤产品，让顾客使用更便利和环保，实现了顾客价值创新。

案例：火爆的功能性食品

功能性食品，如助眠软糖、代餐奶昔、白芸豆阻断片等产品的出现显著地改变了顾客对功能性食品和保健食品的概念，2021 年以来，功能性食品成为融资超千亿元的新赛道。传统保健品多以药片、胶囊、口服液的形式呈现，顾客体验感较差，年轻顾客丧失了复购的兴趣。而新的功能食品将"好吃"放在了首位，好的口感能让顾客保持食用习惯，从而增强顾客黏性，聚焦顾客舒缓助眠、提神醒脑、熬夜护肝、养发护发等"亚健康"诉求，为顾客带来了不一样的利益，实现了顾客价值的变革性创新。

2. 改进性顾客价值创新

改进性顾客价值创新是在企业充分研究顾客不断变化的需求的基础上，通过改进现有产品及其结构、改善服务状态、理顺业务流程等方式，满足顾客动态需求的过程。在顾客价值创新过程中，企业在产品、服务、业务流

等方面没有根本性变革，而是在原有基础上根据顾客变化的需求做出适当改进和调整，这是一种较为"温和"的顾客价值创新形式，也是企业推出一种新产品后，为获得持续的利润，延长产品生命周期，不断通过对产品改进升级，来提升顾客感知价值常用的一种顾客价值创新方式。例如，苹果的iPhone 手机已推出至 iPhone15，华为手机的 P 系列已推出至 P70，通过持续对手机的更新，实现了顾客价值的改进性创新。

案例：志高冰箱的改进性创新

在冰箱行业，志高可以说是后起之秀。与传统冰箱产品功能多样，寻求节能目标定位不同，志高推出了小型冰箱的概念，其目标顾客为白领等年轻用户。小冰箱，顾名思义为小型的冰箱，其配送方便，安装容易。更为重要的是，其根据白领青年等不经常做饭、常购半成品的习惯，将冰箱结构进行优化，上部为小规模的冷冻空间，下部为大空间的冷藏区，实现了对传统冰箱内部空间的改进性创新。推向市场后很快就吸引了年轻顾客的购买热情。

3. 模仿性顾客价值创新

模仿性顾客价值创新是在企业充分研究顾客不断变化的需求的基础上，通过对行业内其他企业或不同行业的企业的顾客价值创新形式的模仿，满足顾客动态需求的过程。在这种顾客价值创新形式中，企业不必耗费太多的成本，所以常常是一些小企业的选择，但在市场竞争较为激烈的条件下，大企业也常常通过模仿来超越竞争对手的顾客价值创新。

案例：腾讯的模仿性创新

腾讯集团是进行模仿性顾客价值创新的典范，彼得·德鲁克曾说，企业最有价值的资源是用户和技术。基于这两项资源，腾讯集团通过技术模仿，针对顾客需求，通过创新顾客体验逐渐建立自身商业版图：即时通信的 QQ

模仿 ICQ，对标 MSN 软件获得成功；移动支付平台财付通对标支付宝；在线会议平台腾讯会议对标 Zoom；微信视频号对标抖音快手等短视频平台。通过观察市场产品的更替，把握顾客的需求变化，然后推出类似的产品，使得腾讯能一直满足顾客需求，维持其商业地位。

根据创新度标准将顾客价值创新分为以上三种形式，但企业在发展中经常选择的是多种顾客价值创新形式，如腾讯迅速发展的手机游戏业务中，《王者荣耀》《天涯明月刀》等作品，在游戏设定和对战机制方面实现了变革性和改进性的顾客价值创新，同时采用了多种顾客价值创新形式。

二、依据顾客预知度标准的顾客价值创新形式分类

顾客预知度标准指的是企业在进行顾客价值创新时，其创新的价值是顾客现实需要的、还是潜在需求的，或是经过引导可引发的顾客需求。

1. 现实性顾客价值创新

现实性顾客价值创新是企业在充分研究顾客现实需求的基础上做出的一种在产品、服务或业务流程上改进和革新的顾客价值创新形式。顾客的现实需求是比较容易把握的，所以以其为导向进行顾客价值创新也是许多企业通常采用的顾客价值创新形式。

近年来，市场上蓝莓口味的食品日益增多，许多企业也在不断推出相关产品，反映出消费者对蓝莓口味的普遍偏好。而肯德基此前的圣代一直仅提供草莓和巧克力口味。为了响应这种现实需求，肯德基推出蓝莓口味圣代，体现了其在现实性顾客价值创新方面的实践。

2. 潜在性顾客价值创新

潜在性顾客价值创新是企业通过对顾客现实需求的研究，依据顾客的社会行为特征和心理行为特征，对顾客的潜在需求进行分析，并以其为导向做出的在产品、服务或业务流程上改进和革新的一种顾客价值创新形式。潜在性顾客

价值创新是企业的一种中期战略创新，它注重的是满足顾客未来的需求。例如，西门子公司在充分研究顾客的潜在性价值需求的基础上，开发出新款手机S57。S57 除和弦音乐、彩屏、内置相机（顾客的现实需求）外，又开发了独特的"闪亮拍"功能，从而满足顾客在夜晚或黑暗环境下的拍摄需求（顾客的潜在需求）。西门子这种潜在性顾客价值创新战略无疑是领先一步的。

案例：滴滴出行

人们传统的打车方式是路边召车，顾客经常面临长时间等车和打不到车的消费痛点，滴滴出行发现顾客这一潜在需求，开发了"滴滴出行"App，通过线上订车，将线上与线下相融合，从打车初始阶段到下车使用线上支付车费，形成一个乘客与司机紧密相连的 O2O 闭环，减少了乘客等车的时间，优化了乘客打车体验。同时，改变了传统出租司机等客方式，让司机根据乘客目的地按意愿"接单"，节约了司机与乘客的沟通成本，降低了空驶率。

3. 引导性顾客价值创新

引导性顾客价值创新是企业在研究顾客现实和潜在需求的基础上，针对竞争对手及顾客自身所无法预知的引导性需求设计的一种以产品、服务或业务流程上改进和创新为基础的顾客价值创新形式。引导性顾客价值创新是企业的一种长期战略创新，多发生在具有变革性的时代。

案例：AirPods 的无线蓝牙耳机

AirPods 的发展充分地体现了引导性顾客价值创新的意义，在其上市之前，有线耳机和头戴式蓝牙耳机长期占据便携耳机市场，而无线蓝牙耳机仍属小众产品，并不被市场看好。外形设计和无线耳机易丢的特征曾让其受到质疑。但是，在 AirPods 上市后，体验过的顾客意识到舒适、便携、无延迟的耳机带来的全新听觉体验。可以说 AirPods 的出现引导了众多手机和耳机厂商推出无线蓝牙耳机产品，奠定了此类产品在当前耳机市场中的主流地位。

企业在进行顾客价值创新时，很多时候采取的不只是一种顾客价值创新形式，而是对多种顾客价值创新形式进行整合。如滴滴出行，企业所进行的既是变革性顾客价值创新又是潜在性顾客价值创新；而肯德基推出蓝莓口味的圣代则既是现实性顾客价值创新又是模仿性顾客价值创新。

第二节　顾客价值创新的基本方法

顾客价值创新应以产品价值、服务价值、个性化价值、成本价值和品牌价值的提升为基础，围绕这些维度所提出的创新方法成为顾客价值创新的基本方法，包括产品价值创新方法、服务价值创新方法、个性化价值创新方法、成本价值创新方法和品牌价值创新方法。

一、产品价值创新方法

在顾客价值中，产品价值是企业在充分研究顾客需求的基础上，依托于实现"满足顾客需求"目标上的产品固有属性。也就是说，产品价值是建立在产品对顾客的有用性基础上的。如果企业生产的产品不能满足或是不能很好地满足顾客需求，即使在经济学的意义上这种产品是存在价值的，并且这种价值不是随顾客需求变化而变化的，这种产品对顾客而言并不具有好的价值。例如，曾经为业界广为看好的致力于新一代信息显示技术的独角兽企业柔宇科技，于 2024 年 5 月 15 日申请破产清算，原因是在竞争激烈的电子显示器市场中，其生产的折叠显示屏幕产品并没有建立差异化的优势，不能创造优于竞争产品的用户价值。因此，企业要真正实现产品价值的创新，必须适应顾客需求的变化，并据此设计出创新的产品价值，这是进行顾客价值创新的关键。

案例：富士的变与柯达的不变

2012 年，固守胶卷行业的柯达公司破产倒闭了，但同样依赖胶卷业务的行业巨头富士胶卷却存活至今。在数码技术刚刚出现之时，富士就预判到这将是未来照相的发展方向，投入数千亿日元研究数码技术，进行赛道更换。在此基础上，由于制药和制造胶卷中使用的精细化工技术具有同源性，富士开始与医学专家合作，共同开发治疗癌症的药品。胶卷中广泛使用的明胶源自胶原蛋白，富士将自己研发的防止照片氧化褪色的技术应用到延缓肌肤老化的化妆品中，推出艾诗缇护肤品系列。几条产业线共同支持了富士如今的辉煌。

在具体的方法上，产品价值创新方法主要可以分为老产品价值革新与新产品价值设计两种。

1. 老产品的评价与革新方法

老产品价值革新是指根据不同目标顾客价值需求调整产品属性策略，提升顾客价值。一般情况下，可以按以下步骤对企业现有产品的属性组合进行评价与革新。

第一步，用头脑风暴法和专家访谈法列出产品所有可能给顾客带来价值的属性；

第二步，剔除明显不合理、没有意义的产品属性；

第三步，采用问卷调查及大数据分析对产品各属性的重要度、集聚度和满意度三个指标进行调研分析；

第四步，运用科学的统计分析方法，把产品各属性按上面三个指标的统计数值置于细分模块内；

第五步，重复步骤三和步骤四，把所有保留下来的产品属性置于细分模块内；

第六步，根据产品各属性在细分模块内位置分布的对比，对产品属性进行评价和调整。

根据以上步骤对企业现有产品的属性组合进行评价后，产品的所有属性将会落在四个区域内，根据不同的区域，采取不同的革新方法。

1）高重要度、高集聚度区域

该区域内的产品属性需求集中，对顾客价值贡献大，是竞争的焦点及价值创新和竞争优势获得的源泉。该区域内的属性如果落在高顾客满意度区域，则说明它们构成企业产品的优势，也是产品的核心竞争力所在，该类属性应该得到企业的大力维护和巩固；如果落在了低顾客满意度区域，则说明它们构成企业的劣势，作为关键属性，它们必须得到加强，企业应努力把该区域内的产品属性提高到行业标准之上。对于那些位于该区域内而企业或行业没有提供的产品属性，企业则应该进行产品价值创新，增加其属性，为顾客创造全新的顾客价值。

2）高重要度、低集聚度区域

该区域内的产品属性对顾客价值贡献较大，但它们需求不集中。如果提供该区域内的产品属性利润率较高，或者这些产品属性具有较强的吸引力，企业可以进行定制化、个性化营销，为少数顾客提供个性化的产品；如果提供该区域内的产品属性不能为企业带来较高的经济效益，满意度低或对企业其他业务起到了削弱作用，企业则可以取消或削弱这些属性。

3）低重要度、高集聚度区域

该区域内的产品属性对顾客价值贡献不大，但顾客对它们的需求却又非常集中。该区域内的产品属性一般是基本属性，它们不是影响顾客价值决策的关键因素，不构成产品或服务的竞争优势，但它们却是产品必须具备的。一旦企业没有提供这些属性，或者这些属性落在了低满意度区域，它们就成为顾客不购买的主要原因。对该区域内的属性，企业至少应保持行业标准，使之落在高满意度区域，以避免由于该属性不满意而使顾客流失。企业还可以通过技术创新等产品创新手段，把基本产品属性提升到高重要度、高集聚度的属性区域，从而转化成关键属性，形成竞争优势。

4）低重要度、低集聚度区域

该区域内的产品属性对顾客价值贡献小，而且需求不集中。该类产品属性往往是因为企业的产品更新换代速度过慢，提供了不具竞争力的、已被市场淘汰的产品属性；或者因为产品提供者对影响顾客价值决策的关键因素认识不清，提供了功能过剩、多余的属性。对该类属性企业应该取消或削弱。

2．产品价值设计创新方法

基于顾客价值的产品价值设计创新方法，企业的首要任务是洞察顾客的真正需求。顾客需求偏好及其变化是企业产品设计和创新的关键驱动因素。在不了解顾客需求偏好的情况下，企业需要进行广泛的市场调研及大数据分析，以预测和把握顾客需求偏好。

本节以顾客价值属性为参数指标，来简单说明计算机行业的产品价值设计创新方法。计算机主要价值构成有 CPU、显示器、内存、硬盘、价格、主板和品牌七种属性。由于顾客对主板价值难以衡量，而企业在设计产品的时候，品牌是不能随意改变的，为简化起见，仅考虑其余五种属性。根据计算机市场上主流配置档次的高低，这五种产品属性又可分为多个层次：

CPU：酷睿 i3、酷睿 i5、酷睿 i7，分别用 A1、A2、A3 代替；

显示器：19.5 英寸、23 英寸、27 英寸，分别用 B1、B2、B3 代替；

内存（DDR）：16GB、32GB、64GB，分别用 C1、C2、C3 代替；

硬盘：250GB、500GB、1000GB，分别用 D1、D2、D3 代替；

价格：4000 元以下、4000～6000 元、6000～8000 元、8000～10000 元、10000 元以上。

企业可以根据表 7-1 中的调查数据，来预测和把握顾客需求偏好。

此调查表至少可以帮助企业了解顾客两方面的信息：一是顾客最渴望购买的产品。根据调查数据的统计，企业可以了解各种属性组合的虚拟产品的需求分布，需求最集中的产品都由哪些层次的属性组合而成。二是对各种属性组合的虚拟产品，顾客可接受的价位是多少。这样企业就可以设计出符合顾客需求的产品系列，并分别确定合适的价格。

表 7-1 计算机市场基于顾客价值的产品属性需求偏好调查表

产品属性组合	顾客可接受价位（元）					最希望购买的产品
	小于 4000	4000~6000	6000~8000	8000~10000	大于 10000	
A1B1C1D1						
A1B1C1D2						
A1B1C1D3						
A1B1C2D1						
A1B1C2D2						
……		……				……
A3B3C2D2						
A3B3C2D3						
A3B3C3D1						
A3B3C3D2						
A3B3C3D3						

除了市场调研，随着互联网和社交媒体的快速发展，顾客会在网上发布大量与产品和期望相关的评论信息，这些信息是产品设计的宝贵资源，大数据支持下的顾客洞见成为产品价值设计的又一支撑。这里的"大数据"包含两个要素：一是数据的量级和全面性，二是用来分析数据的工具和技术。大数据为产品价值设计带来的潜在好处包括：①为制造环节提供需求预测、供应链计划和销售支持，完善柔性生产能力，能更灵活地适应顾客价值需求；②在销售过程中通过顾客行为分析，实现产品陈设优化、劳动力投入优化、广告设计优化、配送和物流能力改进。

在洞察顾客需求的基础上，企业还需要结合内外部资源能力，实现满足顾客需求的产品价值创新方案，常见的产品价值创新实践合作方式如表 7-2 所示。产品价值创新方案的落地一般以企业间合作、企业与中介合作为基础条件，附加与科研机构或顾客的合作，实现高效且受到市场认可的产品价值创新。

表 7-2 产品价值创新实践合作方式

合 作 主 体	合 作 方 式
科研机构	企业研究人员与科研机构合作，通过技术改进实现产品价值创新
中介机构	企业与技术中介、金融机构、服务中介合作，获取技术资金、法律信息、人才资源，为产品价值创新提供资源保障
目标顾客	企业通过社交媒体、品牌社区及各类在线平台，收集创新资源、发起创新讨论，与用户保持密切联系，实时掌握外部创新信息
其他企业	当某些企业拥有相关专利技术，或行业上下游企业有类似的创新诉求时，可以通过技术转让或合作研发的方式来实现企业间共赢

此外，企业还可以通过增加产品属性和功能，满足顾客多种需求来提升顾客价值，实现产品价值创新。例如，海尔冰箱进入美国市场之初，选择大学生作为其目标市场，针对大学生居住空间小的特点，提供 60 升的冰箱。一般冰箱台面为铁质，而海尔采用木质复合板台面，可以趴在上面写文章；后来又把台面变成可拉式，拉开后冰箱变成桌面（电脑桌），满足了大学生的多种价值需求，提升了其顾客价值。

案例：小米新品的失败之作：红米 Pro

小米手机作为国产手机中的代表，其性价比长期受到用户认可。2016 年 7 月发布的红米 Pro，可能是小米最没有性价比的手机之一。搭载联发科 X25 的处理器，跑分、续航都不如红米 Note3，相机只用了 1300 万+500 万像素的双摄，搭配 3GB+32GB 的存储空间，配置实在是寒酸。

红米一直是小米中低端机型品牌，价格也是维持在千元左右，但是红米 Pro 尊享版（4GB+128GB）却卖到了 1999 元，直逼当时的旗舰机小米 5。可惜，红米 Pro 的性价比实在不高，最后销量惨淡。

没有性价比的手机，顾客自然不会买账，两个月后便直降 400 元，尽管起步价降到了 1099 元，但依然不好卖，最后只能清完库存就草草下架。红米 Pro 之所以失败，归根到底是用户对该手机的设计属性有较低的价值感知。

二、服务价值创新方法

对作为附加产品或本身就作为一种"产品"的服务来说，其价值创新
更具复杂性，这主要是由服务区别于有形产品的特点决定的。尽管服务本
身的特点使服务价值创新变得更为复杂，但服务价值创新并非混乱无序、
无规律可循。在对服务价值创新方法的探讨过程中，在国内外有关服务创
新研究的基础上，本书建立了一个可以普遍应用的服务价值创新模式，如
图 7-1 所示。

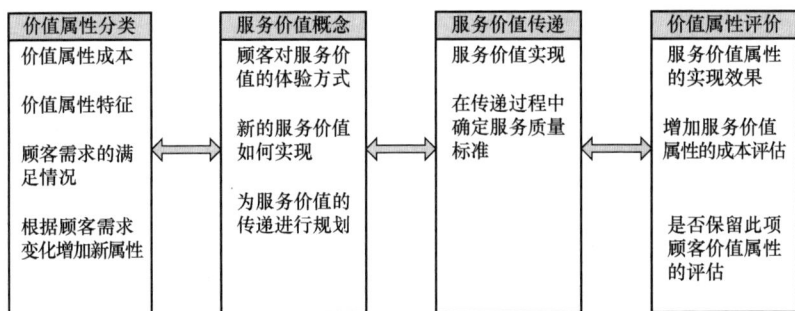

图 7-1　服务价值创新模式

一般情况下，服务价值创新涵盖服务形式、服务内容和服务手段创新三
个方面。

1. 服务形式的创新

服务形式是企业为顾客提供服务的具体方式，是企业服务理念的真诚体
现。它的内容主要包括服务意识、服务态度、服务技能、服务质量、服务效
率和服务环境等。服务形式虽然不是企业服务的根本，但良好的服务形式却
可能使较为普遍的服务属性得到更好的体验，从而提升顾客的感知价值。中
国著名企业海尔就是凭借其顾客服务形式的创新获取了顾客满意，甚至是顾
客忠诚。海尔的以客户为中心、"我是海尔我微笑"的服务形式使顾客产生了
一种被尊重、被重视的感觉，直接拉近了其与顾客的心理距离，增强了顾客
对服务属性的价值感知。反之，以企业为中心的服务形式，往往会使顾客感

到企业高不可攀而敬而远之，这显然对顾客缺乏吸引力，有时甚至会造成误解和反感。例如，现在一些餐饮企业，其服务态度、服务质量、服务效率、服务环境都有很大的缺陷，导致顾客对其服务内容也不抱有任何信心。不同的服务形式可以带来截然不同的效果，所以在服务形式上的创新对于企业是非常重要的。

2. 服务内容的创新

从狭义上讲，服务内容是指企业能为客户提供什么样的服务产品；而从广义上讲，是由企业同有形产品销售一起提供的或直接出售的能够满足社会生产或生活需要的一切利益和活动。随着社会经济的发展，服务已成为企业的重要产品形态，通过服务内容的创新来提升顾客感知价值，成为企业竞争的一种重要手段，越来越多的企业将服务内容的创新纳入企业的竞争范畴。众多制造企业不断进行服务内容的创新，甚至有一些企业试图向服务型企业转变。例如，IBM 公司将自己定位为服务运营商，海底捞通过服务内容创新从一家小的餐饮公司成长为大型餐饮连锁集团。

案例：海底捞的服务内容创新

毛肚、肥牛、五花肉、脑花、土豆……几乎每一家普通火锅店都提供这些菜品，当人们拥有这么多选择的时候，为什么还要选择海底捞？提起海底捞，人们总是会与其提供的无微不至的附加服务相挂钩。例如，顾客等位时，免费提供瓜果、蔬菜、小吃盘、饮料、眼镜布、指甲油等；就餐时打折、抹零、免单、赠送礼物、为独自一人的顾客提供陪伴娃娃、提供手机套膜、围裙护袖、热毛巾等，打造出与其他餐饮服务的差异化。这些精细化的附加服务基本上包含了顾客餐前、餐中及餐后全部的需求，铸就了海底捞的品牌王国。也正是这些看上去跟餐饮服务关系不大的附加服务，使海底捞在行业中积累了较高声誉，通过不断地创新服务内容，持续提升了顾客价值。据调查，约有 68.3%曾在海底捞就餐的顾客至少每月光顾一次海底捞，而

98.2%曾在海底捞就餐的顾客愿意再次光临。海底捞独具特色的服务，为顾客带来了不一样的价值感知。

3. 服务手段的创新

企业的服务手段一般指有形的服务设施和服务工具，所以服务手段创新实质上要求企业加快服务设施、服务工具的改进与升级。服务手段的创新主要取决于三个因素：一是技术力量的支持，二是服务人员的服务技能，三是服务网络。

在服务价值创新上，国际上有许多企业做得很好，而且越是做得好的企业，其发展速度越快。作为世界知名企业的 IBM 无疑是服务价值创新的典范。正是这种服务价值创新使 IBM 从传统的制造商成功转为服务运营商，从而造就了"新巨人"时代。

IBM 树立了创新的"IBM 就是服务"的理念，清楚而又准确地阐明了企业的指导思想。也就是说，IBM 公司就是要在为用户提供最佳服务方面独步全球。IBM 根据顾客需求，将其服务内容重新定义为五种：与产品相关的服务、集成式服务、顾问型服务、教育训练服务、外包式服务。正是因为 IBM 提供了如此丰富的服务种类，IBM 的服务收入占到其总收入的 30%，在大中华地区，IBM 的服务业绩以每年 50%的幅度攀升。而在大中华区的 4000 多名员工中，每 100 人中有 40 人是隶属于 IBM 服务部门的。这一组数字很清楚地表明 IBM 提供的不仅是产品机器，还有完善的服务。与此同时，IBM 将其产品推销员训练成为用户困难的解决者。以这样的服务理念作为指导，IBM 在服务方面的工作可以说几乎达到无懈可击的地步。

服务离不开客户关系管理，IBM 就 CRM 做出了独特的创新工作。首先，IBM 根据不同行业、不同顾客对服务体系进行重新建设，以便于更好地为顾客服务；其次，IBM 从战略上构建了全方位的顾客服务体系——全球服务部；最后，IBM 将 360°客户服务的企业文化逐渐变成公司全体员工的自觉行动。随着互联网技术的迅速发展，IBM 也将其 CRM 演进为 eCRM，从而拓展了其为顾客服务、创造价值的能力。

案例：胖东来：特色服务创造服务价值

成立不到 30 年的胖东来超市，在传统商业经营纷纷陷入困境时，逆势而上，发展成为河南省领先的连锁商超企业，胖东来的成功与其独具特色的服务是分不开的。

一是细致入微的服务体验。胖东来超市在细节上做得非常到位，如生鲜区提供撕拉袋、冷冻柜准备手套、杂粮区设置不合格杂粮存储瓶等，这些举措都极大地提升了顾客的购物体验。

二是丰富的便民设施。胖东来超市提供了多种便民服务设施，如免费饮水处、休息区、免费雨衣、送货上车等，让顾客在购物的同时感受到家的温馨。

三是温馨的购物提示。胖东来超市内随处可见温馨的购物提示，如安全提示、商品使用说明等，这些提示不仅体现了对顾客的关心，也提升了顾客的购物体验。

四是完善的售后服务体系。如不满意就退货，顾客投诉建议渠道等，提升了顾客的满意度。

以人为本的经营理念、员工关怀及福利，保证了胖东来超市渗透在门店各个环节的细节服务落实到位。高效的运营系统和成本控制体系支撑着胖东来独特的服务价值创造体系。

三、个性化价值创新方法

在这样一个彰显个性的时代，顾客在消费的过程中总是以自我为中心，期望企业能给予他们个性化的关怀，关注顾客这种心声的企业就会赢得顾客的支持。为顾客提供个性化的价值已成为顾客价值的重要组成部分。DELL公司曾经是世界排名第一的计算机产品及服务的提供商，而 DELL 之所以能做到计算机市场的领导者，与 DELL 公司直接向顾客提供符合行业标准技术的计算机产品和服务，有效和明确地了解顾客需求，按照顾客的要求制造计算机是密不可分的。与此同时，DELL 公司利用互联网与顾客互动，使顾客可以监控自己订购产品的制造及配送过程，从而为顾客创造了个性化的价值。通过对顾客个性化需求的满足，DELL 公司形成了自身的核心竞争力，进而不断增强和扩大其竞争优势。正是这种全新的顾客个性化价值的实现，帮助 DELL 创造了属于它的神话。

DELL 的成功无疑说明了个性化价值创新的重要性，从另一方面来看，DELL 的个性化价值的提供也是在一定的规范、标准和程序上建立起来的。所以，企业在进行个性化价值创新的时候，要注意个性化价值创新的规范、标准和程序，不要盲目地进行个性化价值创新，而搅乱了企业的正常经营活动。一般来说，企业为顾客创造个性化价值都会遵循图 7-2 中的个性化价值创新系统。

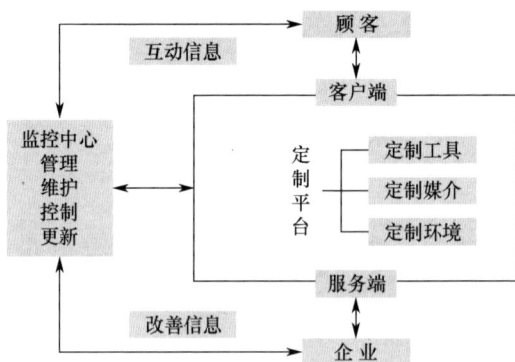

图 7-2 个性化价值创新系统

在图 7-2 中，企业与顾客通过各种媒介建立的定制平台进行交流，顾客在这个平台上提出个性化需求，企业在平台上为顾客创造个性化价值，并根据顾客需求不断进行个性化价值创新。

随着制造企业转向数字化和服务化，个性化价值创新变得更加敏捷，通过在开发过程中与顾客直接进行沟通，共同创造并积极响应变化，可以实现短时间内交付定制化的产品或服务的功能。这种价值创造的过程并不是线性的，而是高度迭代的，可能并行发生，或者以可变的顺序发生。这种方法的主要好处包括通过专注于这种个性化的短迭代，以及在创新过程中与客户直接的共同创造约定，共同创造价值主张，并以更快的速度和最小化的风险创造个性化价值主张。

案例：字节跳动为用户创造个性价值

今日头条是北京字节跳动科技有限公司开发的一款基于数据挖掘的推荐引擎产品。基于个性化推荐引擎技术，利用人们的社交行为、阅读行为、地理位置、职业、年龄等数据挖掘出用户的兴趣。通过社交行为分析，5 秒就可以计算出用户兴趣，根据每个用户的兴趣、位置等多个维度进行个性化推荐新闻、音乐、电影、游戏、购物等资讯。

四、成本价值创新方法

顾客在进行购买决策的时候，不但要衡量产品或服务所带来的顾客感知价值的大小，还要权衡需要为此支付的顾客成本（也就是顾客要考虑到的成本价值）。顾客成本主要包括货币成本、时间成本、体力成本和精力成本，作为非货币成本的后三者需要通过服务、业务流程的改进来降低，这在服务价值创新、个性化价值创新中已经有详尽的阐述，在这里不再讨论。而产品或服务的价格（货币成本）作为顾客成本的重要组成部分，也是顾客最为敏感的因素。企业进行合理的价格创新是进行成本价值创新的关键，由此可以降低顾客对成本大小的感知，提升顾客感知价值。

企业进行价格创新的时候，可以采取成本控制以取得低成本、低价位竞争优势，也可以在保持价格不变或定高价的情况下，采用合适的定价方法，降低顾客对价格的敏感性，提高顾客的支付意愿。前一种成本价值创新方法的实施在更大程度上是在企业内部寻找降低成本的方法，很多时候取决于企业的规模、技术水平、供应链效率等因素，采用此种方法，最重要的是要努力扩大企业规模、提升供应链效率、开发新技术，例如，美国西南航空公司采取的低成本战略，就是为了适应目标市场的价值需求，通过优化服务产品和服务流程降低成本，进行成本价值创新，提升了顾客价值。基于此，我们不对第一种方法进行详细的描述，将对第二种成本价值创新方法做深入的探讨。在采用合适的定价方法时，必须充分考虑其顾客的价格敏感性才能有效地进行成本价值创新。

1. 顾客的价格敏感性心理

顾客在进行价值决策之前，已经在头脑中形成了一定的价值预期，并愿意为这一预期价值支付一定的价格，我们称其为价格预期或价格参考。而顾客对价格的敏感性心理则是指顾客对商品价格的变化在心理上所形成的反应程度和速度。

顾客的价格敏感性心理具有以下特点：

① 顾客对价格参考点附近区域内的价格变动敏感程度小，对跨越此范围的价格变动敏感程度大。所谓价格预期，实际上是一个范围，顾客并没有给产品的价值一个精确的预期，而是仅给出可以接受的一个范围。顾客对此范围内的价格变动不敏感，但一旦价格变动超过此范围，顾客就会变得十分敏感。

② 在相同的变动幅度下，顾客对价格提升的敏感程度大，对价格下调的敏感程度小。在价格变动幅度相同的情况下，提升价格所带来的顾客反感要远大于价格下调所带来的顾客喜悦。预期理论中的"财富效应"告诉我们，顾客对价值的损失要比同等价值的获得更为敏感。

③ 顾客对习惯消费品的价格变动敏感程度大，对耐用品的价格变动敏感程度小。对习惯性用品，顾客相对比较熟悉，价格预期更接近于真实价值，它们的价格出现很小的变动就能引起很大的顾客敏感性。而对于耐用品，由于顾客购买次数少，相对不是很熟悉，价格预期很容易受外界因素的影响，对价格变动相对就不是十分敏感。

同时，顾客价格敏感性心理还受性别、年龄、收入等因素的影响。一般来说，女性对价格的敏感性要大于男性；中老年人对价格的敏感性要大于年轻人；低收入顾客对价格的敏感性要大于高收入的顾客。

企业进行价格创新，就是要利用顾客对价格的敏感性心理，降低顾客对高价位的敏感程度，从而降低顾客对成本的感知，提高顾客对价值的感知。

2．提高价格参考

企业要想真正降低顾客对高价格的敏感性，最根本也最有效的方法就是提高价格参考。顾客预期价值与其愿意支付的价格提高了，顾客接受高价位的产品就变得顺理成章。

1）产品线定价方法

产品线定价方法可以使产品线上系列产品的价格相互影响。企业通过在现有产品线的顶端加入更高价位的产品，可以使顾客参考价格提高，产品线上其他产品就显得相对便宜。如公司已有中低档产品，此时推出高价位的新产品将有助于中档产品的销售。

2）次序效应

顾客所观察到的各种报价的排列次序会对其价格参考产生影响。在顾客纵览各种报价的时候，放在前面的报价更容易影响顾客的价格预期。例如，顾客希望购买一款价位在1500～2000元的手机。如果商场的手机价位按照从低到高的次序排列，将会使顾客的支付意愿降低，因为他首先看到的是1000元左右的低档系列，此时他很有可能将价格预期下调到1500元以下，并产生购买冲动。而如果他首先看到的是6000元以上的系列手机，然后报价慢慢降低，顾客就有可能对2000元以上价位的手机产生购买冲动。

3）偶遇价格暗示效应

考虑购买刺激对顾客期望的影响时，就涉及偶遇价格的暗示效应。偶遇价格的暗示效应对价格参考的影响类似于次序效应，只不过偶遇价格的暗示效应应用于不同类商品之间。如顾客在公园、游乐园游玩时，会发现餐食和娱乐项目的普遍收费都很高，在这种前提下，景区的文创雪糕 15～30 元的价格区间就变得可接受。而在便利店情景下，许多零食饮料单价在 10 元以内，如果在冰柜里翻到一只定价 10 多元甚至 20 多元的雪糕，就会觉得非常昂贵。偶遇价格暗示效应还可以合理地应用于商店的陈列摆设。如有些商场总喜欢在最低楼层排列豪华昂贵的商品；有些珠宝商店会在店中摆设一个"镇店之宝"，并用醒目的数字标上非常昂贵的价格，以衬托商店的高档性和其他商品的物有所值，从而调节顾客的期望和支付意愿。

3. 降低顾客对高价位的敏感性

降低顾客对高价位的敏感性，可以通过构造收益和损失两个方面来进行。收益和损失可以单独强调，也可以组合诉求。

1）强调消费减少的损失

由于顾客的价格敏感性心理，顾客对价值损失的敏感程度要大于同等价值收益的敏感程度，所以强调顾客可以减少多少损失比强调增加多少收益更有效。如宾馆往往以高峰时期的高价来定位住宿价格，然后在大部分时间都进行打折优惠，给顾客带来减少损失的感觉，也很容易让顾客接受。但如果按淡季的低价位来定位住宿价格，在旺季的时候再提高价格，顾客会觉得天天提价，从而产生遭受损失的心理。

2）强调不消费增加的损失

强调不消费能给顾客带来哪些损失，自然让顾客相信消费可以避免这些损失。有些类别的商品，强调不消费可能带来的损失比强调消费可能带来的收益更有效。如医药行业，商家总是强调人类存在着哪些健康问题，如果不及时诊治会给顾客带来哪些危害。类似的还有保险行业、家庭安全行业（如防盗门）和一些特殊人群市场（如狐臭患者）等，这种情况下，强调不消费可能带来的负面效果更有说服力。

3）强调消费增加的收益

对于有些商品，向顾客强调消费可能带来的收益，通过构造产品的正面收益来降低顾客对成本的敏感性，往往比强调损失的减少更有效果。如化妆品强调令人更漂亮、更迷人，餐饮强调口味，时装强调时髦等。对这些商品的诉求，过分强调不消费所带来的负面效果，显然是倒胃口的。

4）掩盖顾客损失

商家可以利用较大的顾客损失掩盖其他商品较小的顾客损失，进行捆绑销售，通过对更高价位商品的对比来掩盖商品本身的高价性。如一般顾客购买几千元的音响，显然要经过仔细的权衡与评价。但在他购买了40万元的高级轿车时，附带购买一个数千元的音响就变得十分"果断"。这是因为，由于货币的效用递减规律，顾客对成本损失的敏感性呈递减规律。另一种掩盖顾客损失的方法是利用较大的顾客收益。如在咨询行业，公司常向顾客介绍自己的方案能为顾客节约多少成本、创造多少收益，然后从中抽取一定的比例作为咨询费用。告诉顾客从多获得的 10000 元收益中抽取 100 元的咨询费用，显然比直接定价 100 元更容易让顾客接受。

提高价格参考是降低顾客对价格敏感性最根本最有效的方法，同时企业还需要合理地利用顾客对收益和损失的敏感性，降低顾客对价格的敏感程度。通过在定价方法上的创新，企业可以较有效地实施成本价值创新方法。

案例：拼多多，更低的价格

拼多多是一家专注于 C2M 拼团购物的第三方社交电商平台，成立于 2015 年 9 月。用户通过发起和朋友、家人、邻居等的拼团，可以以更低的价格拼团购买优质商品。拼多多通过凝聚更多人的力量，用更低的价格买到更好的东西，让顾客体会到更多的实惠和乐趣。这种社交电商思维的创新，体现了企业在顾客成本价值方面的创新。

五、品牌价值创新方法

注重品牌意识，实施品牌战略，是企业迎接市场挑战的一个重要法宝。

与其载体产品相比，品牌的优越性在于，它能以更清晰的定位、更经常的频率、更持久的影响力参与到顾客的生活之中。当顾客选购或使用了某一产品后，必然把自己的质量观念转移到该品牌身上，这样品牌就构成了顾客评价的实际客体，无形之中增加了一种附加价值，同时一些品牌还具有强烈的社会心理寓意，例如，戴比尔斯（De Beers）的"钻石恒久远，一颗永流传"，一颗小小钻石传递了浓厚的情感价值。当产品以其优质满足了顾客需求时，会导致顾客对该品牌相关产品广泛而持久的信赖和忠诚，为顾客带来信任利益，拟人化的品牌还会为顾客带来情感价值和象征价值。由于技术的发展、顾客需求的变化和市场竞争的加剧，企业必须时刻注重品牌价值创新。

所谓品牌价值创新，就是在一定的成本范围内，在不断改进产品、服务，履行对顾客承诺的基础之上，提升品牌价值满足顾客对产品或服务的更高价值目标的追求。品牌价值创新可以是更改品牌价值属性，也可以是赋予品牌全新的价值属性（如对现有品牌深度与广度的开发延伸，拓展品牌新的领域），还可以是企业通过对品牌实施新的营销策略，实现对品牌价值的管理和维护，以达到品牌价值创造和价值增值的目的。

企业要进行品牌价值创新，是因为这可以提高顾客感知价值，降低顾客对成本的敏感程度。通过品牌价值创新，有助于增强顾客购买信心，提高其忠诚度，降低购买风险；增加品牌的形象价值，提高情感价值，降低顾客对成本的敏感程度。品牌价值创新还可以为企业创造价值，通过品牌价值创新，能够增强顾客对相关产品广泛持久的信赖关系，增加复购率和实现交叉销售；可以促进品牌声誉的价值溢出，促进品牌资产的扩张；可以建立阻止竞争对手进入的有效屏障。

品牌价值创新可以从以下几个方面来进行：品牌特性定位的创新、品牌价值的创新、品牌深度和广度的创新及品牌管理与维护的创新。

根据顾客需要层次理论，顾客的需要和价值索取是不断升高的。过去那些曾被认为合理且具有吸引力的品牌价值承诺与诉求，可能在未来变得苍白无力。

案例：东方甄选，以知识价值破圈

当直播带货通过直播间的喧闹和花样繁多的福利吸引顾客时，作为直播带货市场后来者的东方甄选，没有采用通过低价吸引顾客的传统直播带货模式，而是将新东方作为知识传授者所构建的品牌价值诉求融入东方甄选的直播带货场景，创造了直播带货中的双语带货、产品溯源、名人访谈、文旅宣传等多种新颖的带货模式，在商品销售的同时为顾客创造了知识价值，实现了品牌价值的创新。

品牌价值创新方法要以提高品牌的差异化价值为目标。

1）品质领先、技术先导，构建品牌功能价值差别优势

品牌的功能价值差别优势是指品牌产品在自身特性或个性方面与其他品牌相比所具有的优势，如由产品的质量、性能规格、包装、设计、样式等所带来的工作性能、耐用性、可靠性、便捷性等差别。品质差别是品牌价值差别的核心，而技术是一切品质的终极决定因素。企业在进行品牌价值创新的时候必须以技术为先导。先进的技术可以让企业较早地开发和引进新的产品，先进技术所形成的"先动优势"，可以让企业形成短期的垄断。如英特尔公司对计算机存储器的不断技术创新，制造了一代又一代的新型存储器，也创造了显著的品牌价值差别优势。

2）顾客至上、服务至诚，构建品牌附加性实用价值差别优势

构建品牌附加性实用价值差别优势，企业必须建立顾客至上、服务至诚的经营理念。首先，要保证服务的迅速性。顾客在消费产品的时候，存在诸多服务问题。企业对待顾客诉求要反应灵敏、行动快捷，尤其是针对投诉问题，迅速回应顾客，及时解决顾客问题是维持顾客品牌忠诚的重要保证。其

次，要保证技术的准确性。技术的准确性是指企业在提供支持服务时，所采用的措施、策略和方法必须适当、可靠、适用，并能够彻底解决问题。再次，要保证服务的全面性。企业在提供服务的时候，必须按照承诺，提供全过程、全方位的服务；最后，还要保证服务人员有足够的亲和力。在服务过程中，员工的态度会形成不同的人员价值，这对于顾客的价值感知和满意度是具有重要意义的。如海尔围绕"真诚到永远"这一品牌理念所构建的服务体系为顾客带来独特的服务价值，创造了海尔品牌的附加性实用价值差别优势。

3）塑造内涵、强化个性，构建品牌联想价值差别优势

品牌对顾客心理和行为都会产生一定的影响，针对一个品牌，顾客总会产生一些相关的联想。人们看到海尔，就会想到海尔兄弟、青岛制造、"真情到永远"。品牌联想能够影响顾客的购买心理、态度和购买动机，所以品牌联相能够提升顾客感知价值。品牌联想是品牌内涵塑造和个性强化的结果，要想构建品牌联想价值差别优势，首先必须塑造品牌的内涵，强化品牌的个性。

4）适应时代、绿色发展，构建品牌社会责任价值差别优势

品牌，尤其是制造企业品牌，需要顺应政策和顾客价值观诉求，展示其保护环境、肩负社会责任的品牌形象。随着各国政府和环保组织的公益宣传，环境责任正逐渐成为品牌建设中"不可回避的优先事项"。品牌的社会责任价值不仅可以增加对环境议题敏感顾客的好感，也能在大部分顾客的观念中留下积极的企业声誉，树立良好的品牌形象，使得企业能够区别于竞争对手。从使用可循环利用原材料生产、运输包装过程中减少资源消耗，到产品环境友好设计、使用和丢弃环节减少环境损害，企业的绿色发展和环境责任实践可以引发顾客对品牌价值的认同和偏好，从而积累差别优势。如麦当劳中国持续开展的"绿色包装"行动，为品牌注入了良好的社会责任价值。

不考虑品牌价值属性发展与继承的关系，盲目地进行品牌价值创新是很危险的，有时候会破坏一个优秀品牌的良好形象，甚至会毁掉一个品牌。因

此，在企业进行品牌价值创新的时候，应以实现以下目标为原则：首先，企业在实施品牌价值创新的时候，要保证品牌能作为一项无形资产而产生一定的溢价能力，能够成为创造未来盈利能力的资源，能给企业带来更大的长期收益；其次，通过品牌价值创新，企业能够使品牌成为顾客购买决策的重要影响因素；再次，通过品牌价值创新，能够真正提高顾客感知价值，并能不断提升品牌的知名度、美誉度和忠诚度；最后，品牌价值创新应该和顾客情感联系起来，带给顾客以信任感、亲切感，从而维护品牌与顾客之间的良好关系。

案例：格力空调，以科技推动持续品牌价值创新

从"好空调，格力造"，格力掌握核心科技，到"格力，让家更美好"，格力广告语的变迁，诠释了格力在几十年中，从朴素地追求产品品质，为顾客提供高质量空调的品牌理念，到以科技创新，追求品质卓越创造优异顾客价值的品牌理念的发展历程。通过技术夯实基础，科技改变生活，这一持续的品牌价值创新之路，多年来，格力空调以其优异品质受到顾客的喜爱，成为空调市场持续为顾客创造价值的典范。例如，格力推出的国风空调，融合了传统文化与现代科技，引领了家电新潮流。

第三节 顾客价值创新策略

顾客价值创新的基本策略构成了企业进行顾客价值创新的基础，而在此基础上，企业需要对其顾客价值创新策略有更灵活的应用，在顾客价值创新策略实施时，很少会采用单一的顾客价值创新策略，所以在本节将结合相关理论介绍几种较为常见的顾客价值创新策略。

一、顾客价值领先策略

1. 总顾客价值领先策略

总顾客价值领先策略是指企业在经营的过程中，以顾客需求为导向，围

绕产品、服务，以及个性化等方面，进行顾客价值创新，使本企业在所能创造的顾客价值上超越竞争对手，从而跳出激烈的竞争环境，并以此吸引和维护顾客的策略。

在国内的家电行业，总顾客价值领先策略实施最成功的莫过于海尔集团。海尔的发展经历了如下四个战略阶段。

① 在名牌发展战略阶段，国内冰箱供不应求，在别的厂家大上快上生产线，追求产量、追求利润，对产品质量并不注重的时候，海尔却把注意力投向质量，率先创新性地生产出国内乃至亚洲第一台四星级冰箱，在 1988 年获得中国冰箱行业历史上第一块质量金牌。

② 在多元化发展战略阶段，海尔开始把重点转向服务价值创新。当时，国内厂商的服务还只停留在售后维修层次上，很少关注顾客在服务方面的需求。海尔在不断完善服务质量和内容的基础上，于 1996 年向社会推出"国际星级一条龙服务"。这项服务价值创新的核心内容是从产品的设计、制造到购买，从上门设计到上门安装，从产品使用到回访服务，不断满足顾客新的需求，并通过具体措施使开发、制造、售前、售中、售后、回访六个环节的服务制度化、规范化。1996 年，这种"国际星级服务"使海尔作为唯一的亚洲企业获得了美国优质服务科学协会颁发的"五星钻石奖"。海尔集团再次以独树一帜的优质服务走在了中国家电行业的前列。

③ 在海尔集团国际化发展战略阶段，顾客的个性化需求成为推动企业发展与创新的核心力量，谁能够以最快的速度满足顾客个性化、多元化的需求，谁就会具有强大的竞争力，否则就会逐渐被顾客所抛弃。因此，海尔集团进行了一次有史以来最艰苦的革命——以市场链为纽带的业务流程再造。业务流程再造后，海尔集团达到了预期的效果：以最快的速度提供满足顾客个性化需求的产品。2001 年年初，上海改造分时段电表，晚间用电的价格大幅度降低。海尔集团马上研制出专用低价电的"分时家电"系列，如特有的智能定时加热功能的热水器，既避免长时间无效加热，又能按预先设置的时

间自动加热，充分利用峰谷电价政策，让顾客省钱。从获知消息，到计时家电的面市，海尔只用了一周的时间。海尔再次在顾客反应时间和速度上与竞争对手拉开了距离。

④ 在海尔集团生态化企业战略阶段，工业 4.0 不断改变传统企业的生产组织方式，海尔为适应时代发展的需求，2005 年张瑞敏首次提出人单合一模式。经过十六年的持续探索精进，人单合一已经成为物联网时代领先的管理方式。完成了海尔生态企业组织的转型，实现了通过数智化构建以顾客需求为导向的价值共创生态系统。截至 2021 年，海尔连续十二年蝉联欧睿国际世界白电第一品牌。在此基础上，海尔创立了物联网生态品牌，并连续三年蝉联全球品牌百强榜中唯一生态品牌。

为实现总顾客价值领先策略，海尔在质量、服务、个性化与速度等方面都建立了比竞争对手优越的策略，在其不断变换的战略中，始终有一个不变的核心，即以顾客需求为导向，追求创造优异的顾客价值。

2. 差异化顾客价值领先策略

差异化顾客价值领先策略是指企业在经营的过程中，以顾客价值为导向，从产品、服务、形象及个性化等方面，进行顾客价值创新，使本企业在某些属性上提供的顾客价值超越竞争对手的顾客价值，从而获取竞争优势或摆脱与对手的竞争，以此吸引和维护顾客的策略。

许多企业通过保持或扩大他们的顾客群来寻求增长，通常会导致市场细分，出现更完善的定制服务来满足某种特殊需求。而基于价值创新逻辑的顾客价值领先策略则完全相反，它是对顾客所关心属性的全面提升，而不是关注顾客之间的差异。下面以法国雅高旅馆为例，看一看它是如何运用差异化顾客价值领先策略来重新设计他们的服务，以提高顾客感知价值的。

20 世纪 80 年代中期，法国的廉价旅馆业非常不景气。雅高旅馆的两位主席要求公司的管理层为顾客感知价值创造一个质的飞跃，管理者们被要求忘记他们所熟知的一切，包括现有的规则、惯例和行业的传统。

当时，法国廉价旅馆有两个目标细分市场：无星级旅馆和一星级旅馆的平均房价在 60～90 法郎，为要求房价低廉的旅客服务；二星级旅馆的平均房价为 200 法郎，以较好的客房吸引旅客。旅客要么为较好的住宿条件支付较高的房价，要么支付较低的房价，忍受噪声和较差的床位。经理们开始重新评价对顾客来说哪些是他们真正的共同需求。他们发现无星、一星、二星级旅馆的旅客都希望支付低价，能在旅馆舒适地睡一个晚上。他们根据广大旅客的共同需求，进一步思考了以下四个问题。

① 本行业被赋予的价值属性中，哪些属性是应该取消的？这个问题帮助管理者看清楚公司所提供的价值要素是否确实能提高顾客的感知价值。如有些行业惯例、规则、传统或标准，尽管它们对顾客感知的服务质量没有起到促进作用，甚至有时会降低顾客感知价值，但由于管理者没有意识到顾客价值感知的决定要素发生了根本性的变化，它们仍然被留了下来。② 哪些价值属性应该削减到行业标准之下？这个问题可以帮助管理者确定公司为了与竞争对手对抗和取胜竞争对手，自己的服务在功能设计方面是否有所过剩。③ 哪些价值属性应该提升到行业标准之上？这个问题迫使管理者发现公司在价值设计的时候，哪些价值属性对顾客来说是非常重要，但公司却没有让顾客满意的。④ 哪些价值属性是从未提供过而顾客又需要且应该由企业创造的？第四个问题的回答可以帮助管理者打破现有的行业界限，去发现全新的提高顾客感知价值的源泉。

通过上述分析，雅高公司管理人员推出了一级方程（Formula I）旅馆。他们认为廉价旅馆在某些方面为旅客提供了过多的服务。一级方程旅馆在这些方面提供的服务比许多无星级旅馆要少得多。例如，一级方程旅馆只在旅客登记入店与结账离店高峰时期，才安排接待人员为顾客服务。在其他时段，顾客自动办理登记和结账手续。旅馆取消了奢侈的餐厅、美观的休息室。客房很小，只有一张床、一些最基本的设备，没有书桌、文具用品、装饰品。客房内没有壁橱和衣服，只有几只行李架和一只柱式衣架。旅馆采用预制装配式建筑方式，以便利用规模经济效果，降低建筑成本，加强建筑质量控制，保证良好的隔音效果。按每间客房计算，一级方程旅馆的建筑成本比法国廉价旅馆的平均建筑成本低 50%。该旅馆的人工成本率在 20%～23%，而法国廉价旅馆的平均人工成本率却在 25%～35%。雅高公司利用这些方面节省下来的费用，来提高顾客最重视的服务属性的质量。一级方程旅馆的房价略高于一星级旅馆，服务质量却高于二星级旅馆。

一级方程旅馆差异化价值曲线如图 7-3 所示。

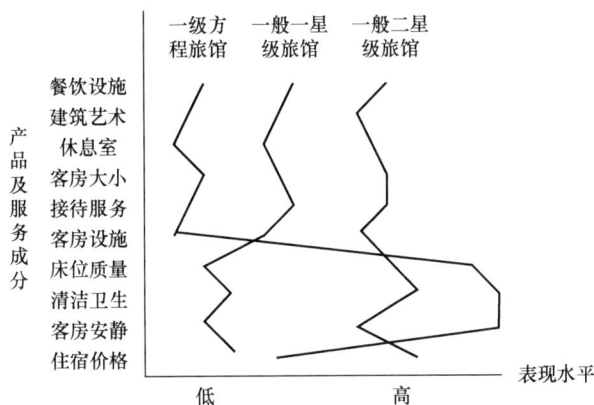

图 7-3　一级方程旅馆差异化价值曲线

推出一级方程旅馆之后，雅高公司不仅赢得了法国廉价旅馆市场的大批顾客，还扩大了这个市场。原先在汽车里睡觉的驾驶员、需要休息几个小时的公务旅行者，现在都会到这类廉价旅馆住宿。雅高公司在法国廉价旅馆市场的市场份额超过了其他五家最大旅馆公司的市场份额之和。

在传统的竞争战略思想中，行业内价值曲线的形状基本相同。大多数企业都不会对本行业公认的价值曲线提出挑战，竞争优势的提高通常是平移价值曲线，而不改变价值曲线的形状，如图 7-3 中从一星级旅馆到二星级旅馆的价值曲线移动。但是，迅速发展、经济收益极高的企业都会创造全新的价值曲线，极大地提高目标顾客群体的价值。雅高旅馆通过淘汰某些要素、创建某些要素，以及将某些要素减少或提升到行业前所未有的水平的组合应用，以差异化顾客价值领先策略创造了新的价值曲线。

总顾客价值领先策略适用于拥有的资源可以在多个属性上保持领先的市场领导者，如可口可乐、耐克等。对于资源有限的企业市场挑战者和市场补缺者，可以针对顾客非常关注的属性，形成局部资源优势，采用差异化顾客价值领先策略，例如王老吉、承德露露等。

二、顾客忠诚策略

第一章我们已经对顾客价值与顾客忠诚间的关系进行了较为深入的研究，这里我们将立足顾客价值创新策略对具体细节做进一步的探讨。

1. 顾客忠诚的价值

企业拥有稳定忠诚的顾客不仅可以形成规模经济、节约成本、增加利润，还可以形成口碑效应，有助于树立良好的企业形象。顾客忠诚对企业利润的影响，可以从以下指标中得到体现。

1）顾客开发成本

顾客的稳定有利于协调企业供应链的管理；有利于减少服务交互过程中的不确定因素，提高服务效率；有利于推出新产品、销售预测、服务供给等工作的针对性，从而大大降低经营成本。研究表明，对许多行业来说，企业每开发一个新顾客所消耗的成本，大约是维系一个老顾客所消耗成本的五倍，顾客流失率每减少 2%，企业的成本降低 10%。

2）顾客维系成本

顾客维系成本是指企业用来加强或维持、延长现有顾客忠诚的支出，包括了解顾客需求、提高顾客购买率、重新激活顾客等。一个老顾客的维系成本仅相当于一个新顾客开发成本的 1/5，而且，顾客忠诚时间越长，单位时间内顾客维系成本就越低。

3）利润增长

顾客忠诚与顾客利润之间存在着很高的相关性。随着顾客忠诚时间的延长，顾客对公司产品系列逐渐熟悉，顾客忠诚便会产生一种"溢出效应"，从而扩大对公司产品的消费量和消费种类，消费额会大幅上升。如果公司能够维持5%的顾客忠诚增长率，其利润在五年内就能翻一番。

4）顾客的增长

忠诚的顾客不仅自身会重复购买，还会产生显著的对品牌或产品的推荐和维护行为。一方面自发地通过"口碑效应"帮助企业宣传、推广产品，带来顾客的增长，从而增加公司产品的总销量和种类，使公司利润得到增长。另一方面，还会在其他顾客产生疑问或质疑的时候帮助其解答问题、回应质疑，维护企业声誉和产品形象，帮助维持企业的顾客群体。

5）超值价值

在大多数行业内，忠诚顾客对价格的敏感性要低于一次性购买顾客，而且忠诚顾客购买产品更趋于高档性。一般来说，老顾客愿意为产品支付的价格比新顾客要高。同时企业在推出新产品试销折扣、疯狂降价时，主要是为了吸引新顾客，所以在每一次消费中，老顾客往往比新顾客能给企业带来更多的超额利润。

通过上述分析，可见顾客忠诚的价值与平均每次购买量、利润率和忠诚时间成正比。顾客忠诚度对企业盈利能力的影响如图 7-4 所示。

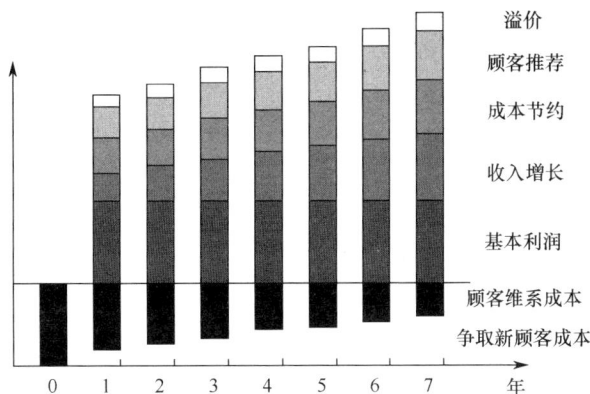

图 7-4　顾客忠诚度对企业盈利能力的影响

案例：小米的顾客忠诚度

顾客忠诚度是衡量产品竞争力的关键因素。数据调研机构 QuestMobile 公布的《QuestMobile2021 中国智能终端变迁史》的数据显示，小米手机的顾客忠诚度最高，顾客忠诚度由 2020 年的 37.7%提高到了 2021 年的 63.2%，也就是说在小米顾客中换新机后依然会选择小米的用户达到了 63.2%。小米取得如此之高的顾客忠诚度，一方面，离不开对于极致探索的追求和价格厚道这一为顾客创造价值的理念，坚持做"感动人心、价格厚道"的好产品。另一方面，离不开与顾客成为朋友。在 2021 年的年度演讲中，雷军继续将米粉放在第一位——"相信米粉，依靠米粉"。顾客忠诚度成为支撑小米在激烈竞争中赢得竞争优势的关键因素。

2．基于顾客忠诚的价值创新策略

1）构建转移购买壁垒

企业通过顾客价值创新构建转移购买壁垒的目的是延长顾客忠诚时间。企业可以从以下几个方面构建转移购买壁垒。

① 约束条件。当企业对顾客转移购买增加约束条件的时候，就会延长顾客忠诚的时间。如企业通过技术创新，开发出专有技术，推出不可替代或难以模仿的产品，像微软视窗操作系统所形成的技术垄断等。

② 沉没成本。除了约束条件，沉没成本也构成了顾客转移购买的壁垒。顾客在转移购买过程中，会发生沉没成本。如企业通过服务价值、品牌价值的创新使顾客与企业之间建立长期忠诚的情感，从而形成关系成本；企业也可以通过产品价值创新使顾客的转移购买造成相关产品不匹配而形成报废；或者在某种程度上浪费的累计购买优惠等。

③ 机会成本和预计风险。企业可以通过顾客价值创新，提高产品价值、服务价值等，以提高顾客转移购买所预计遭受的机会成本；同时，企业可以通过品牌价值创新，树立良好的企业和产品形象，使顾客对公司产生信赖，以降

低顾客购买本公司产品的预计风险，同时提高顾客转移购买的预计风险。

2）提升顾客价值

通过顾客满意来实现顾客忠诚。顾客满意是顾客忠诚的基础和前提。对企业来说，要想使顾客满意，就要比竞争对手为顾客创造更优异的价值。只有不断提高顾客购买商品所得到的包括产品价值、服务价值、人员价值和形象价值在内的总顾客价值，降低顾客购买商品所付出的包括货币成本、时间成本、精神成本和体力成本在内的总顾客成本，才能不断提高顾客价值。促使顾客产生良好的感知效果，实现顾客满意的目标，进而提升顾客忠诚。

案例："国潮"助力李宁实现顾客价值创新

随着"国潮"的兴起，李宁公司抓住近年来风靡趋势的先机，将国潮文化融入其品牌内涵，唤起新一代消费群体广泛的文化认同和强烈的文化自信，取得与年轻顾客情感的共鸣。"中国李宁"在国际时装平台上，选择复古元素，一改品牌往日沉闷呆板的形象，以民族自信重塑品牌形象。在传统文化复兴的使命号召之下，年轻人逐渐发觉和喜爱上别具一格的国粹精华，以李宁为代表的新国货成为中华民族传统文化和国际潮流文化之间衔接的桥梁。李宁成功地将其功能价值、情感价值、社会价值及享乐价值传递给顾客，使顾客产生与品牌的共鸣。

三、基于手段—目的链的顾客价值创新策略

1. 基于手段—目的链的市场细分与目标市场选择

企业的任何市场活动都要针对一定的目标顾客，顾客价值创新活动也是如此，基于手段—目的链的市场细分与目标市场选择为企业能够根据自身现有的资源能力，有针对性地进行顾客价值创新提供了依据，并使企业能够针对细分市场对顾客价值的感知特征，进行有效的价值创新。因此，市场细分与目标市场的选择成为任何企业进行基于手段—目的链的顾客价值

创新活动的起点。

根据前面对顾客价值要素的分解与顾客价值层级结构的分析，可以从以下几个角度进行市场细分。

1）根据产品属性的重要度进行市场细分

对于同一种产品或服务，不同顾客所关注的产品属性是不同的，市场细分的目的就是要以产品属性更好地满足不同顾客的需求，但企业的能力和资源是有限的，在多数情况下不可能也没有必要对每种产品属性都加以创新，因此，企业就要选择部分属性进行创新，选择的依据就是不同顾客对产品属性重要度的评价。例如，同为连锁咖啡店，星巴克重视人们对社交和学习场所的需求，所以将店铺设计、选址作为战略重点，强调生活方式。而瑞幸则针对咖啡饮品本身有需求、希望提神醒脑的顾客群体，因此基本不在店内设置座位，重视价格促销和外卖服务。

2）根据产品利益的重要度进行市场细分

不同的顾客从一种产品或服务中所追求的利益是不同的，这也可以作为市场细分的依据。通过调查，美孚（Mobil）公司识别了五种不同的利益细分市场和它们的规模：道路勇士：产品保险和有质量的服务（16%）；F 代：快速加油、快速服务和快速食品（27%）；实在的花费：品牌产品和可靠的服务（16%）；家庭实体：方便（21%）；价格购买者（20%）。

令人惊奇的是，尽管汽油属于标准商品，但价格购买者在买者中只占了20%。美孚公司决定定位于对价格不是很敏感的细分群体，并且提供良好的服务：清洁的房屋和卫生间、较好的照明设备及友好的工作人员。尽管美孚比竞争者每加仑多收 0.2 美元，但销售额增长了 20%～25%。

3）根据个人价值观进行市场细分

价值观的不同决定了顾客在选择产品的时候，对相同的产品属性所追求的价值观和利益都是不同的，在很多情况下，因为价值观是一种更稳定、更持久的影响消费行为的因素，所以通过价值观对市场进行细分就抓住了顾客的内在本性，进而影响他们对利益和属性的预期与感知，提高了顾客价值。表 7-3 列出了罗珀环球调研公司的顾客调查中的全球价值观细分群体。

表 7-3　全球价值观细分群体

细分群体	描　　述
奋斗者	最大的细分群体。强调物质目标和职业目标。发展中的亚洲地区有 1/3 的人都属于这一群体
虔诚者	成人的 22%。传统和责任非常重要。在发展中的亚洲、中东和非洲最为常见
利他者	成人的 18%。对社会问题和社会福利感兴趣。生活在拉美和俄罗斯的利他者最多
亲密者	成人的 15%。重视亲近的个人关系和家庭。喜欢烹饪和园艺
寻乐者	最年轻的群体。在发达的亚洲地区有着不相称的数量。喜欢去餐馆、泡酒吧和看电影
创造者	最小的群体，在全世界占 10%。对教育、知识和技术有强烈的兴趣。在拉美和西欧较为常见

4）根据手段—目的链进行市场细分

如果说基于产品属性、产品利益和个人价值观的市场细分为企业的顾客价值要素创新提供了依据，根据手段—目的链的重要度进行市场细分则为企业的顾客价值层级结构创新提供了方向。图 7-5 展示了以上四种细分市场间的关系。

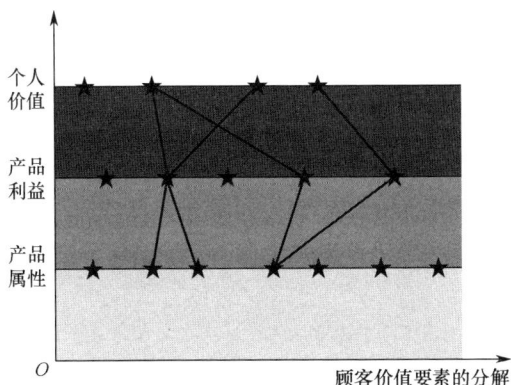

图 7-5　不同细分市场间的关系

图 7-5 中每一颗星的位置代表了基于产品属性、利益和个人价值的细分市场，而两颗星之间的连线则代表了不同细分市场所关注的要素间的联系，从产品属性到产品利益再到个人价值之间的连线，就是一个细分市场，不同

的细分市场，所关注的价值要素是不同的，而按照手段—目的链进行的市场细分，注重的是属性、利益和价值之间的联系，因此，即使关注的价值要素是一样的，也可能处于不同的细分市场。

2．顾客价值创新目标市场的选择

价值创新就是要针对不同细分市场的特点，采取不同的创新策略，从而更好地满足目标顾客的需求，提高顾客感知价值。但是，企业创新能力及每个细分市场的发展盈利空间都是有限的，因此，企业就要有目的地选择部分细分市场来进行价值创新活动。价值创新活动目标市场的选择除了要考虑传统的一些因素（如细分市场的获利能力、市场规模等），还要考虑针对该细分市场的顾客价值创新空间有多大，以及企业的创新能力能否获得价值创新的成功。

1）价值要素偏好者目标市场

根据前面的市场细分，很多顾客追求的可能就是产品或服务的某一属性、产品或服务能够带来的某种利益或是为了实现心中的最终目的。图 7-5 中的一颗星就代表一种这样的细分市场。这类顾客不会将属性、利益和价值联系起来看待。例如，很多顾客为了防止蛀牙而去购买产品，但他们却不关注产品的属性，甚至不关注产品的类别。因此，含有氟化物的牙膏和能够防止蛀牙的口香糖都有可能成为他们选中的商品。

针对价值要素偏好者目标市场，价值创新的空间比较大，难度也比较小，而且企业可以通过市场活动，说服目标顾客从其偏好的价值要素开始，建立属性、利益和价值之间的联系，将认知活动延伸到整条手段—目的链，从而形成对企业产品的信任与忠诚。

2）手段—目的链偏好者目标市场

在如今这个理性与感性消费并存的时代，很多顾客已经成为手段—目的链偏好者。图 7-5 中的一条手段—目的链代表一种既有的这种目标市场。这种顾客通过企业的市场活动、自身对产品知识的积累、消费习惯等，在心目中已经形成了固定的手段—目的链，而且这些手段—目的链一旦形成，就很难改变。联想品牌就是很好的例子。因此，针对手段—目的链偏好者这一目标市场的价值创新就要比价值要素偏好者这一目标市场创新更具有难度。它要求企业打破、巩固，甚至是改变顾客心中的手段—目的链。

3．产品属性创新策略

1）产品属性绝对优势策略

产品属性绝对优势策略就是企业在顾客价值创新活动中，针对特定的目标市场，从目标顾客的需求出发，对产品属性的各个方面：内在属性、外在属性和扩展属性进行创新和改进，为目标顾客提供所有产品属性均优于竞争对手的顾客价值，从而吸引和维护顾客，取得竞争优势的策略。例如，沃尔沃汽车持续在安全技术方面进行创新，如一体式安全带、帘式安全气囊等，使其成为世界上最注重安全的汽车品牌之一。

2）产品属性相对优势策略

产品属性相对优势策略即在顾客价值创新活动中，企业在研究目标顾客对产品属性偏好的基础上，对目标顾客所偏好的产品属性进行创新与提升，使本企业的产品在该特定属性上具有领先优势，从而吸引和维护顾客，取得竞争优势的策略。例如，耐克的运动鞋产品通过持续创新设计和技术改进，提供舒适、耐用的运动鞋产品，使其运动鞋产品处于市场领先地位。蒙牛特仑苏牛奶强调来自特仑苏专属牧场，高天然乳蛋白含量，科学的全能营养配方，富含牛磺酸、维生素群（A、D、E）、矿物质群（钙、铁、锌）等营养物质，其产品属性优于普通牛奶的产品属性。

3）增加新属性

成功的产品属性创新还应考虑通过增加产品的属性来建立与竞争对手截然不同的地位。如今，挑剔的顾客对产品的要求和期望越来越高，企业要想提高顾客对本企业产品的感知价值，增加一些产品的属性，无疑是一个好办法。例如，电子产品通过增加新的产品功能，提升顾客感知价值。

4）负面属性的创新策略

负面属性是指产品属性中客观存在的、顾客所认为的不好的、会带来负面结果的那些属性。在很多情况下，产品的负面属性很难"躲过"挑剔顾客的眼睛，产品负面属性的曝光，很有可能成为企业灾难性的"事件"。

对企业来说，产品的负面属性意味着威胁和灾难，同样也意味着机会的存在，一方面，企业可以针对自己产品存在的负面属性进行创新和改进，从而重新赢得顾客；另一方面，针对竞争企业产品出现的负面属性，企业可以抓住机会，对本企业的产品进行改进和宣传，从而赢得竞争优势。例如，一些食品企业针对可能不利于顾客身体健康的产品属性，强调运用独创的技术进行了无害化处理或使其达到了国际标准。

4. 产品利益创新策略

前文已指出，顾客需要的是产品能够为其带来的利益而非产品属性，对顾客来说，产品是一组利益而非属性的组合。从这个意义上说，基于产品利益的顾客价值创新策略比产品属性创新更能够抓住顾客的需求，因此，产品利益创新策略具有更加深远的意义。但这并不是说产品属性创新不重要，从根本上说，任何基于手段—目的链的顾客价值创新活动在企业内部最后的落脚点都是产品属性，都需要产品属性的支持。

1）寻找具有吸引力的产品利益

企业为顾客提供的利益是否具有吸引力，这在很大程度上影响着顾客的购买决定。因此，聪明的企业要寻找并创造具有吸引力的产品利益来吸引和留住顾客。这就要求企业能够关注顾客心中所想与实际所需，即要以顾客为中心。

（1）顾客自身能够意识到的产品利益。

在多数情况下，顾客自身能够意识到自己需要什么，在购买某种特定产品时，顾客心中会有一种预期与定位，即"这种产品能给我带来什么"。例如，在购买牙膏时，顾客会考虑防止蛀牙、口气清新、白净牙齿、保护牙龈等。这些都是顾客能够意识到的产品利益。从另一个角度来看，顾客自身能够意识到的产品利益即为已有的老产品能够为顾客带来的利益，是顾客针对现有产品，能够普遍接受的利益。在很多情况下，一种产品并不是能够满足顾客所有相关的预期和需求的。在这种情况下，就类似于产品属性创新策略中的产品属性相对优势策略，企业要研究目标市场中不同的顾客对产品利益的需求和偏好有哪些、有何区别，从而有针对性地进行产品利益创新，以不同的相对利益优势吸引顾客。如宝洁公司针对顾客洗发时不同的利益需求，推出了飘柔、海飞丝、潘婷等不同品牌的洗发水。

（2）产品为顾客带来的负面结果。

产品在为顾客带来利益的同时，很可能也为顾客带来了一些负面的结果，是顾客所不希望的。如果企业能够准确地发现这种负面结果，然后成功地减少或改变这种负面结果，无疑会使顾客感到欢欣。在很多情况下，负面结果的改变为顾客带来的满意不亚于创造了一种具有吸引力的产品利益。例如，因为人们长时间看电视会损害视力，海信推出激光电视，通过不同的技术手段，如减少有害蓝光、采用反射成像原理等。减少长时间观看电视对眼睛造成的疲劳和损伤，提供更加健康舒适的观影体验。

（3）顾客未被满足的利益需求。

企业要倾听顾客的心声，这中间企业经常会听到这样的声音："如果能够……就更好了"，这就证明顾客存在对产品更高的要求，更多的希望与预期，存在未被满足的利益需求。这种利益需求是顾客能够意识到的，因此能够通过与顾客交流及市场调查发掘出来。

（4）顾客没有意识到的产品利益。

对企业来说，要想挖掘顾客没有意识到的产品利益是一件很难的事情，因为连顾客自身都很难准确描述自己到底需要一种什么样的好处，或者说，顾客没有意识到的利益目前对一些顾客来说是"可有可无"的，但是，这种利益一旦被企业挖掘出来，就很有可能成为顾客关注与关心的焦点，能够在很大程度上吸引顾客。挖掘顾客没有意识到的产品利益的有效方法就是逆向追溯手段—目的链，研究顾客的个人价值观，进而研究满足这种"目的"的"手段"（利益）有哪些。

2）产品利益定位创新策略

企业一旦找到了对目标顾客具有吸引力的产品利益，就要进行产品利益定位，研究这些具有吸引力的产品利益中哪些能够促成顾客的购买行为，哪些利益虽然很吸引顾客，但却不能引发购买行为。

麦氏速溶咖啡刚投放市场时，并没有受到顾客的欢迎，尽管生产厂家对这种新产品充满信心，而潜在的顾客却认为这是一种"懒惰、邋遢、生活没计划、挥霍浪费的女人"才会购买的产品，绝大多数家庭主妇还是宁愿买新鲜咖啡回家去煮，以做一个"勤劳的、称职的"好妻子。后来麦氏公司通过产品包装和产品广告等手段，重新进行产品利益定位，改变产品形象，给"好妻子"们提供了一个购买的理由，使麦氏速溶咖啡销量大增，很快就成为深受欢迎的名牌饮品。

与此同时，受到市场欢迎的产品属性如果定位失败，会对产品产生负效应。例如，第三方移动和在线支付平台支付宝于 2016 年 11 月 24 日在其 9.9.7 的应用程序版本中添加了社交功能"圈子"。该功能与微信广受欢迎的朋友圈功能类似，允许用户加入各种兴趣圈，分享信息或照片。但由于发布和评论规则设计不合理，导致该功能事与愿违，使用户担心社交功能可能带来隐私泄露的风险和支付风险，对支付宝造成了重大负面影响。

从上述例子可以看出，产品利益定位对于顾客决策产生显著影响。往往是同一种产品、不变的产品属性特征，甚至带给顾客的工具性利益都是一样的，但引出不同的心理社会利益，这就要求企业通过一系列活动，引导顾客在心目中形成正确的产品利益定位。

3）构建产品属性和产品利益的联系

从手段—目的的角度来看，企业必须表明属性和与其相关的各项利益之间的特殊联系。如果宣称产品具有某项利益，但目标顾客并没有把这项利益和产品的某项或某些属性联系起来，那所宣传的利益就是不可信的。这就要求企业不能只将注意力放在产品利益上，而必须将顾客渴求的利益和明显能提供这一利益的产品属性联系起来，从而使所宣称的利益让顾客信服。例如，养元饮品生产的"六个核桃"饮品强调采用独创的"生产工艺"，将核桃研磨颗粒的平均直径达到纳米级别，完整保留核桃蛋白、脂肪等营养成分，而顾客习惯性地认为核桃是益智的。下面来看看早期佳洁士牙膏是怎样将氟化物和防止蛀牙联系在一起的。

（1）唤醒顾客记忆中关于氟化物的已有认识。

在佳洁士牙膏推出之前，美国的许多城镇就已经意识到了氟化物对防止蛀牙的重要作用，佳洁士牙膏早期的广告引出了人们对氟化物和防止蛀牙之间关系的已有认识。

（2）在实验室进行实验并将实验结果公布。

佳洁士牙膏随后的广告提供了更多的实验室实验及氟化物和防止蛀牙之间关系的信息。佳洁士牙膏在广告中解释说："显微镜告诉我们佳洁士中的含锡氟化物配方在实验室中工作得很好。所以我们把它加入佳洁士牙膏中并通过实际使用来验证它的作用。"

（3）进行大规模的临床试验并报道试验结果。

佳洁士牙膏早期的大多数广告重点采用了一些临床试验证据。临床试验结果证明了佳洁士中的氟化物和防止蛀牙之间的关系。

（4）谋求美国牙医协会的认可。

佳洁士牙膏并不是仅仅通过临床试验和实验室实验证明来建立氟化物和防止蛀牙之间的关系的。佳洁士牙膏还进一步取得了在牙膏包装上和广告中使用经美国牙医协会认可的印章，新的广告鼓励顾客去注意这种印章。

（5）争取牙医个体的认可。

在佳洁士牙膏得到美国牙医协会认可之后，广告开始鼓励顾客向他们的牙医咨询佳洁士牙膏。在这之前，佳洁士牙膏已经面向牙医开展了市场营销计划，包括向牙医提供临床试验报告及获得美国牙医协会的认可。

4）将产品利益上升到个人价值

为了能够将顾客创新价值活动做到顾客的"心里"，企业的价值创新活动就要时时刻刻与顾客的个人价值观保持高度吻合。价值观被认为在很大程度上驱动着顾客行为，与顾客价值要素中的产品属性和产品利益相比，在顾客心中个人价值是相对更加稳定的，也是企业比较容易把握和抓住的。因此，聪明的企业最后价值创新的落脚点都是个人价值。将产品利益上升到个人价值，无疑是明智的选择。

什么样的个人价值观可以使本企业产品提供的这些利益对顾客来说产生重要作用？在什么样的情景下，可以唤起顾客的这些个人价值？这些被唤起的个人价值中哪些能够促成购买行为？这一系列问题，都将成为企业进行价值创新活动，将产品利益上升到个人价值的依据，例如，洗衣粉等家庭用品的广告，通过孩子和丈夫夸奖家庭主妇衣服洗得干净，唤起家庭主妇心中"幸福的家庭"这个终极价值。

5. 顾客价值层级结构创新策略

1）构建新的手段—目的链

构建新的手段—目的链就是要使产品属性特征通过为顾客带来的利益与顾客渴望的终端价值相联系。企业可以通过以下一些要素来设计广告策略，进而构建新的手段—目的链。

① 广告语的要素：描述具体的属性或产品属性的特色。

② 顾客受益点：使用这种产品或服务能够给顾客带来什么利益。

③ 杠杆支点：广告语通过将个人终端价值与具体的产品属性相联系来唤起终端价值观。

④ 驱动力：广告集中关注的终端价值。

来看佳洁士牙膏针对孩子母亲的一则广告：广告语要素就是强调佳洁士

牙膏中含有的氟化物，顾客的受益点就是更少的蛀牙，使孩子健康。杠杆支点在于孩子的健康使母亲觉得自己是个好妈妈（驱动力）。通过这样一则广告，佳洁士牙膏就构建了一个始于氟化物，止于好妈妈的手段—目的链，如图 7-6 所示。

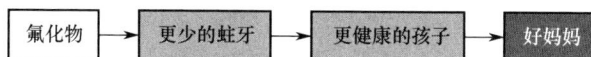

图 7-6　佳洁士牙膏构建的手段—目的链

2）顾客价值层级图变更

顾客价值层级图变更的目的在于使层级图朝着有利于本企业的方向变动，从而提高顾客对本企业产品的感知价值。顾客价值层级图变更首先要找出顾客心中的"核心利益"，然后从核心利益开始，向下层产品属性和上层个人价值扩展。

（1）识别顾客心中的核心利益。

所谓核心利益，就是在顾客价值层级图中连接最多属性和价值的产品利益，一般核心利益的判断方法是选择重要度在一定程度上的手段—目的链，在这些链条中出现最多的产品利益，就是顾客心中的核心利益。

（2）核心利益向产品属性延伸。

核心利益是顾客关注最多的产品利益，那么企业明智的选择就是建立更多的产品属性与核心利益相连，从而提高顾客对本企业产品的价值感知，在这里，需要强调的是，并不是所有增加产品属性、连接核心利益的创新活动都是有效的，因为还涉及产品属性重要度的问题，如果企业为追求建立更多的产品属性与核心利益的联系，而盲目地增加新属性，却忽略了这些属性对顾客来说是否有吸引力，那只能使产品变得"无用"而成为一种浪费。

（3）核心利益向个人价值延伸。

将利益上升到价值，在产品利益创新策略中已经有所涉及。在这里不同的是，前者是要唤起顾客心中已经建立的产品利益和个人价值的联系，而核心利益向个人价值延伸是要建立更多的产品利益和个人价值的联系。

3）手段—目的链重要度变更

手段—目的链重要度变更策略主要针对手段—目的链偏好者目标市场。在很多情况下，一条手段—目的链就可能会影响顾客的购买决策，企业的目的就是要尽可能地满足顾客心中的要求，迎合顾客认为重要的手段—目的链需求。改变顾客心目中手段—目的链的重要度有三种有效的方法：改变属性重要度、改变属性和利益的关联度、改变利益和价值关联度，也可同时改变其中两者或三者。

第四节　顾客价值创新管理

一、树立顾客价值创新导向

从顾客价值创新的概念中，我们看出顾客价值是以需求为基础的，所以顾客价值的创新导向首先应该是顾客需求，但企业在进行顾客价值创新时又不能脱离企业的战略，所以进行顾客价值创新要树立顾客需求导向和企业战略导向。

1. 顾客需求导向

企业进行价值创新，如果偏离了顾客需求的方向，即使这种价值创新在经济学上具有意义，对企业提高经营水平和利润来说也是没有丝毫意义的。所以，顾客需求是顾客价值创新的最基本导向，只有在更好地满足顾客需求基础上的顾客价值创新才是具有现实意义的。

苹果公司作为智能手机的引领者，以顾客需求为导向，不断改进产品，以适应市场需求的变化。2007 年推出首款 iPhone 手机，引入了触摸屏操作和多点触控技术，完全改变了人们使用手机的方式，开启了智能手机的新时代。2012 年苹果推出了第一款支持面部识别的手机 iPhone4。2013 年，

iPhone5s 引入了 Touch ID，将指纹识别技术应用到手机解锁和支付中。2014年，iPhone6 首次引入了大屏幕设计，为用户带来了更广阔的视野。而iPhone7 则取消了传统的耳机接口，鼓励用户使用无线耳机。2017 年，苹果推出了首款支持面部识别的手机 iPhoneX。至今，苹果手机已经推出了多个系列和型号，不断引领智能手机行业的发展和创新。

2．企业战略导向

确定了顾客需求导向，顾客价值创新进一步要求把顾客需求和企业的经营战略相结合。顾客价值创新追求的是顾客价值最大化，而顾客价值最大化从长远来说，与企业的利益并不矛盾，也就是说顾客价值最大化是在顾客与企业的利益达到动态平衡下的一种最优化状态。所以，顾客价值创新应该在某种程度上以企业战略为导向。

二、分析顾客价值创新风险

"鲍曼悖论"指出，企业风险和收益经常出现负相关，对此现象的解释包括：企业在亏损的情况下往往变得更寻求风险，管理良好的企业能够更好地应对风险和环境变化，避免激进式创新的出现。因此，虽然顾客价值创新通常被认为会提高企业绩效，也需要通过区分渐进式和激进式创新、破坏性和持续性创新的不同，探讨顾客价值创新风险，即顾客价值创新的投入和失败概率。

在商业实践中，顾客价值创新往往是有风险的，因为企业预测市场需求的准确度不同，设计新产品、新服务的资源和能力也不同，在进行顾客价值创新时，可能会由于企业产品开发能力、服务组织能力等因素无法充分满足实际要求，而使顾客价值创新失败。特别地，企业无法操控市场和外部环境的变迁，也为顾客价值创新带来了潜在的风险。因此，创新确实有使企业成为行业佼佼者的可能，但更普遍的是，创新失败带来的高风险、低收益。这时，就需要对顾客价值创新风险进行分析估计。

为了将这种风险降到最小，企业应该在创新之初就找出顾客价值创新过程中各个环节中的不利因素，分析这些因素对价值创新的影响，同时还要寻求解决的方法或限制其发生的条件。在变革性创新等顾客价值创新形式中，创新风险度分析可以用列表打分的方法做出定量估计。

三、构建顾客价值创新体系

在顾客价值创新过程中，只有创建一个有效的顾客价值体系，才能通过顾客价值创新不断满足顾客变化的需求，并适应企业的经营战略。

1. 跟踪顾客需求

现阶段，许多企业对顾客需求的理解和定义都不明确，很多时候只是凭感觉走，跟着竞争对手走。他们不会系统地研究顾客需求，而是仅依据一些简单的二手资料来判断顾客需求，甚至据此来分析顾客的潜在需求，这样得到的一些信息往往是不确切甚至是不真实的，结果必然会使顾客价值创新偏离正轨。

考虑到跟踪顾客需求的成本，可以把对顾客需求的分析划分为"阶段性"工作，例如，一家企业可以在一年内每两个月做一次对顾客需求的实际分析，从而确定顾客价值创新的方向。在企业对顾客需求分析的过程中，可以根据实际情况调整分析周期。

2. 合理配置资源

对顾客需求进行研究，不断根据顾客需求提升顾客价值及进行顾客价值创新，这项巨大的工程会让企业支付较大的成本，为了尽量节省企业相关支出，企业应依据运筹学原理，尽量使顾客价值创新与企业其他业务工作并行，进而合理配置资源，加快顾客价值创新进程。还应该充分借助大数据、企业数字化转型资源为决策和资源配置带来的便利，建立柔性资源配置网络，以快速高效地应对顾客需求的变化和更新。

3. 可行性分析

虽然顾客价值创新会在很大程度上进一步满足顾客需求，但当考虑到顾客价值最大化是顾客利益与企业利益的动态均衡状态时，企业又不得不对其顾客价值创新活动进行可行性分析，顾客价值创新的可行性分析一般来说遵循以下过程：

① 分析顾客价值创新的市场环境（市场信息、市场竞争、顾客需求等）及其必要性；

② 进行顾客价值创新相关费用的估算，包括新产品开发成本、服务改进和提升成本、业务流程再造成本等；

③ 顾客价值创新活动的实施计划、组织、管理方式的论证；

④ 顾客价值创新总体投资计划、各阶段投资预算及资金来源的保证程度分析；

⑤ 项目经济效益分析，包括成本核算和社会效益评价等；

⑥ 在多项论证的基础上，提出顾客价值创新的可行性结论。

4. 顾客价值创新评价

建立顾客价值创新的评价标准，就是要对顾客价值创新为顾客及企业带来的相关受益结果有一个标准化的分析。由于顾客价值创新需要较高的投入并有一定的风险，因此，对其各阶段，尤其是开始和结束阶段进行评价并采取必要的改进措施，是引导顾客价值创新工作走向成功的关键。顾客价值创新评价结果往往会成为决定是否继续进行顾客价值创新的重要参考依据。

本章案例：海尔智家：以科技推动顾客价值创新

根据顾客需求，以科技推动顾客价值创新，才能赢得市场，科技是顾客价值创新的核心驱动力。在美国，GE Appliances 迭代大滚筒洗衣机让顾客周末洗涤衣物更省时；在欧洲，Candy 推出结构最紧凑的洗衣机，让西班牙的独居客也能在局促的生活空间中拥有洗衣的一隅天地；在日本，宽度仅 50 cm 的冷柜产品为日本人的生活开辟出更富裕的空间；在澳大利亚，斐雪派克研发的变频直驱电机解决了 1600 多万顾客洗衣机噪声大的困扰。这些产品创新带来的顾客价值的提升都是通过科技创新实现的。

在国内，智慧家庭普及的时代，顾客想要的不再是单一的产品，而是一个个场景。例如，顾客买到一件好的厨电产品比较容易，买到一个好厨房却很难。

因此，海尔智家打造了全球首个智慧家庭场景品牌三翼鸟，打破了行业界限，满足顾客对厨房的整体需求，让不会做饭的人也能够做出可口的饭菜，让不爱做饭的人可以很轻松地做出一顿大餐。

三翼鸟集成智慧家电、智慧家居、智慧家装，构建了"1+3+5+$\dot{N}$"全屋智慧全场景解决方案，开启了从家电到场景解决方案的全屋智慧新纪元，为顾客定制覆盖衣、食、住、娱乐需求的美好生活，推动智慧生活方式变革，带给了人们高品质的生活。支撑三翼鸟顾客价值创新的，是其拥有的 26421 件智慧家庭相关专利。

本章思考：如何理解顾客价值创新？企业如何进行顾客价值创新？结合企业实际案例进行分析。

第八章
共创顾客价值

　　顾客价值是企业与顾客（包括利益相关者）在互动中共同创造的，企业已经进入共创顾客价值时代，企业善于识别和整合利益相关者资源共创顾客价值成为竞争优势的来源。本章将分析共创顾客价值的场景，顾客参与共创价值（社交媒体价值共创和利益相关者价值共创）包括共创价值场景的资源要素和顾客价值、基于场景的顾客价值创造、顾客参与共创价值分析、社会化商务平台和在线品牌社区共创顾客价值分析、利益相关者共创顾客价值分析等。并介绍共创顾客价值的方式和途径。

第一节　构建共创顾客价值场景

一、消费形态场景化

1. 消费场景的定义

　　场景的概念比较宏观，目前有很多定义试图去界定场景。学者智颖曾提到，场景是包括营销空间、景物和顾客心理行为的环境氛围。从这个定义可以看出，营销场景既包括一切硬边界，如时间、产品、场景布局等，也包括软边界，如人的内心情感与认知状态变化。朱建良在其著作《场景革命》中提到，场景是一种连接方式，是价值交换方式和新生活方式的表现形态。这个定义和现在的移动通信、万物互联的思想比较吻合。百度连接人与信息、淘宝连接人与商品等，都是一种场景的表现形式。对顾客来说，进入场景即意味着和自己想要寻求的信息建立了连接，从而进行信息和知识的互动与交流。这与梁浩的观点有异曲同工之处。目前学术界仍然没有统一的标准去衡量场景。

2. 消费场景的特点

目前，随着移动通信技术的发展，消费场景有了如下的特点。

1）碎片化

场景碎片化，是线上消费场景的一大特点。移动互联网时代的到来使得信息分散化、碎片化。顾客可以借助手机随时随地收集这些碎片信息，并不像之前那样局限在线下环境中。顾客消费就如同在微信里发一条信息，变得十分方便。同时，碎片化场景对商家提出了更高的要求。商家需要在有限的时间内捕捉到顾客的注意力，还要让顾客产生购买兴趣，并且要为顾客提供高效和舒适的购物体验及购买支付场景。可以说，对商家和顾客来说，碎片化运营既是机遇，也是挑战。

案例：抖音短视频

抖音短视频的兴起，就迎合了下沉市场对于碎片化时间的需求。在人们等车与排队的时候，很多人会选择拿出手机，打开抖音短视频。短视频不同于以往的视频和直播，时长较短，一般在 10～30s。时间短、内容丰富、题材有趣成为人们消磨业余时间的一大神器。抖音的广告内容化、全民参与挑战等运营策略也为抖音的兴起添了一把火。可以说抢占碎片化运营的高地成就了抖音。

2）社交化

社交是社会的人际交往。在社会活动中，社交是社会构成和发展的基础。社交也存在于消费场景中。现今的网络环境使人们产生了物理隔离，但并没有降低人们对社交的需求，社交网络的兴起便是很好的例子。社交网络可以细分为很多领域，例如，新闻类的新浪微博，旅游类的马蜂窝、驴妈妈，综合类的有小红书、抖音、快手等。甚至一些电商 App 中也有相应的社交模块，如淘宝、拼多多等都有相应的评论与问答模块供用户进行社交。良好的社交沟通可以使人们在场景中产生共鸣，从而提高顾客满意度与顾客信任，提高顾客忠诚，因此，场景的社交化将会是未来的场景趋势。

案例：拼多多

与传统的微商不同，拼多多推出了"拼+便宜"的商业策略。便宜是指商品的价格比较低廉，而拼则指的是几个人同时下单一种商品，可以享受产品的优惠价格。如果说微商的主要场景在朋友圈认识的人中，拼多多则把共同购物作为落脚点，将其打造为社交场景的核心。对同一种商品的喜爱本质上是一个弱连接，但这种连接可能在反复团购中变成强连接。而且购买同一种商品本身会为顾客营造出社交感与归属感，从而使得消费场景更加具有吸引力与竞争力。

3. 消费场景的种类

1）产品消费

产品可以分为有形产品和无形产品。有形产品指有物理形态和界限的产品，而无形产品指各种服务。无论是有形产品还是无形产品，顾客在产品消费场景中都会面临产品认知—信息收集—方案选择—决策行为—购买后行为这几个阶段。其中，消费场景在这些产品购买过程中起着很重要的作用。在产品消费前期，顾客会积极寻求产品相关信息，从而在脑海中形成产品备选方案。如果这时顾客在对应场景中能够及时高效地收集到相关信息，便会对之后的产品购买过程产生积极的影响。在制订购买决策时，如果场景可以给顾客提供很好的感官体验，使顾客能够拥有正向的情绪体验，顾客便能减少备选方案的时间成本，从而加快产品购买速度。产品的可用性本身就为顾客提供了产品的使用场景，通过对产品的使用，顾客对购买的产品有了更加直观的感受，之后可以继续购买该产品或向他人推荐等。因此，产品消费场景贯穿产品购买的所有环节。

2）服务消费

除了产品的购买决策场景，服务场景也是场景中很重要的环节。服务是无形的、不可替换的、不可重复消费的存在方式。在服务场景中，场景的不同资源要素可以给顾客营造出舒适的服务体验。例如，决定饭店就餐体验的，除菜品的质量外，还有餐厅本身的环境、所处的地理位置、服务人员的服务质量等。在服务消费中，顾客更为看重的是服务的质量和顾客主观的体验。

案例：海底捞的兴起

海底捞火锅是一家全国连锁的火锅品牌，其以优质的服务、舒适的就餐环境为许多年轻顾客所喜爱。在餐饮味道逐渐趋同的今天，海底捞的成名之道就是服务。如果就餐需要排队，海底捞会给顾客准备很多可口的小零食和小游戏（如叠千纸鹤）来帮助顾客消磨时间。在就餐时，服务员提供宾至如归的服务，使顾客拥有很好的就餐体验，如更换毛巾、随时增添饮品、给寿星唱生日歌、免费美甲和换手机膜等，都让顾客体验到了被尊重与重视的感觉。因此，海底捞的成功是与带给顾客良好体验的消费场景分不开的。

3）社交消费

社交消费是营销领域中较早受到关注的领域。社交消费的主要思路是依靠已经建立的社交关系，将产品等信息推荐给他人，从而转化为经济价值的过程。在社交媒体兴起之前，实体产品会依靠朋友和熟人的推荐来产生积极的口碑。随着社交媒体的出现，社交也从线下迁移到了线上。微信朋友圈、QQ 空间等社交媒体已经成为广告和消费的主场景。借助朋友圈进行营销，可以降低人们的心理警戒程度，使人们更容易相信社交消费的真实性。而且社交媒体也减少了沟通障碍，从而提高了社交消费的效率和便捷程度。随着社交媒体日益成为人们的主流沟通方式，社交消费将逐渐变为一种很重要且普遍的消费场景。

二、共创顾客价值场景的资源要素

场景，根据字面意思可以细分为场和景。其中，场为场合，蕴含着价值共创发生的时间、空间；而景为情景，更多的是价值共创时的人物、人物之间的互动，或者人物与产品的互动。以上提到的场景中的各组成要素，即为共创顾客价值场景的资源要素，会对顾客共创价值及顾客价值的传播和传递产生影响。以下将对场景的资源要素进行详细说明。

1．时间

时间本身的概念是较为抽象的，在具体的消费场景中，时间可以理解为消费行为发生的前后时间节点范围。在这段时间内，消费行为集中形成、发生与评估。时间对于共创价值场景的影响是不言而喻的，当场景内其他要素相同而改变时间资源要素时，整个场景会有很大程度的改变。具体来说，时间影响可以按时间跨度由大而小：年、季度、月、日、小时。而根据消费节点可以分为工作日、休假日、节日等。下面将对时间中几个重要的概念进行详细说明。

1）节假日

节假日作为重要的消费节点，是商家营销和市场策略的重要时段。在我国传统的节假日节点，如五一黄金周、十一国庆节、春节假期，无论是线上商店还是线下实体商店，都会开展商品促销活动，以此来吸引顾客。相比于平时工作日的忙碌，在节假日人们会有更多的空闲时间来浏览与搜索商品。在线下表现为实体商店内的客流量增加，而在线上表现为线上流量的激增。这种增加对于提高商品转化率是很有帮助的。特别值得一提的是，相比传统节日，很多新兴的节日概念是互联网引进并发展起来的，比较知名的有淘宝的"双 11"、京东的"618"等，都是一年一度的电商促销盛典，很多人甚至会提前很长时间筛选商品，并将其加入购物车，以便抢购的时候可以秒杀到促销商品。

案例："双 11"

节假日营销是商家重点打造的购物场景，其中，大家最为熟知的就是"双 11"购物狂欢节。"双 11"，本来取谐音于光棍，是人们为调侃与纪念单身青年所营造出来的日子。2009 年，淘宝公司意识到"双 11"可以作为一个促销日来宣传商品，于是决定举办"双 11"购物节。第一届"双 11"只有李宁、联想、飞利浦等 27 家公司参加，但效果非同凡响，平台交易额达 5200 万元，是平时的 10 多倍。随后的几年，在"双 11"狂欢节期间下单的顾客呈指数级增长，甚至在 12 点刚过几秒钟，很多商品就被抢购一空，不得不从线下进行补货。2021 年"双 11"成交额达到 5403 亿元，这在之前是难以企及的高度。"双 11"已经成为顾客的购物狂欢节。

2）季节

季节对于消费场景的影响是不言而喻的。季节本身的含义是很丰富的，包括温度、空气质量、天气等气候条件。酷暑难耐和寒风凛冽给人带来的主观感受是截然不同的。这一点通过很多广告语就可见一二：德芙公司的"下雨天和巧克力更配哦"就是脍炙人口的广告营销方案，其为顾客营造了一种特殊天气下的消费场景；雪碧公司的"透心凉，心飞扬"宣传方案，让顾客体会到了酷暑季节的凉爽感，而这和雪碧产品本身十分契合。除此之外，一些季节性产品在不同季节的消费模式上也有着明显不同，如对于一些夏装品牌，在春天刚到来的时候，就集中推出夏季款式来满足顾客的需求。当其他季节来临时，又推出各种促销方案，如满减、搭配减价等，来促使顾客产生冲动消费。而这也是由季节性产品本身的特性所决定的。因此，季节作为一个较为广义的概念，会对消费场景构建产生很重要的影响。

2. 空间

与时间要素类似，空间衡量的是消费行为发生的地理位置。空间决定着共创行为的位置。其中，主要的空间可以分为线下、线上和线上线下相结合。

1）线下场景

互联网及移动通信技术兴起之前，主要的营销场景集中在线下环境。实体店的场景可以为顾客营造出良好的沉浸体验。如经典的线下场景有商场购物场景、超市购物场景、游乐场消费场景等。与线上场景不同，线下场景资源更为集中，人员交互更为频繁，更容易让顾客心无旁骛地融入消费场景中。

2）线上场景

互联网和移动通信技术的崛起使得线上场景变得可行且易于操作。借助电脑或手机，顾客可以远程进入具体的消费场景中。这样做的优点是可以足不出户地和世界各地的商家和顾客进行交流和互动，并且借助用户生成内容（UGC）来更好地辅助购买决策。因此，线上场景给消费场景的发展与演变带来了新的机遇。

案例：电商购物

"在家足不出户就可以买遍天下"已经不再是遥不可及的梦想了。使用手机在京东 App 上下单一款小米手机，几天后就会送货上门。无论是小的手机壳，还是大的家用电器，都可以在网上一键下单，可以说非常方便。随着物流业和物联网的发展，下单的商品将会被赋予快递单号，顾客可以在网上直接查到自己包裹的行踪，增加了购物的透明度，也提高了顾客的购物体验。

3）线上与线下场景相结合

线上与线下场景相结合也是消费场景新的变化趋势。很多人借助网络的便利从网络上搜索相关产品或品牌的信息。在确定好备选方案之后，顾客会去附近的实体店进行实际的比较，从而对产品有着更为直观和近距离的感知，而这是在网络消费场景所无法比拟的。在经过比较之后，顾客又会去线上平台进行最终的购买，从而完成一次购买。

案例：大型商场的困扰

由于受到京东、拼多多等电商平台的冲击，现在线下的实体电器卖场都不景气，周末还会有零星的人来逛商场，平时基本上都是门可罗雀。电器不同于其他商品，价格较高，购买之前需要反复比较和衡量。而且很多人都是在网上有了备选的方案，来实体商店进行商品的体验与挑选，在确定具体商品型号后，又回到网上下单，因为网上的价格更便宜，还有各种大促销，不像线下商店还有高昂的房租和管理成本。

尽管线上的低廉价格使得线下商场面临激烈的竞争，但许多顾客仍习惯在线下体验产品后再到线上下单。许多顾客在线下商店看中商品后转而去线上购买，这种"线下体验、线上下单"的模式会提高线上的下单率和转化率，因此，线上线下场景有着各自存在的意义。对商场的管理者来说，可以采取一些联合促销策略来提高顾客的回头率与忠诚度，如和线上一起采取优惠活动等，而线上也可以指定优惠券去线下商店消费，从而提高商场效益，这也是很多 O2O 公司常见的营销策略。

3．人物

人物是消费行为发生的主体。具体在消费场景中，人物可以细化为顾客、影响者、服务提供者等。顾客是指为达到个人消费使用目的，而购买各种产品与服务的个人或最终产品的个人使用者。在实际消费场景中，人物的角色是可以互换的。例如，在和朋友逛街的场景中，自身既可以是实际消费完成者，也可以向朋友提供消费建议，成为消费的促进者。

4．产品与服务

在消费场景中，产品与服务往往是顾客和商家沟通交流的枢纽与核心。

因此，产品与服务是场景中资源的重要组成部分。随着商品同质化现象的增加，单纯的功能优势已经不能满足顾客对于产品的期望。附加在商品上的价值往往可以决定顾客的购买决策，而这些价值可以通过服务来实现。良好的服务本身也是对产品价值的提升，可以有效地改善用户体验。相比于搜索型产品，这种现象在体验性产品中体现得更加明显。体验性产品在消费时更加看重产品的体验属性，因而主观体验在体验性产品中起到很重要的作用。例如，商家在设计场景时，要考虑到商品的体验属性，从而可以更加有效地创造共创场景。

三、基于场景的顾客价值共创

1．顾客价值共创场景类型

顾客价值是动态变化的，依托于具体场景而存在。因此，在不同场景中，顾客对于产品的认知与评价可能产生变化，甚至顾客起初的需求也会产生变化。因此，确定顾客价值共创的场景，动态识别顾客价值需求，是企业应该重视的问题。

1）位置

可能大家有过这样的体验，当路过某一个商场时，手机上会弹出该商场的欢迎信息，以及该商场中各个商家的促销信息。这就是典型的依据顾客所处的地理位置来进行广告促销的场景。对商家来说，顾客所处的位置是很关键的场景信息。空间位置可以集中地呈现出顾客所接触的环境、人物、产品等信息。因此，商家可以通过顾客所处的位置来推测出顾客的心理状态及购买意向，从而进行广告宣传的精准投放。而且，在室外环境，顾客的空间位置可以由 GPS 信息所捕捉。对于室内环境或地下信号不好的地方，可以由室内所提供的 Wi-Fi 信号所确定。这种策略也被称作位置智能。早期的位置智能场景主要关注顾客的静态空间信息。例如，顾客路过一个商场时，便会收到商场发来的信息。然而，他很可能只是在某一时刻路过这个商场，在该种情形下，该信息的转化率很低。目前，一些位置智能信息也加上了顾客的动态信息，如会筛选出停留在商场一段时间的顾客来进行消息推送，这样可以提高该消息的关注度和转化率。

2）搜索场景

搜索场景主要集中于线上场景中，顾客通过在社交媒体或搜索引擎中输入想要的关键词来得到想要的信息。而在这种问答中，往往蕴含着顾客内在的价值需求。通过对搜索内容的挖掘和分析，商家可以有效地捕捉到顾客自身潜在的价值需求，从而可以给顾客进行相关商品的推荐，提高内容转化率。而且通过优化搜索内容本身，顾客也可以发现一些无意识价值需求，这些潜在价值需求本身是与顾客搜索需求相互关联的。只不过这种商家策略是相对被动的，需要顾客提供输入内容才能进行下一步的分析。

3）互动场景

随着手机和电脑变成人们生活中不可或缺的一部分，人们也习惯在网上与他人进行互动。这里的"他人"可以指商家和其他内容顾客。与搜索不同，商家可以主动地引导顾客发现自身内在价值需求，通过与顾客进行互动来达到推荐销售自己商品的目的。除此之外，观看其他顾客的评论、主动写笔记或评论也是很重要的互动情景。互动的方法有很多种，具体来说有对话、多媒体展示（图片与短视频）、交互网站或与人工客服连线等方式。因此，良好的互动过程可以为顾客营造出舒适的消费场景、辅助挖掘顾客价值需求、刺激消费转化率及提高顾客感知价值。

2. 构建顾客价值共创场景

为顾客营造出有利于价值共创的场景，对于实现顾客价值共创有着很大的帮助。因此，企业一方面要重视识别顾客的价值需求，进而构建与之相适应的价值共创场景；另一方面也要通过价值共创场景的创新，挖掘潜在的顾客价值需求。

1）针对顾客价值需求构建价值共创场景

顾客价值需求可以结合产品功能和消费场景得以实现。通过建立价值共创场景，进行价值共创，可以有效地满足顾客价值需求，提高顾客的满意度。因此，很多企业采取以顾客为中心的营销策略，在产品开发之前会邀请顾客去全程参与开发过程，并通过可用性测试来找寻顾客的痛点，并以此为依据，修改和完善自己的产品服务。除此之外，顾客也可以根据在线论坛进行顾客价值需求的调查，特别是在顾客需求快速变化的环境下，在线论坛已经成为一个很好的了解顾客价值需求的渠道。通过这些渠道，企业能够积极调整产品策略，为顾客构建更加个性化、专业化的使用与消费场景，增加顾客感知价值，提高顾客的满意度。

案例：滴滴出行

在"滴滴出行"出现之前，由于乘客价值需求和司机提供的交通服务存在空间和时间上的不一致，导致出现乘客打不到车，出租车司机找不到乘客的情况，这样，就增加了乘客和司机的成本，降低了乘客和司机的感知价值。滴滴洞察顾客的价值需求，建立了滴滴出行的场景，只需在手机上下单输入起点和终点，便可成功打车，这样减少了乘客的等待时间，提升了司机的运输效率，增加了乘客和司机的感知价值。滴滴出行成功地构建了乘客和司机共同参与价值共创的场景。

2）通过构建价值共创场景激发顾客潜在价值需求

有的时候，顾客的需求是潜在的。潜在需求不同于现实需求，是顾客本身没有意识到，但确实存在的需求。这时候，企业可以通过构建新场景或拓宽原有的场景来激发顾客的潜在价值需求，让顾客产生更加清晰的自我认知，也可以在很大程度上调动顾客的购买与消费积极性，从而达到价值共创的效果。而且，构建新的场景往往能够起到吸引顾客的作用，同时也能为企业本身带来更大的关注度，例如，电商直播就是构建了有别传统电商的一个新销售场景，主播通过产品展示、产品介绍、产品使用演示、优惠及与观众交流互动优惠等方式，进行顾客价值沟通，激发顾客的潜在需求，促进顾客购买。因此，价值共创场景的创新对于开发顾客潜在的价值需求，实现顾客价值创新有着积极的作用。

第二节　顾客参与共创价值

　　服务业的发展及顾客体验重要性的提升使越来越多的企业开始重视顾客参与，数字技术的发展为顾客参与提供了技术上的支持。"顾客始终是价值的共同创造者"这一基本命题显示了顾客参与在价值共创中的重要作用。在顾客收集信息、进行决策及服务交付的过程中，其参与的频率、程度和体验同时影响着顾客自身及服务提供者在交易中获得的价值。参与体现了顾客在服务交付中自身的资源投入，顾客可以在参与服务过程中获得更个性化的体验，也可以通过评价、反馈或提交意见的方式将自身的意见传达给服务提供者，实现服务内容的调整或质量的改善。由于顾客价值是由顾客在特定情景中感知的，了解顾客参与过程中如何创造顾客价值对企业来说是十分有必要的。

一、顾客参与的形式和维度

1. 顾客参与的内涵与形式

　　市场营销学者们从心理、行为及资源等角度解释了顾客参与的内涵，不同角度的定义概括了顾客参与的主要形式，这有助于加深对顾客参与的理解。

　　1）心理视角下的顾客参与

　　从顾客的心理状态出发，顾客参与可理解为顾客在情感上对服务本身和服务提供过程的投入程度，顾客参与的形式即对服务过程投入的各类情感。在此视角下，顾客参与（Consumer Participation）与顾客涉入（Consumer

Involvement）概念有一些相似之处。需要注意的是，顾客涉入虽然也指一种心理状态，但起因是顾客感知商品和服务与自己的相关性，以及商品能为自身带来价值的程度，常产生在购买前和购买后的信息处理阶段，高涉入的顾客会投入更多热情收集信息和分享感受。而顾客参与的心理视角强调购买中阶段，也就是购买过程的投入，受到顾客个人偏好的影响，可体现为愉悦地享受购买过程或耐心地享受服务等情绪状态。

2）行为视角下的顾客参与

从顾客的行为出发，顾客参与可理解为与服务的产生和传递相关的一系列顾客行为的总和。在此视角下，对顾客参与形式的理解存在两个层次：一种观点认为顾客参与体现为在服务过程中的配合行为，即帮助服务正常进行的行为，如在对方询问时提供相应信息、在对方解释产品时努力理解便是参与；另一种观点认为，当顾客改变了服务既定的进程和内容时，才能算作真正的顾客参与，包括顾客根据自身的喜好和需求调整服务的效率、场所的行为，也包括涉及产品调整的"个性化服务"的实现过程。日渐普遍的服装鞋帽尺寸定制服务、日用品图案及包装定制服务和常见的数码产品刻字服务中，需要顾客对最终产品的生产提出意见才能完成交付，实现个性化定制的一系列行为便是典型的顾客参与。

3）资源视角下的顾客参与

以价值共创理论为基石，依据顾客投入资源要素的不同，顾客参与展现出不同的形式。具体来说，顾客可能在情感上产生参与，如怀着好奇或高兴的心理期待服务；可能在身体上产生参与，如健身、爬山等服务的效果受到顾客身体状况的影响；可能投入许多无形资源，如精力、时间、自身拥有的知识、信息和创意等；也可能投入了有形资源，如金钱、产品制造的原料等。资源视角与行为和心理视角有一定交叉的部分，顾客既是创造服务过程的人，也是享受服务价值的人，充分体现了"顾客始终是价值的共同创造者"这一理念，而顾客投入资源的程度会影响其对产品或服务的感知价值。

2. 顾客参与的维度

顾客参与内涵的多种视角为对顾客参与维度分类提供了依据，大多数维度划分的标准将行为、心理和资源视角有机组合，这里将常见的参与维度分类整理，以助于读者依据服务的具体背景选择合适的参与维度组合。

关注到顾客心理视角的研究将顾客的情绪和态度作为顾客参与的一个维度，Silpakit 和 Fisk 认为顾客在参与时会产生情绪和精神的投入，分别指顾客在服务过程中是否有积极的心态和是否愿意在服务过程中付出努力。武文珍则提出努力维度与精神投入类似，并认为努力的投入决定了顾客在各类参与行为中展示的友好或尊重程度。心理视角的参与为顾客其他行为划定了不同的参与维度，心理投入更多的顾客会产生更多的资源投入。

大多数研究将顾客参与维度的重心放在行为和资源视角上，以某些有代表性资源为核心，可以归纳出多种不同的维度。以信息资源为焦点，Thompson、Kim 和 Smith 及 Yi 和 Gong 的研究，提出顾客参与存在信息获取、信息持有、信息分享三个维度，其中信息获取是顾客在服务前和服务中通过各种渠道了解服务相关知识的行为；信息持有是顾客在参与服务时掌握相关知识的程度；信息分享是顾客将拥有的资源传递给服务提供者的行为。在信息分享的过程中，投入更少的人和投入更多的人的参与维度又可分为出席（完成顾客分内的信息提供工作）、干涉（反馈自己的意见以使服务过程向顾客偏好的方向发展）及共同生产（在意见之外，还提供创意甚至生产资料，以影响产品的生产和服务的内容）。以人际及关系资源为焦点，服务中的顾客必然与服务提供者存在互动，这构成了顾客参与的互动维度，顾客和服务人员间通过互动行为可能建立信任等情感连接。顾客也可以主动和其他顾客产生互动，贾薇和张明立将其总结为忠诚行为，涵盖了一些非必要的人际互动，如顾客向其他顾客宣传和推介产品，帮助其他对服务内容不理解的顾客等。当然，也有学者关注到其他资源，如时间、精力、体力、有形资源等，并将各资源的投入活动作为单项维度加入参与维度划分。

　　总的来说，基于信息、人际等关键资源的交换和获取，学者们总结出不同的顾客参与行为，而在心理维度的作用下，这些行为以不同的强度和内容组成了顾客参与的不同维度。在不同的服务情景下，顾客参与维度的建立应结合情景特点，并在考虑行为强度的基础上，对相关参与行为进行合理组合。

案例：宜家的体验营销

　　宜家作为世界上较成功的家居卖场之一，以全方位的顾客参与服务吸引了大量顾客。其顾客参与可分为三项主要活动。首先是信息收集，宜家在家居设计中会收集顾客的需求和偏好信息，以保障自己的产品能满足顾客的需求，为其带来价值；其次，宜家的产品给顾客丰富的 DIY 空间，许多产品如桌子、书架都被拆分为众多单位售卖，如桌子可以分为桌面和桌腿购买，书架可以分层购买，并自行拼接，顾客可以在购买需要的数量后安装，可打造出高度、尺寸、形状等方面适合自身使用的家具；最后，宜家在卖场里搭建了许多样板屋，并有众多组装好的样品供顾客体验，顾客可以随意触摸家具，在沙发和床上休息。这些参与为交易双方带来了大量的信息和情感资源，并帮助宜家获得家居行业领先地位。

二、顾客参与价值共创过程分析

　　在分析顾客参与价值共创的关系时，一般有两种不同的视角。一种从客观价值视角出发，从顾客知识转移或资源交换的角度解释顾客参与对价值的影响。顾客将自身对产品及服务的知识、经验和偏好传达给服务提供者，服务提供者可以依此进行改善，从而客观地提升产品和服务的质量。顾客意见反馈是常见的知识转移途径，商家可以通过这些反馈修正产品的缺陷、调整产品的功能，提升其价值。另一种从主观价值视角出发，认为顾客参与程度和顾客感知价值之间存在联系。这种联系一方面可以通过顾客期望或顾客满意的概念进行解释，在顾客参与的过程中促进服务结果向其期望的方向发展，因此顾客更容易对结果产生满意。也可以从顾客体验视角进行解释，即顾客在体验中沉浸程度的深浅本身就会影响其价值感知。无论是主观还是客观的视角，都强调了顾客参与在价值共创中的重要作用。以顾客参与的典型维度为基础，本书将从顾客参与中资源的交换和创造的角度，讨论顾客如何在参与中与服务提供者一起为自身创造价值。顾客参与价值共创过程逻辑框架如图 8-1 所示，顾客通过信息和情感的投入，与服务提供者进行资源的交换与创造，从而在产品和体验维度中实现了价值共创。

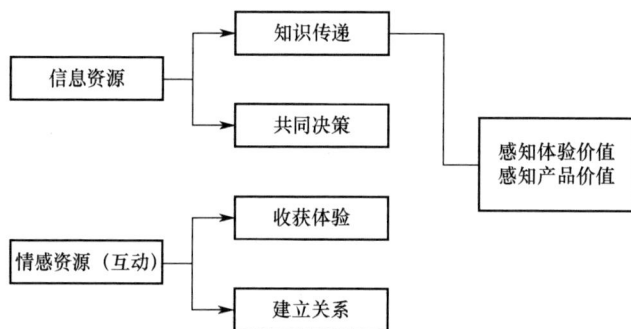

图 8-1 顾客参与价值共创过程逻辑框架

1. 顾客信息资源与顾客价值共创

在价值共创过程中顾客是价值共创的参与者和资源的提供者，其提供的信息会影响服务的内容及价值。企业的价值视角更聚焦于企业生产情景，认为产品本身有客观价值，而顾客信息资源的获得促进了产品价值的提升，从而影响到顾客价值感知。在这些服务过程中顾客投入的信息资源也被概括为顾客知识，包括顾客在交易开始前对商品的了解、自身的偏好、以往的经验及在体验后的评价反馈等。如果在服务过程中没有产生这些信息交换，商家就无从了解顾客的需求，便有可能传递关于产品错误的价值主张，从而减少顾客价值。

此视角下的价值共创按照顾客参与程度的不同，可能产生两种有代表性的价值共创路径。首先，如果顾客单方面提供自身的知识，而不参与生产活动，那么资源主要是从顾客传递到企业方，企业整合从顾客获得的信息资源而提供服务，两者之间的合作关系弱，顾客间接地影响到产品的功能价值。

但如果顾客在提供知识的同时，参与甚至主导了生产活动，顾客和企业方实际同时投入了知识资源进行决策，顾客成为价值的直接创造者，此时顾客不仅决定了产品的功能价值，还可能因为个性化而对产品产生情感价值。总的来说，顾客信息资源的投入通过影响产品价值而实现了顾客价值的创造，在这个过程中顾客可能作为知识提供者和共同决策者出现。

案例：今日头条：用个性化推荐增加顾客黏性

丰富的顾客信息可以帮助企业进行经营决策，在在线内容社区里，顾客在网站中浏览、评论、点赞等行为信息形成了丰富的资源库，内容提供商以此来判断顾客喜好。在个性化推荐算法的帮助下，顾客总能看到网站精心挑选的适合其偏好的内容。今日头条的个性化推荐算法关注三个维度，分别是相关性特征、话题热度特征、顾客所处环境特征，综合以上信息，平台可以为顾客提供非常个性化的服务，如在周末休息时给有宠物的客户推荐国内外火爆的宠物视频，类似的推荐能帮助企业增加顾客黏性，也让顾客总能看到其感兴趣的内容，充分地体验娱乐价值。

2．互动与顾客价值共创

除传递知识外，顾客还可能在互动中创造价值，比较有代表性的视角有关系视角和体验视角。其中，体验与顾客的参与程度相关，体验主义认为，消费是一种情景下的情感体验，来自观看和参与某个事件。与产品带来的功能效用不同，体验的效用主要产生于服务过程中，包括享乐、审美等多项元素。在互动过程中，顾客投入的时间、精力、热情等资源，会直接影响到顾客的体验。从顾客参与维度的划分可以发现，体验可以分为多种层次，当顾客配合服务提供者的行为，耐心地完成整个服务流程时，资源主要从服务提供者传递到顾客，顾客的配合程度决定了其对服务体验的满意程度。当顾客在接受服务的同时，主动地主导服务的内容和过程，创造服务体验时，实际上完成了一个服务个性化的过程，顾客和服务提供者以一种合作的方式塑造了独一无二的消费体验。因此，体验的优劣直接受到顾客参与程度的影响，并反过来影响顾客对体验价值的评价。

此外，互动中还涉及一项重要的社会资源的形成，即关系资源。关系营销理论指出，顾客在购买产品或接受服务时除关注产品或服务本身的价值外，还关注与企业建立的关系及伴随这种关系而来的价值和利益。关系建立并非服务过程的必要环节，但需要顾客和服务人员的共同努力才能达成。一般认为，顾客建立关系的动机在于可在关系中获取一定的利益。这些利益既包括满足社交需求、扩大社会关系的与服务过程无关的情感利益，也包括降低感知风险、享受经济利益、享受特殊待遇等与服务过程相关的利益。由此可见，关系作为一种独立的价值来源影响着顾客的价值感知。和谐关系的建立会提高顾客对消费过程的价值感知，并可能影响顾客对产品功能价值的判断。例如，在经信任的服务人员推荐购买某项产品的过程中，可能产生信任转移，由对服务人员的信任转移到对产品价值的信任。总的来说，关系与大多数积极的服务绩效相关，与顾客忠诚、满意、口碑都有密切联系，关系的建立需要交易双方时间、精力和情感上的投入，从中形成的连接对顾客价值产生着深远的影响。

案例：门店为王：奢侈品牌的制胜之道

在电子商务发展得如火如荼的同时，众多奢侈品品牌，即使开通了在线订购途径，也保留门店、VIP 内购、时装秀等面对面的服务，这是因为顾客在消费奢侈品的同时，希望获得的价值不仅来自商品，更来自服务过程。当顾客初次试用并消费后，就与接待的柜员形成了一对一的服务关系，缺少面对面的服务会让这种购物的感知价值大打折扣。与此同时，随着消费次数的增加和金额的累积，顾客可以从柜员那里得到新款的信息、限量的产品，还可能被邀请去看时装发布会。因此，在许多奢侈品牌的营销中，顾客与柜员的关系直接影响着顾客的感知价值。

三、顾客参与价值共创的绩效

顾客参与价值共创可以提升顾客感知价值，同时也为服务提供者创造价值，因此，可以从顾客价值和企业价值角度理解顾客参与的绩效。

1. 顾客参与价值共创的顾客绩效

研究表明，顾客积极参与价值共创对顾客感知价值有正向的影响。顾客参与绩效的一方面能提升其对产品或服务的感知质量。例如，顾客参与能促进新产品或服务的开发，在顾客的参与下，服务提供者更容易提供更能满足顾客需求、更具备新颖性的产品。以个性化及定制产品或服务为代表，当顾客参与到产品生产或服务过程中时，获取的产品和服务与其期望会趋于一致，因此顾客更容易给出一个较高的产品使用价值或服务价值的评价。另一方面，参与本身，无论是否改变了产品或服务的内容，都需要顾客付出自身的资源，在公平理论和匹配理论的主张中，顾客在进行价值评价时会关注投入和回报的公平性，因此顾客会考虑自身的投入是否得到了应有的回报，从而判断产品或服务的价值。在大多数情况下，顾客会因为商品或服务中包含了自己的付出而对其价值给出一个更高的评价。

在使用价值之外，由顾客参与带来的价值还包括与产品或服务的提供者的关系利益，以及参与过程中的体验价值等。关系利益包括信任利益、社交利益和特殊待遇利益等，以 DIY 类服务为例，顾客在可以自己动手制作美食的餐厅中用餐，其感受到的服务价值包含菜品质量和自身的体验质量两种，虽然其菜品质量有可能和专业厨师制作的产品存在差异，但参与本身的价值为整体体验增加了价值，从而导致顾客满意。这种满意体现了服务在情感层面的顾客价值。

2. 顾客参与价值共创的企业绩效

顾客参与在为自身创造价值的同时也使企业受益，比较典型的企业绩效包括顾客参与对企业创新的影响、对品牌资产的影响，及对企业竞争优势的影响。

在企业创新方面，来自用户的知识、经验和需求信息是企业创新决策的珍贵信息源。企业的创新能力不仅受到自身资源的影响，还受到外界资源的影响。开放创新理论指出，企业获取外部知识的能力是创新的关键。拥有丰富顾客知识的企业，能以更高的效率和更准确的方向进行产品和服务的升级。在顾客参与下的创新拥有更高的潜力顺应顾客需求并获取较好的销售业绩。

在品牌资产方面，顾客在服务后产生的口碑行为、忠诚行为、推荐行为也被视为顾客参与的一部分。这些行为对塑造品牌资产至关重要。一般来讲，顾客认为来自与自身相似的顾客的信息比来自企业的信息更为可信，因此，口碑会以更大的说服力影响受众群体对品牌的态度，来自顾客的推荐也常常更有效地影响着信息受众的消费行为。在获得新用户的同时，顾客的忠诚表现为顾客的保留率，这也构成企业一项重要的无形资产。

在竞争优势方面，竞争优势的资源理论支持了顾客在企业价值共创中的地位。企业拥有顾客资源的程度影响着其竞争力。特别地，当企业融入竞争的市场中时，如果能与顾客产生关系连接、收获顾客满意并从顾客那里获取更新的需求信息，企业就更能在动态的竞争中立于不败之地。

第三节　社会化媒体共创价值

社交媒体的普及密切了企业与顾客的联系、企业与顾客的互动及顾客间的互动，为企业与顾客价值共创提供了一个新的场景，企业要重视并善于利用社交媒体平台与顾客共创价值。

一、社会化媒体营销的内涵

进入万物互联的时代，快速发展的科技为企业进行社会化媒体营销提供了有力的基础。同时随着生活水平的提高，顾客们越来越乐于分享自己的见解和想法，社会化媒体便应运而生。与传统媒体不同，社会化媒体是在 Web

2.0 技术基础上兴起的应用程序，它允许用户进行内容创造和交换。

　　社会化媒体平台上的顾客们不再只是被动和单向地接收企业的信息，而是开始独立发布信息或参与信息的发布过程，发布者之间还可以进行直接的交流互动。当然社交媒体在诞生之初都以向用户提供生活分享应用为目的，国外如 Facebook、Twitter，国内如微博等。直到后来，营销者们观察到，社交媒体可以较小的成本，最大限度地提升信息的传播深度与广度。同时大数据时代的到来，使得收集并处理这些数据变得十分便捷，于是学者们利用相关的营销知识，并结合具体的网络环境，逐渐形成当下社会化媒体的营销模式。

　　对于社会化媒体营销的定义有许多解释，最通用的解释是指运用社会化媒体网站，如微博、小红书等平台，通过发布企业或产品的相关信息，如新产品或优惠活动信息等，来提升企业、品牌、产品等的关注度和知名度，以达到直接或间接营销的目的。社会化媒体营销兼备传播学和营销学特征，其亮点和关键在于社会化媒体的应用，利用其良好的互动性为顾客带来良好的体验，同时也更加关注顾客的感受和价值。社会化媒体营销与传统营销的区别如表 8-1 所示。

表 8-1　社会化媒体营销与传统营销的区别

项　　目	社会化媒体营销	传统营销
传播方式	电子口碑传播，互动性强	单向传播、互动性强
内容生产	用户生成内容（UGC），鼓励用户自主创作并分享	通常是由专业团队完成，内容经过精心策划和制作
反馈速度	反馈速度快，可以迅速获得转发量和评论数，从而快速响应	反馈速度较慢，需要专业调研机构调查完成
专业要求	对专业能力的要求较低	对专业能力的要求较高
传播成本	低成本	高成本

案例：知乎，一个共创知识价值的平台

　　知乎，是一个"真实问答"知识分享型社区，注册用户数已经超过 2

亿。知乎在建立之初，邀请了一些高学历、高消费、高黏度的用户，贡献了很多高水平的问答，平台通过这些问答吸引到了更多具有同样特征的用户，形成了最初的高水平知识分享社区。随着社区的扩张，平台的用户逐渐增多，一些高水平用户吸引到了更多有同样价值观的普通用户，这些用户逐渐将对平台的依赖转变为对社区的依赖，于是社区得到了不断的成长，产生越来越多的优质问答，使得社区规模逐渐壮大，用户忠诚度逐渐提高。

二、社会化商务平台共创顾客价值

1. 社会化商务的内涵

2005 年，"社会化商务（Social Commerce，SC）"一词首次出现在雅虎平台。自此，众多的学者开始关注社会化商务。按照维基百科的定义，社会化商务是电子商务的一个分支，它通过社会媒体和在线媒体支持社会互动、用户贡献等方式以帮助人们购买商品或服务。社会化商务是以 Web 2.0 为基础，通过愿望列表、论坛、聊天室、位置定位应用（地理标签）、博客、播客、标签、社会网络、排序、推荐系统等，使得顾客能够对购买什么、哪里购买、向谁购买提供共享的信息、购物体验和意见。有学者将社会化商务看作商业和社会活动的结合，并提出社会化商务的三个主要属性：社会媒体技术、社区互动和商业活动。商业巨头 IBM 在 2009 年 11 月发表名为 Social Commerce Defined 的文章指出在顾客购物前会有目的地寻找身边朋友的购物经验分享，以获得大量准确的信息来支持购物决策。从商业的角度看，IBM 将社会化商务定义描述为零售商的产品与购物者满意、高效交流的结合，并推出社会化商务产品 "WebSphere Commerce"。

社会化商务是一种新型的电子商务商业模式。它将 Web 2.0 和社交技术集成到商业特性中，形成了在线购物的交互式环境。社交商务被定义为"在以电脑为中介的媒体环境中的个人社交网络的影响下发生的交换活动，它与交换过程中的认知需求、购买前、购买中和购买后的不同阶段相关"。自从社交商务平台被认为与顾客沟通的有效媒介以来，许多公司都采用了社交商务平台来管理其产品和品牌。例如，在中国，大约 75%的顾客每月至少会在网上发布一次产品评论和推荐，超过 3 亿人会在获得同行的建议后进行购买。总而言之，社会化商务是在线购物和社交媒体活动的结合。

2．社会化商务的重要属性

为了识别社会化商务和社交网站及电子商务之间的界线，我们需要了解社会化商务的重要属性。

1）社交媒体属性

社交媒体为顾客之间及企业与顾客之间提供了最新的技术，可使他们进行实时动态、多方位的社交互动交流，是社会化商务的技术载体。社交媒体作为社会化商务的技术支撑平台，是用户分享购物经验、推荐产品等行为的有效手段；平台是为用户提供互动、产品评价和建立好友关系的场所，是提供交流和收集用户内容贡献的地方；而新技术产品的推出和应用是推进社会化商务发展的有力保证和重要手段。

案例：小红书

小红书是近几年国内兴起的互动交流平台，以"标记我的生活"为口号，旨在通过平台用户主动发布的关于产品体验、生活分享等内容的帖子，吸引有相同经历或有相关需求的其他用户，浏览并发表自己的看法，同时用户间可能会建立社交关系，从而产生更多新内容。

2）互动属性

大量的社交用户是社会化商务的根本，商业活动是建立在用户互动关系的基础之上的，通过用户间的信息共享来推进商品信息的传播。商业活动、社交媒体的使用、电子口碑的传播等都是以社交用户为基础进行的应用。

社交平台是用户活动的载体，用户之间进行交流、分享和互动，有利于产品的销售，产生商业活动，最终获得利润。电子口碑是用户之间通过网络进行的商品评价，是社会化商务中最基本的互动形式。分享是社会化商务的典型社区互动形式，它区别于传统的用户评价回复形式，其分享的信息是针对社交网站上有共同兴趣的用户，而传统的评价和回复是针对大众的。

案例：直播购物

"直播带货"是近年来兴起的新型购物方式，用户在淘宝、京东、抖音等电商购物平台观看直播，经过主播本人现场测评后，通过直播间里的链接下单心仪的商品。直播卖货的优点在于用户可以通过"弹幕"的形式与主播进行实时的互动，主播会第一时间解答用户对于产品的疑问，加速了信息的传播和接收过程。2017 年"网络红人"李佳琦、薇娅等人的出现将其推向了高潮，2020 年受疫情的影响，线下商品销售大幅缩减，更是给了直播购物巨大的生长空间。

3）商务属性

商务活动的本质是商品交易并获得利益。通过用户在社交媒体平台上分享、交流产品信息及购物经验，使得潜在的顾客产生购买产品的行为。只有产品被销售出去，社会化的商务活动才有意义，商品的交易也是社会化商务的最终目标。

4）信息流动属性

社会化商务强调用户的自我内容贡献，以此为基础进行用户双向的沟通，信息说服力和渗透力更强。社会化商务具有"媒体"特征，内容是社会化商务的重要资源。顾客与企业通过社会化媒体提供的支持平台创建内容，即通过这个开放的平台，生成企业与顾客内容。生成的信息内容会通过社会网络不断向外传播，从而对企业的决策、顾客的购买决策及其价值感知产生较大影响。

案例：微博自媒体

作为国内最大的社交媒体平台之一，微博的日活用户已经达到 2.41 亿人，除普通用户外，也出现了大量的自媒体者，他们会在微博中发布所在领域内的相关信息，吸引对该信息感兴趣的用户成为他们的粉丝，经过自媒体用户关注者的转发、分享等行为，使得信息在多个社交平台同时快速传播。自媒体人没有门槛限制，所有人都有成为自媒体者的机会，这意味着我们进入了全民参与的时代，信息的生产、传播、接收速度都得到了极大程度的提高。

3. 社会化商务活动中的顾客价值共创

社会化商务中的顾客价值共创围绕三个方面展开：顾客信息交换、协同购物和社会互动。信息交换包括顾客购物体验的交流、产品评论和推荐及其他相关信息。通过信息交流，顾客可以获得购物建议、发现新的产品、了解产品知识，从而获得信息价值。协同购物体现在顾客使用协作性购物工具（如协同浏览、即时聊天等）一起购物，并利用集体智慧和力量确保更好的交易（如团购），顾客获得了成本价值。社会互动促进了顾客的交流，有学者认为，社会化商务解决了购物作为一种社会体验的本质。通过互动的消费体验，顾客可以通过信息和情感关怀的形式获得社会支持，同时获得社交价值。

案例：与辉同行直播间：通过资源整合实现价值共创

与辉同行直播间于2024年1月9日启动首播，当天销售额突破1亿元，粉丝数超过 730 万。与辉同行直播间在为用户提供好的商品和购物体验的同时，与粉丝积极互动，听取其建议。邀请张瑞敏、梁晓声、张艺谋、刘德华等各界名人做客直播间与观众互动，并与各地文旅部门联合进行旅游文化直播等活动。依托社交媒体平台，整合各方资源，为顾客创造了价值。同时，提升了与辉同行、主播、各界名人、旅游地点的品牌价值。

三、在线品牌社区共创顾客价值

1. 在线品牌社区的内涵

Muniz 和 O'Guinn 将品牌社区定义为"在某一品牌的崇拜者之间建立的社会关系结构形式，是一种专门化的、非地理联结的社区"。顾客出于对某一品牌的偏爱，继而认同这个品牌传递出的理念，包括品牌价值观和品牌个性，并在心理上产生共鸣，认为他们归属于这个与它具有共同价值观的群体，一旦他们集结起来，便产生了一种牢固的凝聚力和对该品牌虔诚的追随，于是品牌社区就形成了。

在线品牌社区，又称虚拟品牌社区，是指围绕品牌建立的基于品牌爱好者之间社会关系的在线社区。在线品牌社区汇集了对品牌具有共同兴趣的顾客或潜在顾客，这些品牌爱好者在社区中可以交流消费经验、咨询售后问题或分享兴趣爱好等。随着互联网的快速发展，越来越多的企业通过创建在线品牌社区（Online Brand Community，OBC）来维系老顾客并吸引新顾客。如何吸引更多的顾客参与到在线社区并提升其品牌影响力，是企业要面对的一个现实问题。

2. 在线品牌社区的特征

在线品牌社区具有如下几个基本特征：

① 在线社区成员因为对某品牌共同的偏爱或支持而联结在一起，本质是以某个特定品牌为主题的社会网络；

② 在线品牌社区中的互动是通过互联网媒介展开的，从而能够突破时间、空间和地域的限制；

③ 在线品牌社区成员之间分享彼此对品牌的态度与体验，能够在交互过程中形成稳定的社会关系网络；

④ 在线品牌社区是一个价值共创平台，通过品牌和顾客的资源整合引发价值共创过程，在共创顾客价值的同时实现品牌价值。

3. 品牌社区中的顾客价值共创

在线品牌社区情景中，一般考虑顾客的认知需求和情感需求，并将其与顾客感知到的实用方面的价值和享乐方面的价值联系起来。

实用价值可理解为顾客参与结果的延伸，主要是有用性、功能性，以及代表了顾客价值目的与结果方面的意义。在品牌社区中实用价值主要与顾客获取有用的信息、及时更新信息等相关。顾客依据信息感知的有用性及感知的易用性两方面进行评估，如果顾客获取的是与其期望所契合的信息，这些要素无疑会影响顾客的感知价值。例如，优惠、便利、解决问题的方法，以及产品信息的获取等都可以被认为是实用性方面的价值。

享乐方面的价值则是一个更主观、更个人化的自发反应，如愉悦感、娱乐、自我表现等。它主要来源于顾客内心愉悦的体验、感受，与个人情感、情绪直接相关，是顾客在与企业或社区其他成员互动交流体验过程中形成的，如在微博凡客诚品（VANCL）公众号页面上被大批网友围观恶搞的"凡客体"，其本是该品牌彰显其品牌个性的广告文案宣传文体，然其手法另类，最终招致了大批恶搞的帖子，令人捧腹，形成风靡一时的"凡客体"。这样的交流内容既具有趣味性，还具备独创性。

另外，在线品牌社区顾客价值共创中，由于顾客与品牌的互动，增强了顾客的品牌认同、品牌依恋及品牌忠诚，同时也提升了品牌的价值。

案例：小米在线品牌社区共创价值

小米社区是小米公司于 2011 年成立之初创建的官方在线品牌社区，社区口号是"因为米粉，所以小米"，旨在帮助小米用户发现有价值的资源、产品、服务和人。社区功能板块涵盖了产品发布、故障反馈、新功能建议、开发者交流等。通过这些功能板块，社区用户可以参与到 MIUI 手机操作系统的开发过程中，同小米的员工讨论功能提升方案，提供测评报告。在这里，小米用户不仅能够交流分享产品使用体验、参与趣味话题、交流玩机心得，更为特别的是能够和 MIUI 的设计师直接对话，并有机会在第一时间测评体验小米新产品。小米社区为品牌和用户之间搭建起一座桥梁。

截至 2018 年 8 月，小米社区的注册用户总人数达 3 亿多，每日平均活跃用户数量接近 16 万人，每日平均发帖数量在 39 万份以上。2019 年，已有约 200 项业务入驻小米社区，月均处理约 20 万条建议和反馈，覆盖用户 400 万人次，MIUI 成为坚持连续每周更新持续时间最久的手机系统。社区中这些活跃用户贡献了大量原创内容。这些用户已成为小米公司参与顾客价值创造、传播的重要角色，同时也提升了小米的业绩及品牌价值。

第四节 利益相关者共创价值

一、利益相关者与共创价值

在企业与顾客价值共创实践中，往往会忽视企业一些利益相关者在顾客价值共创中的作用，如一些企业的战略投资者（股东），在企业持续为顾客创造价值过程中，提供了重要的资源（包括资金、战略规划、协同效应等）支持。利益相关者理论指出，通过平衡企业或组织的内外部各个利益相关者的利益要求，构建长久的合作关系，能够通过共同创造价值，使利益相关者的整体利益最大化。服务主导逻辑认为，价值是企业、顾客及多方利益相关者通过互动创造出来的。依据服务主导逻辑理念，价值是在各个利益相关者互动过程中通过资源的整合和能力的使用而共同创造的。即各行为主体利用自身所掌握的信息、知识和专业技能等资源涉入价值创造过程，通过资源整合共创价值。因此，共创顾客价值必然存在多个利益相关方构成的服务生态系统，通过资源整合以参与价值共创过程，从而获得利益最大化。服务生态系统也强调，所有利益相关者均作为参与顾客价值共创的角色，参与到共创顾客价值的过程中，当然，在顾客价值共创过程中，利益相关者的作用是不同的，有些关键的利益相关者起主导作用。因此，顾客价值创造过程应该考虑各个利益相关者的角色、地位及他们之间的相互关系。

从宏观层面来看，参与共创顾客价值的利益相关者包括政府、社会组织（消费者协会等）、媒体（电视、社交媒体等）等；从中观层面来看，参与共创顾客价值的利益相关者包括供应商、经销商、竞争品牌等；从微观层面来看，参与共创顾客价值的利益相关者包括企业管理者、股东、员工、顾客等。进一步将上述关键利益相关者进行划分，得到如下两种类型的利益相关者共创顾客价值维度：① 企业内部利益相关者共创顾客价值；② 企业外部利益相关者共创顾客价值。例如，与辉同行"阅山河"文旅直播带货就是一个成功的利益相关者共创价值的案例，参与的企业内部相关者包括与辉同行直播间主播、工作人员等，投入了品牌资源、流量资源、工作人员的专业技能资源、主播个人的流量资源和专业技能资源；参与的企业外部相关者包括当地政府（文旅商务部门等）、文化旅游景区、演艺人员、名人、媒体、当地企业、物流企业、粉丝、顾客等，都投入了自身拥有的资源。通过资源整合，进行价值共创，所有的参与角色都获得了自己的价值。在这些参与角色中，关键的利益相关者一是主播董宇辉，二是当地政府。

利益相关者共创价值的理论概念图如图 8-2 所示。企业内部的利益相关者，如管理者、员工、股东等，通过共享相同的价值观、使命和愿景，使得市场信息和知识在企业内部流动，通过有效学习和分享来更好地理解市场需求，开发新产品和服务，并对市场机遇给予更快速的响应，最终提高顾客满意水平，共创顾客价值；企业外部的利益相关者，如顾客、供应商、经销商、竞争品牌、政府、公众等，通过整合多方资源、平衡各方利益，以达成一致性，从而促使利益相关者整体利益的最大化，实现顾客价值共创。企业内外部利益相关者通过契约或个人联结形成一张内外镶嵌的关系网络，其拥有的资源和活动被有机地融合到共创顾客价值的网络中。

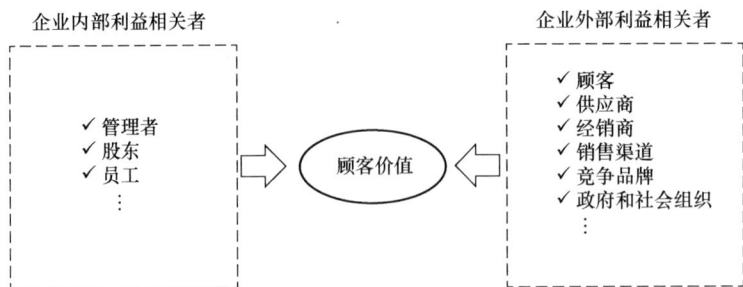

图 8-2   利益相关者共创顾客价值的理论概念图

案例：中国好声音，利益相关者共创价值

在"选秀已死"的 2012 年，《中国好声音》却凭借着其独特的价值创新模式，将各个利益相关者通过紧密的利益共享关系牢牢凝聚在一起，实现了多赢的利益相关者共创顾客价值。

在利益相关者共创价值的过程中，《中国好声音》的成功，首先就是由于其极大地满足了观众的心理需求和精神需求，创造出巨大的娱乐价值，其次得益于各利益相关者的资源投入与高水平的资源整合。从参与价值共创的角色来看，版权方、制作方、播出方、广告赞助商、导师、学员（参赛歌手）和观众（顾客）构成了共创价值的利益相关者。在价值共创过程中，众多的观众深度参与了价值共创的过程，他们不仅仅在电视或网络媒体上观看了《中国好声音》这个综艺节目，还通过网络，特别是微博、微信等社交网络平台积极地传递其价值主张。而这个主张恰恰与《中国好声音》的价值主张完全一致——真声音、真音乐；制作方、版权方、播出方、广告赞助商、导师、学员均投入了各自的资源。在《中国好声音》节目为观众创造娱乐价值的同时，《中国好声音》的高收视率，以及在大众媒体和社交媒体的二次传播，也为其他利益相关者创造了巨大的经济价值和品牌价值。

二、企业内部利益相关者共创顾客价值

从企业自身来看，参与共创顾客价值的重要利益相关者有经营管理者、

股东、员工等。在由企业内部各利益相关者构成的多角色生态系统中，经营管理者是企业各项决策的制订者，通过明确前瞻性的企业愿景，构建符合可持续性发展的企业文化激发员工内驱力，从而共创顾客价值，是创造、传播、传递顾客价值的设计者和管理者；员工是顾客价值创造的执行者和影响者，参与到顾客价值创造、传播和传递的全过程中，对于共创顾客价值的作用主要体现在其生产产品价值，参与价值传播与传递，在与顾客接触中同顾客互动共创顾客价值，以及如何影响顾客对价值的感知等；股东作为企业的投资者，更看重的是企业持续创造利润的能力，通过参与企业治理、控制企业经营方向等行为，间接共创顾客价值。因此，企业内部的利益相关者共创顾客价值要从企业经营管理者、员工、股东三个重要的利益相关者入手进行剖析。

1. 企业经营管理者

从企业内部利益相关者的角度来看，经营管理者是参与顾客价值共创的关键角色。企业战略层的高层经营管理者参与顾客价值共创体现在其通过监控外部环境的变化，获取行业信息，掌握市场变化趋势，决定企业的发展方向，确定企业的价值主张，制订企业持续创造顾客价值的发展战略。中层经营管理者参与顾客价值共创体现为通过运营管理为顾客创造优异的产品价值。如通过制订各种质量方针和政策，监控工作进展和质量绩效，为企业创造产品价值提供重要保障，而业务层的管理者直接参与到产品价值创造中。此外，管理者的角色外化行为还会影响顾客的感知象征价值。由于企业高层管理者既是公司战略的制订者，同样是企业形象最好的宣传者。管理者形象与企业形象相挂钩将会影响企业的知名度和社会声誉，从而增强或削弱顾客对产品或品牌的感知象征价值。

经营管理者对于共创顾客价值所产生的间接影响体现在其激发员工的组织公民行为、提升员工对工作及企业的满意程度，进一步使其产生强烈的组织认同感和使命感，提升工作绩效，推动顾客价值的共创。同时，管理者的员工授权程度同样会对共创顾客价值产生影响。员工授权加快了信息传递速度和处理效率，通过赋予员工一定权限使其拥有对事件处理的控制感，进而增强员工和其他利益相关者，特别是和顾客之间的关系。此外，管理者在处理涉及企业内外部环境的复杂事务中需维护和其他各利益相关者的关系网络，监控外部环境，通过与其他利益相关者进行沟通协调，获取对企业有价值的信息，发现潜在的机会和威胁，间接参与到顾客价值的创造过程中。

案例：海尔经营者的用户观念

从资不抵债、濒临倒闭的青岛电冰箱厂，到连续 11 年稳居欧睿国际世界家电第一品牌，海尔集团创始人张瑞敏对公司发展起到了关键作用。1985年，张瑞敏通过顾客反映，发现产品存在质量隐患，果断决策，砸毁了 76 台有缺陷的冰箱，成为唤醒员工的质量意识、市场意识，强化海尔质量观念，为顾客创造产品价值的标志性事件。2005 年，张瑞敏提出人单合一模式，每一个员工都直接面对顾客，为顾客创造价值，经过 16 年持续精进的探索，构建起海尔的价值共创生态系统。张瑞敏的为顾客创造价值理念及富有远见的领导魅力，无形之中影响着员工的行为及顾客对海尔品牌及其产品的看法，提升了顾客对海尔的感知价值。

2. 公司员工

员工参与顾客价值共创体现为产品或服务价值的创造。员工对于企业使命、愿景及价值观的认同会直接影响到其工作态度。根据社会认同理论，个人对自我的社会分类可能基于多种因素，如工作所处企业、参加的社团、所在区域等，而这些社会范畴内的成员关系会影响个人的自我概念。当员工感觉自己是企业的一部分时（企业认同），员工从企业这个群体中能够感知到更强的情感联结。进而，激发员工自驱力，发挥主观能动性，为企业主动提供建议以改进服务流程，促进其与顾客的共创价值活动。

同时产品价值转化为顾客价值需要员工的参与来实现，如员工为顾客提供的各种服务。在服务业，员工对于顾客价值共创的影响还体现在员工与顾客的融洽互动方面，和谐关系有助于增强沟通合作，可以促进情感的传递，提升顾客感知价值。海尔的人单合一及海底捞的优质服务都是员工成功参与顾客价值共创的典范。

案例：海底捞员工与顾客共创价值

海底捞的产品是火锅，更是其所提供的极致服务，由于锅底、菜式同质化现象严重且难以创新，因而与顾客进行互动为其提供服务的员工便成为企业独特竞争优势和提升顾客感知价值的重点。企业通过提高员工满意度与认同感，激发员工内驱力，使其从顾客体验出发，创新性地为顾客提供愉悦的用餐服务。无论是为顾客提供的餐前美甲、游戏，餐中提供发卡、眼镜布及餐后打包零食、水果，还是其充满温度的个性化服务，都能体现出海底捞员工积极参与到顾客价值共创的过程中。

3. 股东

股东是企业内部关键的利益相关者，承担着为企业发展提供重要资源，同时通过持续为顾客创造价值获得资产的增值和分红回报，例如，腾讯作为京东、美团和拼多多的重要股东在支持这些企业为顾客创造价值的同时获得了丰厚的回报。股东作为顾客价值的共同创造者主要体现为通过参与企业治理，监督企业经营者行为，影响企业的愿景、战略及项目运营，来参与顾客价值创造过程。此外，股东为企业提供的资本、金融制度及投资方向，对于企业长远发展具有重要意义，从而影响产品/服务的规划，最终影响企业创造顾客价值。

案例：腾讯战略投资京东

2014 年 3 月 10 日，腾讯和京东联合宣布，腾讯入股京东，至此腾讯成为京东的重要股东。同时，双方签署战略合作协议，腾讯将为京东提供微信和手机 QQ 客户端的一级入口，还将在网上支付服务方面进行合作。腾讯作为京东的战略投资者，通过投入具有独特优势的资源，与京东及其他利益相关者一起共创顾客价值，为京东在电商竞争中脱颖而出起到了重要作用。

三、企业外部利益相关者共创顾客价值

从企业外部来看，参与共创顾客价值的重要利益相关者有顾客、供应商、经销商、政府、公众等。在企业外部各利益相关者构成的多角色生态系统中，顾客是价值创造的核心，是价值创造的受益者。根据服务主导逻辑理论，顾客在参与在顾客价值创造过程中，价值是在顾客和各利益相关者互动过程中创造出来的，各方在互动过程中投入了自身的资源。供应商和经销商作为企业产业链上的合作伙伴是为顾客创造价值必不可少的角色。而政府和公众在企业为顾客创造价值时起着独特的作用。

1. 顾客

价值是在互动过程中通过资源的整合和能力的使用而共同创造的，交互性是顾客价值共创的重要特征。依据服务主导逻辑理念，使用价值可以通过产品和行为的整合来取得，而使用价值的实现则需要依赖顾客。顾客创造了使用价值，也奠定了顾客在价值共创过程中的核心地位。顾客的涉入才是创造价值的核心，顾客综合利用所拥有的知识、技能，体验、社会阶层/地位、社会关系，以及企业提供的产品和服务等资源条件，通过互动创造价值。而企业则由传统意义上价值创造的主导者角色转变成价值创造的协同者，为顾客提供资源和平台。顾客在价值的创造中提供了必要的资源和能力，并通过与企业具有价值支持的互动过程实现顾客价值共创。

此外，在社交媒体情景下，顾客变得更加积极主动且富有创造性。通过与企业或其他顾客的交互，积极地传递其价值主张，深度参与价值共创的过

程，共同创造顾客价值。例如，顾客可以通过社交网络轻松而广泛地分享他们的产品体验，主动参与到产品的改进与创新中，与企业及其他利益相关者一起共创顾客价值。

案例：耐克邀请顾客参与价值共创

耐克公司向顾客和爱好者开放了运动鞋的创意设计。在网上，顾客可以基于自身喜好随意选择颜色及图案，进行新鞋设计。在线下，NikeiD 现场工作室（如在纽约和伦敦），被选中的顾客可以参与设计、制作独特的运动鞋。在研发出新产品后，耐克会将还未正式发布的新品送给一部分品牌的忠实顾客，并要求这些顾客在自然环境中对新鞋进行测试。此后，通过其官方渠道收集跑步者的身体条件、跑步环境和新鞋所带来的实际体验，在顾客和耐克的设计师之间建立了一个直接的交流渠道。通过邀请顾客测试新鞋，收集顾客建议，耐克形成了直接透明的互动方式，使顾客参与到价值共创的过程中，与品牌方一起共创顾客价值。

2. 供应商

供应商是企业的战略合作伙伴，在企业价值链上为企业供应所需的各种资源，供应商在与其供应资源的企业共创企业价值的同时，也参与到企业面向下游顾客的价值共创中。供应商参与顾客价值共创主要体现为可以为企业供应所需资源，通过与企业共创价值生成为高阶资源（包括对象性资源和操作性资源）参与顾客共创价值。尽管供应商和企业属于不同的商业组织，有各自的边界，但从服务生态系统的视角出发，供应商与企业的关系已从传统意义上的合作关系转向以共创顾客价值相互依存的生态关系。通过信息分享、协调行动、平衡利益，供应商和供应网络等在经济活动中为价值共创的实现提供必要的支撑，通过提供操作性资源或对象性资源以协助企业或顾客共创价值。

案例：星巴克与咖啡豆供应商共创价值

高品质、可持续的咖啡豆供应，是支持星巴克零售销售量稳定增长的重要方面。星巴克在全球运营多个咖啡豆种植支持中心，通过帮助咖啡豆产地种植者科学种植、防治灾害，使咖啡豆供应商更深入地融入星巴克的价值链中。不仅加强了对上游资源的控制，确保了咖啡豆的品质，而且与咖啡豆供应商形成了稳定坚实的合作伙伴关系，使供应商参与到顾客价值共创的过程中，实现利益相关者的可持续价值成果。

3. 经销商

由传统意义上的企业创造并传递价值，到如今的服务生态系统，利益与关系的联结性使得涉及价值共创过程的参与者不断增多，参与价值共创的主体已不再局限于企业与顾客。依照服务生态系统，不同参与者构成交互空间、形成价值共创网络，通过资源整合共创价值。经销商作为从事商品交易业务，在商品买卖过程中拥有产品所有权的中间商，在产业价值链中依靠对下游客户或顾客情况的有效掌控以实现对企业的价值承诺。经销商在服务生态系统中获取自身所需的价值，共同为顾客创造价值。因而，经销商同样是参与共创顾客价值的重要力量。

经销商作为和终端顾客接触最多的角色，是企业获取市场信息的重要来源。通过与经销商的互动，企业能够获取顾客的反馈信息，并进一步转化为独特的隐性知识资源作用于企业的产品改进。此外，通过与经销商保持相互依赖的紧密关系，经销商会更加愿意参与到企业的流程优化中，分享经验、共享知识以共创顾客价值。

4. 电商平台

随着全球化进程的不断加快和以互联网为代表的信息技术的蓬勃发展，网络购物已成为企业借助互联网销售产品或服务的一种重要方式。与传统的实体店销售方式相比，电子商务形式使得传统的销售模式发生了重要变化，电商平台为企业提供销售平台和渠道，参与到企业和顾客共创价值的过程中。一方面，电商平台能够大幅降低企业的营销成本，减少地域限制，并在有限的空间中展示更多的产品；另一方面，电商平台能够大幅缩减顾客的购物时间及购物成本。因而，为企业与顾客提供交易场所的电子商务平台是参与共创顾客价值的重要外部利益相关者。

电商平台对共创顾客价值的作用体现在其通过提供专业化的搜索功能，使顾客能够快速检索到所需产品，节省了顾客的搜寻时间。同时，在面对大量分散化、碎片化和个性化的需求时，为顾客有效匹配具有服务能力的商家，通过快速识别顾客需求的动态变化以提供精准的推送服务，提升顾客的感知价值。此外，电商平台还通过为顾客提供安全的网络购物环境及顾客隐私保护来增强顾客信任，提高顾客的互动意愿，参与到共创顾客价值的过程中。例如，淘宝直播就是购物平台对传统电子商务的重要创新。作为一个全新的经济业态，淘宝直播一方面通过帮助卖家更好地展示产品，无论是品牌商家还是中小商家，无论头部、腰部还是尾部商家，均能通过直播的形式提高与顾客的直接互动，进而有效提升其店铺销量；另一方面，淘宝直播通过为顾客提供个性化的主播推荐，为顾客与卖家搭建了面对面的实时互动平台，进而降低了顾客的感知风险，提高了其购买意愿，参与顾客价值共创过程。

本章案例：抖音电商：以顾客价值共创为核心的直播平台

经济发展到今天，工业体系生产出越来越多的产品与服务，数量比以往任何时期都多，这些产品和服务正通过各式各样的渠道交付到顾客手中。随着移动互联网的不断发展，顾客获取信息的方式也越来越多。

在这种情况下，产品及服务的复杂性和顾客获得信息的便利性，让顾客在消费决策中的话语权逐步提高。这也意味着如何发掘顾客需求，最大化传递顾客价值成为企业在生产和经营时必须关注的问题。在传统电子商务中，企业与顾客扮演着提供价值和消费价值的角色，产品与服务中包含的价值通过在市场上交换转移到顾客手中。而如今，顾客的需求成为企业创造价值的驱动力，顾客与企业之间的互动，实现了企业和顾客的价值共创。因此，企业只有深刻理解"顾客"的价值需求才能更好地创造、传播和传递顾客价值。从这个角度看，抖音就是一个以顾客价值共创为核心的电商平台。

抖音电商真正的商业逻辑，并非要把电商平台觉得重要的产品推送给顾客，而是通过顾客自己日常浏览和创作视频的过程，了解用户的兴趣、洞察顾客的需求，并在合适的产品与顾客需求之间建立起联系。这意味着顾客会因为自己的兴趣爱好而被平台推荐的内容所吸引，从而发现可以满足其需求的产品，最终形成购买行为。正因为这样一种商业逻辑，顾客在抖音电商平台上每一次购买行为的发生，必然伴随着其内在兴趣的释放和需求的满足。对抖音电商这样的兴趣电商平台来说，顾客价值共创是平台发展的基础，顾客参与其中是天然赋予电商平台的属性。这也体现了抖音电商与传统电商相比独有的优势，即通过"前台"的优秀视觉化内容创作和"中台"的精准数据科技，把原本一些处在"后台"的沉默消费力量唤醒了。这些对提供更符合顾客需求的产品和提高顾客价值传递的效率，都具有重要的意义。

截至 2021 年 2 月，抖音搜索月活跃用户数突破 5.5 亿，庞大的用户规模、高消费能力，以及高增长潜力的用户结构推动了电商业务的快速发展。数据显示，首届抖音年货节总成交额为 208 亿元。年货节期间，抖音直播间累计看播用户量 143 亿人次，互动评论数超 19 亿条，互动人次超过 3.2 亿。任何一个电商平台所要做的都是把"人、货、场"三个因素进行解析，形成自己独特风格的商业理念。首先，在"人"的方面，抖音电商敏锐意识到了年货节期间，新消费人群的涌入和用户的年轻化。因此，针对年轻人的需求做了一系列的设计和调整，推出短视频话题挑战赛、炸鞭炮赢 10 亿元、拍视频赢品牌福利等多种玩法，通过选择年轻人参与度较高的活动，吸引年轻人参与其中。其次，在"货"的方面，推荐特色溯源好货，加码节日氛围。选品突破了传统年货品类，通过提供平台曝光等资源，推动地域特色创作者和主播上架地方好物，助其提高销量和口碑，也让顾客更方便地购买家乡年味。最后，在"场"的方面，年货节搭建的是一个基于兴趣参与的年货场。兴趣电商具有的优势，使得顾客参与到直播和内容创作中，让顾客基于兴趣的需求得以释放，这使得更多好年货得以入场。

如今，信息的碎片化，需求随着生活节奏的加快而更加多变。由于顾客对社交平台、短视频平台的高度依赖，使得传统的电脑端逐渐被边缘化。传统搜索引擎正渐渐被微信搜一搜、抖音视频搜索等移动端搜索方式所取代。相较于以前打开传统搜索引擎，输入关键词，然后在海量文字信息中筛选出符合需求的内容，视频化的搜索显得更为直接和高效，也更符合当下互联网用户的偏好。人们打开抖音，在视频搜索栏中输入关键词，相关内容会以短则几秒、长则几分钟的视频形式出现，短视频比文字信息更容易传达，表达更为清晰，信息传递的效率也更高。

正是由于抖音电商以顾客价值为核心，让这个平台天然拥有了帮助商家转变营销理念，通过多方位、多角度触达顾客的能力。而且顾客是主动参与到商家的销售环节，打破了以往商业行为中的固化态势，形成了平台、商家和顾客价值共生的生态系统。

本章思考：如何通过资源整合，实现利益相关者共创价值？结合企业实际案例进行分析。

第九章
从战略视角管理顾客价值

创造顾客价值是市场营销的核心，是企业坚持市场导向的准则，也是企业在竞争中赢得顾客的源泉，因此企业应把顾客价值放在战略的高度加以重视，而不应仅作为一种战术手段。但顾客价值创造、传播、传递活动是一个复杂的过程系统，企业在经营中融入以创造顾客价值为核心这一思想时，必须对内外部环境进行全面的评估，对顾客价值有更深入的了解。很显然，没有系统的规划是很难在企业经营中有效推行顾客价值思想的，它急需一个具有可行性的执行框架。因此，如何从战略的角度管理顾客价值就成为企业的一个重要课题。

本章介绍顾客价值战略管理思想的形成过程，并论述顾客价值战略管理的实施过程、外部市场环境评估、企业内部价值创造能力的评估等，最终确定企业最具有竞争力的顾客价值，并确保顾客价值战略在企业中顺利实施。

第一节　顾客价值战略管理思想的形成

一、顾客价值战略管理的发展

人们熟悉的世界 500 强企业排名每年都在变化，在那些企业里几乎没有永恒的领导者，这种微妙的变化传递出了激烈的市场竞争信号。当今世界正步入数字经济和智能化时代，经济环境和经济模式正发生深刻的变化，新技术的广泛采纳缩短了新产品的研发周期，使得产品更新的速度越来越快。企业不是孤立的，任何企业都不能置身于特定的外部市场环境之外发展。为了能在市场竞争中获取优势，企业开始寻求解决之道，重组兼并、战略联盟和流程再造等管理创新方法都被企业用于提高自身竞争力。

当企业纷纷开始从内部进行管理变革之后，转瞬便发现这些变革所带来的优势很快就消失了，不能持久地发挥作用。当然，这并不是说这些管理变革没有成效，而是管理创新变化没有市场变化得快，或是有些企业没有正视导致市场竞争加剧的另一个主导因素——顾客正在发生巨大的变化，技术进步推动的顾客消费习惯和生活方式的改变，带来了顾客价值感知的变化，以及企业创造顾客价值路径的重塑。

为应对这一变化，20 世纪 80 年代以来，营销学者和企业经理们就没有停止过对营销理论的探索。从最初"以产品为中心"的 4P 策略的广泛使用，到"以顾客为中心、以顾客需求为导向"的 4C 理论的应用，到数字经济时代场景、社群、内容、连接新 4C 观念的诞生，这些营销思想的变迁都是企业顺应市场竞争的结果。进入 20 世纪 90 年代后，企业的市场表现似乎并未能证明这种转变能从根本上帮助企业解决竞争的困扰，同时人们也注意到顾客对价值的特别关注，因此，那些卓有远见的企业把营销的重心放在为顾客创造和传递卓越的顾客价值上。将顾客价值管理提升到企业的战略高度也就成为必然。

二、营销战略与顾客价值战略管理

营销战略是企业战略的职能战略内容，它的核心是通过市场细分，明确目标市场，确定产品定位，其战略目的是为其目标顾客群体提供合适的产品。随着营销观念的变化，营销战略思想也经历了一个转变的过程，从过去旧的交易营销观念到现在新的关系营销观念，营销战略思想经历了从简单预算、战略规划到质量和价值传递，再到如今顾客价值这种新价值传递思想的转变，整个演变过程如图 9-1 所示。

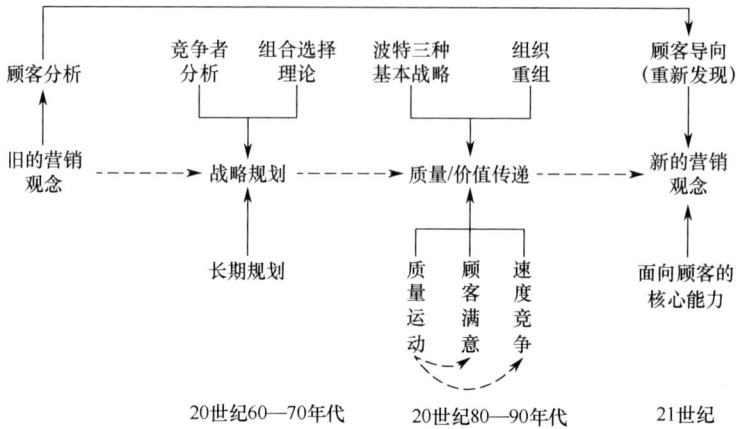

图 9-1 营销战略新价值传递思想的演变过程

在传统的营销观念下，企业很少真正考虑顾客，营销活动也仅局限于把产品如何推销给顾客，而且也缺乏对企业长远利益的考虑。进入 20 世纪 60—70 年代后，随着市场竞争的加剧及营销在企业中作用的加强，企业开始注重营销的战略规划，从此营销战略思想正式被企业所重视，在此期间出现很多指导营销战略制订的方法和管理思想，如长期规划、竞争对手分析及波士顿矩阵分析法等。进入 20 世纪 80 年代后，营销战略思想发生了重大的变化，战略重点从营销活动的长期规划转变到顾客所关注的质量和价值上。在那时，产品已经是极大丰富了，顾客不再担心产品能不能买到，而关心产品是否有过硬的品质。同时由于竞争的激烈程度并未减缓，降低成本就成为企业对抗竞争的利器，因而波特的三种基本战略及价值链管理思想日渐被企业所接纳。质量运动和波特的竞争战略思想一直主导着这个时期的营销战略思想，即便是质量和价值传递战略后期的顾客满意、速度竞争及组织重组等战略思想也都受到它们的影响，是它们的延续。20 世纪 90 年代以来，人们开始重新认识顾客，逐渐形成了顾客导向型的经营观念，这种新的营销观念强调把为顾客创造价值作为其核心能力，提出了新的价值传递营销战略思想。

正如德鲁克所指出的那样，营销的真正意义在于了解什么对顾客来说是有价值的。从交易观念到关系观念的转变实际上就是对营销真谛的一种重新认识，是顾客重要性在企业经营中的回归，也是以顾客为导向的经营观念形成的过程。新的营销观念实践就是要为企业创造顾客，德鲁克也认为这是所有企业的首要任务，他进一步指出企业创造顾客的目标能否实现，顾客价值是关键。在这个意义上，新的营销范式不仅强调与顾客间持久而良好的关系，更突出一种价值主张，强调为顾客创造并传递卓越的顾客价值。因此，在新的营销观念下，顾客价值战略是营销战略的重点。

三、质量战略与顾客价值战略管理

20 世纪 80 年代由日本发起的全面质量管理推动了全球质量运动，这种高度重视品质的管理思想几乎影响了企业的方方面面，包括企业战略及职能战略的制定等。在市场上依靠完美的品质超越竞争对手的企业都非常重视品质管理，甚至把它提升到企业战略的高度，制定并实施质量战略。在质量日渐被顾客所倚重的时代，追求卓越的产品和服务品质也一度是营销战略的重要内容，但绝非全部，同样，能影响企业市场表现全局的质量战略内容也不仅仅是非营销活动，但质量战略和其他职能战略却有着完全一致的战略目标，那就是取得卓越的市场表现以实现企业战略目标。

在购买决策中，质量和价格是顾客最重视也是最敏感的因素，这也是众多学者把这两个要素作为顾客价值权衡的原因之一。也正因如此，质量和顾客价值才有了密切的关系，质量是影响顾客价值感知的正向因素，同时通过严格质量控制也能有效地控制成本，从而可以降低顾客价值感知的负向因素。无论是过去顾客单纯地重视产品质量，还是现在重视顾客价值，质量都是一个顾客可见的感知因素。在新的营销范式下，顾客的购买行为和忠诚行为已不再受质量单一驱动，而真正驱使这些消费行为发生的就是顾客价值，企业对质量重视的根本原因也在于要提升传递给顾客的价值，换句话说，企业质量战略的实施是顾客价值战略管理的保障，它们在战略内容和战略思想上存有很大的同质性。

四、战略管理与顾客价值战略管理

尽管在企业战略管理理论形成和发展过程中，出现了很多不同的战略思想或战略学派，但这些理论都基于三种基本的传统战略思维：内外环境匹配的战略思维、内部能力条件的战略思维和外部环境条件的战略思维。无论是基于哪种战略思维所制定的企业战略，都是在确保企业使命和企业愿景能顺利实现。虽然每个企业的使命和愿景都不一样，但有些本质的内容还是相近的，如为了企业的发展、为了股东利益等。

传统的战略思维考虑更多的是获取竞争优势，很少涉及对价值的思考，即便有也是停留在股东价值上，对整个战略利润链的协调发展缺乏通盘考虑，尤其是严重忽视了从根本上影响企业战略目标实现的顾客价值。20 世纪 90 年代后，企业战略管理思想发生了巨大的转变，这种转变体现在价值的概念开始以越来越高的频率出现在战略管理的学术文献中，并且日益显现出其作为核心概念的作用。在战略理论方面，一些新的观念认为，企业应将战略分析的基点从传统的如何比竞争对手做得更好，转移到顾客价值的创造和创新上来。如顾客价值分析方法正逐渐成为战略制定的一种重要分析工具，Jedidi·Kamel 等人研究指出，顾客价值分析对企业战略的制定具有重要的作用，并提出了如何在不同的市场上进行顾客价值分析，以及如何根据顾客价值分析得出的结果制定企业的战略。在管理实践中，企业战略使命中的价值内容已经得到很大的发展，从关注股东价值扩展到员工、顾客及其他利益相关者利益，如中国平安保险公司的企业使命就是为顾客创造价值、为员工创造价值和为股东创造价值。

事实上强调为顾客创造价值与企业战略理念并不相悖，恰恰相反，创造和传递卓越顾客价值是符合市场导向战略文献中所倡导的市场和顾客导向观念的。而这种理念特别强调顾客与企业利润和绩效之间存在的关系，认为企业能否取得成功，关键在于企业能否为顾客提供其所欣赏的价值。从这个意义上说，顾客价值战略是服务于企业战略的，是企业战略的重要内容。因此，许多企业已经将创造顾客价值融入企业的使命及价值观中，例如，华为的使命是把数字世界带入每个人、每个家庭、每个组织，构建万物互联的智能世界。小米的使命是始终坚持做"感动人心、价格厚道"的好产品，让全球每个人都能享受科技带来的美好生活。

通过上述分析，可以得出这样的结论，顾客价值战略是营销战略、质量战略和战略管理的核心内容。虽然它们的内容侧重点存有差异，但相互之间也有相同的内容，尤其是在战略出发点上它们更是保持着高度一致性，这个一致的内容就是创造顾客价值，这也是它们实现为股东创造价值这一直接目标的主要驱动要素。在这个层面上，顾客价值战略管理是营销战略、质量战略和战略管理思想的完美结合，体现了三者之间可以高度融合的部分，这种关系如图 9-2 所示。

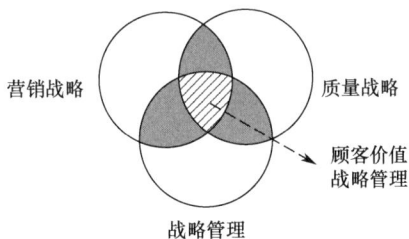

图 9-2　战略管理、营销战略、质量战略与顾客价值战略管理的关系

第二节　顾客价值战略管理的体系

一、顾客价值战略的内涵

几乎每个企业提出的管理理念都在强调自己是关注顾客的，是从顾客需求出发的，是顾客心声的反映。虽然各有不同的表述，但都证实企业是以顾客为中心的模式。顾客价值思想也不例外，无论顾客价值的定义有多少种，

差异有多大，都不能削弱顾客价值对于企业的重要性，也不会妨碍对顾客价值战略管理这个实际问题的讨论。

顾客价值战略管理（SCVM）是一种理念、一种文化，一种系统的以顾客需求为基础的价值创造方法，其本质就是以战略的视角来管理顾客价值，使顾客价值创造过程更加系统化。在顾客主导的理性消费时代，顾客价值战略管理的关键突破性思想在于，它积累了企业开始正视顾客需求并转向顾客导向的艰难历程中营销实践与理论创新的精华，并在此基础上，使营销与战略管理相结合，使顾客导向的企业更有章可循，并使得顾客价值能从一种口号转变成可执行并获取竞争优势的制胜法宝。

二、顾客价值战略模型

运营效益和战略是企业取得卓越业绩的两个关键因素，然而几乎没有企业能一直凭借运营效益方面的优势立于不败之地，唯有合适的战略才是企业成功的保障。迈克尔·波特在《哈佛商业评论》的"哈佛经典"中撰文给予了"战略"新的注释，他认为"战略"有三层含义：一是"创造一种独特、有利的定位"；二是"在竞争中做出取舍，其实质就是选择不做哪些事情"；三是"在企业的各项运营活动之间建立一种平衡"。战略管理过程就是围绕"战略"的这三层含义开展的，分别对应着战略分析、战略选择和战略实施，图 9-3 概括了战略管理所包括的一般要素。

尽管顾客价值战略管理不是一种战略思想，但它本质上是为了提高企业的运营效率，达到企业目标的。从这个意义上讲顾客价值战略正在融入企业战略，并努力成为其重要组成部分，所以顾客价值战略也应具有波特所说战略的三层含义，以及与战略管理相类似的战略制定流程。战略的第一层含义就是战略定位，这是战略管理能否成功的关键，也是顾客价值战略和企业整体战略区别的关键所在。顾客价值战略定位和企业整体战略定位间的区别主要体现在四个方面：一是前者着重于市场，注意力集中于企业运营的外部环境和顾客，而后者权衡多个方面的企业运营领域及其他因素，强调企业整体运营效果；二是前者从企业价值生态系统的角度出发进行战略定位，后者战略定位的方法则多种多样；三是前者更能有效提高企业的竞争力，建立快速反应机制，后者的管理效果则表现缓慢，周期较长；四是前者不是一成不变的，而是动态发展的，后者则相对比较稳定。战略后两层的含义是依赖战略定位的，不同的战略定位会有不同的战略选择和战略实施过程，因而顾客价值战略与企业整体战略在这两个层面上的区别不是主要的。

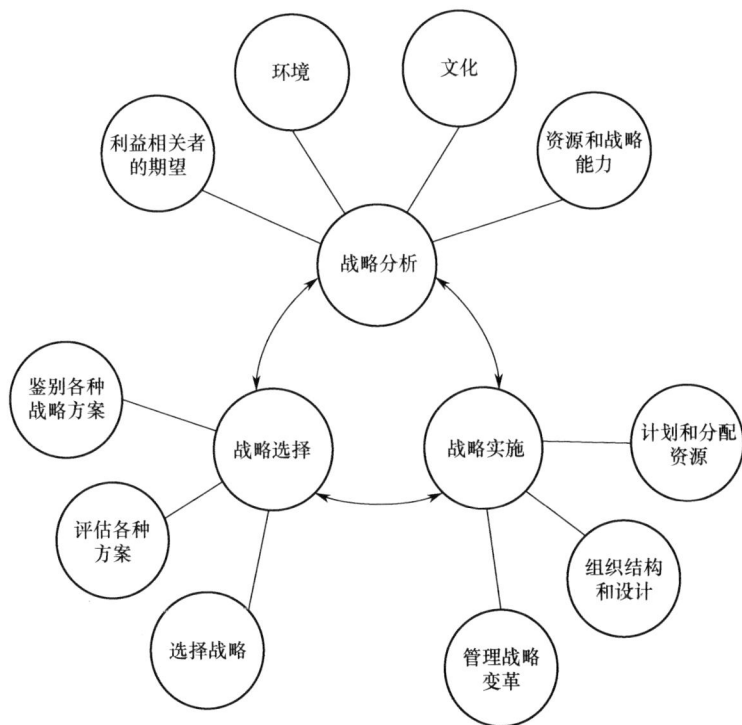

图 9-3　战略管理所包括的一般要素

　　考虑到顾客价值战略与企业整体战略在关键问题上的区别、战略流程上的相似性及企业内部更大范围内的协作，这里提出了如图 9-4 所示的顾客价值战略管理模型。在该模型中，整个顾客价值战略管理过程由四个子系统构成：外部信息诊断、内部信息诊断、顾客价值确定和顾客价值交付行动，这四个核心部分构成一个完整的顾客价值战略的分析及实施框架，包括从目标顾客分析到行动计划的实施。从战略制定的流程来看，外部信息诊断、内部信息诊断和顾客价值确定三部分属于战略分析，关键性组织和战略问题、评估问题并按行动优先性排序和战略选择则属于战略选择，而顾客价值交付行动属于战略实施。

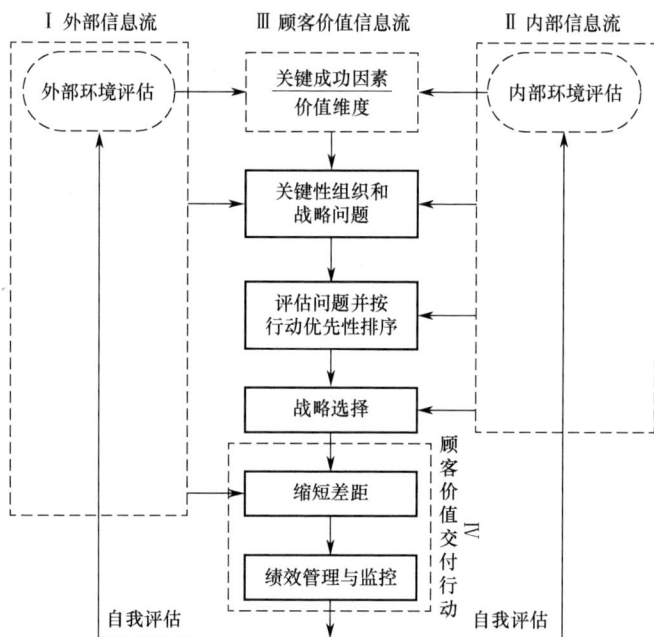

图 9-4　顾客价值战略管理模型

顾客价值战略管理模型实际上是在帮助企业回答四个基本的战略问题：我们现在在哪？我们想去哪？我们怎样到达那儿？我们在那儿吗？问题的回答就是模型的构建过程，具体而言，建立这个研究模型主要包括以下步骤：

① 从企业经营的理念、价值观、愿景、文化和目标等方面对企业进行定义，以使其满足特定的顾客需求；

② 评估企业外部环境的机会和威胁，以不断提升顾客价值；

③ 评估企业内部环境的价值创造力、企业资源的丰富程度和优劣势；

④ 从企业环境评估中定义出顾客价值的维度；

⑤ 从关键的成功因素中找出关键性问题和战略性问题；

⑥ 根据企业的长期目标和重要战略对上述问题进行战略性识别；

⑦ 在⑥的基础上做出战略性选择；

⑧ 制订如何为顾客提供最大化价值的目标，分配企业现有资源并执行顾客价值交付计划；

⑨ 监控、提升企业的顾客价值生成及传递系统。

三、顾客价值战略的内容

顾客价值战略管理是一种数据驱动性的管理，整个战略实施的成功与否完全取决于对来自顾客和企业各方面数据的有效管理和充分合理的运用。在数字经济时代，如何获取顾客信息，如何分析顾客信息，如何转化顾客信息，如何管理顾客信息，如何贡献顾客信息，如何适应现有组织特性的影响，如何有效地把企业获取的并已充分学习的顾客信息转化为切实可行的行动计划，如何在顾客价值交付中令顾客满意等问题成为顾客战略管理研究中不容回避的问题，也构成了顾客价值战略管理的主体内容。实际上，顾客价值战略管理就是要系统地解决这些问题，将其落实在企业实践中，又可归纳为主张什么顾客价值、顾客需要什么价值、资源又能支撑什么顾客价值实现这三类问题。

（1）企业主张的顾客价值。

企业顾客价值战略的起点与其创始团队和企业定位有关，即设立企业之时意图针对哪个细分市场、目标为哪类顾客群体、满足哪些顾客需求。这是一个理想化的话题，却是战略和计划的根基，也是企业持续发展的目标和动力源泉。

（2）顾客需要的价值。

有效的企业顾客价值战略要将企业想提供什么的观点转化为顾客需要什么的观点。顾客价值是由顾客体验决定的，也是由顾客定义的，企业提供的产品、服务是解决顾客需求的手段，而手段是开放性的。所以企业战略的目的是有价值的需求解决方案，逐步讨论顾客需求是什么，需求的规模有多大，我们能主张的顾客价值的独特性在哪里，从而明确战略方向。

（3）资源能支撑的顾客价值主张。

结合企业目标和市场需求后，战略规划还需从企业目前拥有的资源和能力出发，讨论规划的可实现性，即确定了顾客价值之后，也需要有所选择地去行动，找出战略重点、近期要达到的目标；做出战略选择，确定前行的方向。

从有效管理顾客价值的角度，可将战略流程分为四个部分：信息收集过程、信息分析过程、学习转化过程和行动执行过程。

（1）信息收集过程。

战略模型中第一、第二子系统所要解决的问题就是信息收集，在顾客价值战略管理中不仅要收集外部数据，也要收集内部数据。对于外部信息流，企业通过市场获取顾客、渠道客户和竞争对手等的一手数据，除此之外，影响顾客消费行为的宏观数据等也不容忽视；对于内部信息流，企业要收集企业内部过去关于满足顾客需求的能力评价数据，以及各种关于顾客价值创造的资源和能力评估数据。

（2）信息分析过程。

信息收集之后要使信息可用，就必须对信息进行分析处理，战略模型中第三个子系统就是用于萃取有用的顾客价值信息的。在信息分析过程中，要把从不同的组织部门收集到的不同内容的数据综合整理，找出有效的顾客信息，这些信息可能预示着顾客新的潜在需求，也可能是顾客对企业的抱怨，因而要从不同的侧重点进行合理的分析。

（3）学习转化过程。

战略模型的第四个子系统实际上包括学习转化和行动执行两个过程。学习的过程就是一个消化、理解和转化的过程，在这个过程中，需要把前两个过程所获取的有效顾客价值数据整合起来，并使这些顾客价值数据在组织内部共享，促进组织的共同学习。在学习中，不同部门利用自己学习到的顾客信息，在结合部门实际能力的情况下予以改进或提出新的目标，当然整个企业在学习中理解的顾客信息应该保持高度的协调性与一致性。

（4）行动执行过程。

这是整个顾客价值战略管理过程中的实施部分，也是最重要的部分，当然前面的过程都是不可忽略的，它们都是为这个执行过程服务的，没有前面的准备过程就没有执行过程。行动执行过程就是把企业对顾客的理解完全付诸行动的过程，对顾客理解得正确与否，影响到企业能否有效地和顾客进行顾客价值沟通，影响到企业能否提出高效的顾客价值传递方案，影响到顾客对企业交付价值的满意程度等，最终影响到顾客对企业的取舍。

第三节　企业外部市场环境评估

一、外部市场环境的传统评估方法

企业是无法孤立存在的，企业的经营管理离不开外部环境的影响，因而战略分析往往都始于对外部环境的分析。在评估外部环境、获取市场机会的分析中，规范化的模型有很多，其中较为常用的模型主要有三种：PEST 分析方法、"五力分析"法和 SWOT 分析方法，其中以迈克尔·波特的"五力分析"模型最受管理者欢迎。

迈克尔·波特在他的著作《竞争战略》中阐述了理解市场中何种力量起作用的基本原理，并提出了"五力分析"这种结构化的环境分析方法。他选中的五种竞争力量是产业新进入者的威胁、供货商的议价能力、买方的议价能力、替代品的威胁和现有企业的竞争者，他认为上述五种竞争力量在创造或削减企业在行业中的市场机会。很显然，这个模型能为企业带来规范一致的市场评估报告，能使企业不会遗忘任何一个重要的影响因素，但这种环境评估方法却是典型的基于竞争导向的，顾客价值战略管理却是基于顾客导向或顾客价值导向的，如果企业希望实施顾客价值战略，就应该采纳新的市场评估方法，而不宜使用"五力分析"模型。

二、顾客价值导向的市场评估框架

伴随营销系统中的技术、竞争、知识、流程、服务和信息流的改变，市场中的信息源正在从产品观念中的企业转向顾客观念中的最终顾客，因为顾客的需要创造了需求，促进了新的市场机会形成。顾客与销售商联系，并通过渠道联系到整个渠道商、生产商及最终供应商，当然这种联系也会波及竞争者。顾客的作用最为关键，正是这种顾客意识的加强，企业开始致力于与竞争对手、供应商和顾客建立起生态系统，试图通过构建的生态系统服务于共有的顾客，以达到多赢的目的。因为构建的生态系统既能形成成本优势，又能整合各自的优势资源，共同提高顾客价值创造的能力，因此，它正在成为顾客价值导向的基础，也将是影响市场机会的关键力量。

顾客价值导向促进了生态系统中各角色合作，合作又促进了最终顾客、渠道顾客、供应商及竞争对手间的价值交换，这种新的价值交换系统又将催生新的市场机会。因而，对于顾客价值观念下的市场评估不能仅停留在政治、经济、技术、社会和文化等宏观环境的评估上，还必须把最终顾客及为他们提供价值的生态系统考虑在内。因此，这里提出了一种基于顾客价值导向的新的市场评估流程，如图 9-5 所示，它是整个顾客价值战略管理的起点，在该分析框架下将会充分考虑顾客的作用。

在顾客价值战略模型中，外部市场环境的评估目的就是收集外部信息，所收集的外部信息主要用于确定顾客价值信息流、缩短差距、分析关键组织和战略问题。从图 9-5 的顶部向下看，整个分析流程包括以下四个阶段。

外部信息流

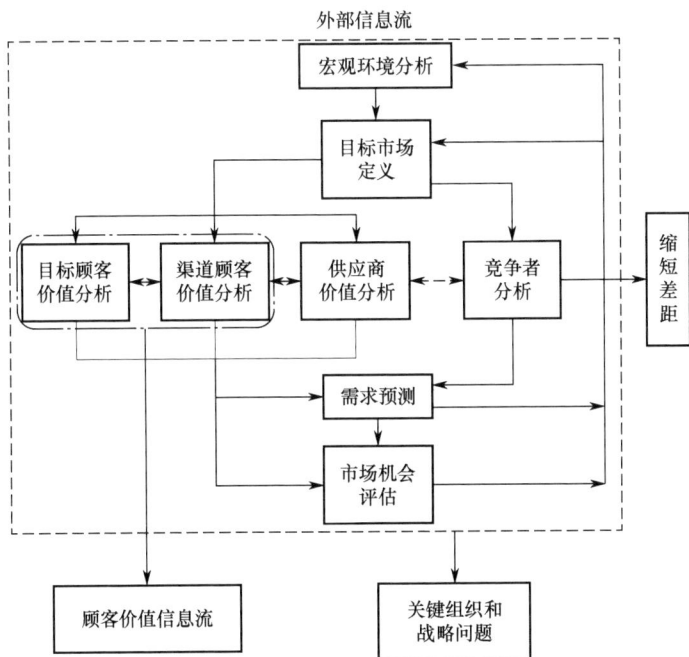

图 9-5　基于顾客价值导向的市场评估流程

在第一阶段，外部信息诊断子系统主要分析市场中新的价值交换系统的宏观环境，这与 PEST 分析方法的内容是完全相同的，其目的是帮助企业了解这些宏观环境如何影响新的市场机会形成、如何推动顾客价值变化，有利于企业对顾客价值的变化进行准确的预测。

在第二阶段，根据前一阶段的分析结果识别出具有一定机会的市场和顾客。因为不是所有顾客都具有相同的价值，因而这个阶段实际上就是一个定位的过程，它使企业在市场上寻找到合适的立足点。一方面顾客定位准确与否影响着企业的战略决策；另一方面这一阶段的分析结果是整个外部信息诊断子系统后续分析的基础，因而如何定位好目标顾客至关重要，也是外部环境分析的关键所在。

在第三阶段，企业依据前一阶段所确定的目标顾客的特点，对其生态系统内容的合作者进行分析，其目的是要帮助企业认识这些合作者之间相互作用的特征和动态性。整个信息活动的重点在于了解渠道顾客、供应商和竞争者与最终顾客间的价值交换过程，其中竞争者与顾客间的价值交换是间接的，通过对竞争者的价值分析可以发现企业存在的差距，由此获取的信息将会直接用于制定战略模型中缩小差距的创造性策略。渠道顾客和供应商与最终顾客间的价值交换是直接的，因为渠道顾客直接影响着顾客价值传递的质量，供应商则影响着顾客价值的创造。反过来，顾客通过购买、满意、忠诚、归属、积极口碑等行为方式将价值回赠给整个渠道链和供应链。在这个分析过程中，目标顾客和渠道顾客的价值分析数据除作为下一阶段分析的依据外，还是顾客价值确定的直接基础，是顾客价值信息流确定的核心流程。

在第四阶段，企业主要通过前述步骤对选定的目标市场机会进行评估。在一定的程度上，评估需要对未来市场需求进行预测。由需求决定的收益潜力很显然是市场机会评估的一个重要标准，除此之外，还需要考虑财务、持久优势、企业和品牌形象、协同性等标准。

由于市场环境是时刻变化的，市场的评估也是动态的，是不断修正循环进行的。

三、数字时代的顾客价值评估方法

企业战略时常被用来解决企业如何在各个市场创造价值的问题，战略指导了企业多元化的业务组织及演变，而市场环境，特别是技术环境的演变，对企业战略的制定和业务边界规划起到决定性作用。数字时代的到来支持多元主体之间频繁且定制化的交互，企业的业务能力和边界因此发生了巨大的变化。服务生态系统和平台型商业模式的出现深刻影响着顾客价值创造的过程，也影响着企业战略制定的思路。具体来说，数字化的技术背景为顾客价值战略中企业竞争优势的塑造和企业范围与边界的界定带来了深远的影响。

在竞争优势塑造方面，企业的数字化水平和数字化技术的能力可以反映其响应顾客需求、提供顾客价值的能力。数字化浪潮创造出两种不同类型的企业。有些是科技企业，如 IBM、甲骨文、SAP 和台积电等，它们开发和部署新技术，并在大多数情况下使用传统战略，利用其核心资源和能力获取竞争优势。还有一些是依靠技术提供产品或服务的企业，如亚马逊、Skype、Spotify 和 Zoom，它们在如何开发新的商业模式来创造和获取价值方面非常有创新。

数字化使创新成为可能，从而使企业开发出多样化的商业模式和不同顾客价值创造逻辑。最明显的是平台企业的出现，在数字时代之前，百货商店类的平台就已经存在，但顾客在其中搜索和选择的成本仍旧较高，数字技术使得很多企业可以以低资产的方式让顾客共享实体资产，平台商业模式与传统模式并存，为顾客提供了更多的选择，显著地让注重便捷性和选择性的顾客享受到价值。

数字时代带来的另一项顾客价值评估变革在于，顾客价值较显著地脱离于对"利润"的依赖，即数字时代众多企业投资者更关注用户月活量，它代表了顾客满意且在持续使用某产品，而不是企业当前的利润值。例如，谷歌和 Facebook 在分别推出搜索和社交网站时，还不清楚自己将如何获取价值，但其满足顾客需求的能力比当期利润能更有效地反映企业的竞争力和发展潜力。

在企业范围与边界方面，由于自动化程度更高、透明度更高，数字时代中交易和协调的成本可能会降低。企业员工和固定资产规模将减少，因为市场化交易变得越来越多，企业的内部效率越来越高。但与此同时，企业的经营业务范围持续拓展，组织边界日趋模糊，主宰行业的"巨头企业"也随之崛起，如阿里巴巴和腾讯。数字化使得许多企业虽然有典型的价值主张，如方便购物决策的淘宝，方便即时通信的微信，但其业务的横向范围非常广泛，覆盖娱乐、交易、社交等方面。便捷的扩张带来的另一个特征是企业界线的模糊，即时通信和远程工作的形式，减少了企业对同时部署在单一地点的劳动力的依赖。社交媒体的出现模糊了企业和其客户之间的界线，许多企业依靠顾客来创造他们盈利的内容，即顾客为企业自身和其他顾客创造价值。这使得价值分析需要考虑的主体也变得更多元化。

四、价值共同体分析

1. 竞争者分析

竞争者一般可以分为直接竞争者、平行竞争者和潜在竞争者，无论是哪类竞争者都应是企业关注的对象。在竞争者分析中，企业感兴趣的是顾客如何对待竞争者的长处和短处，因而企业可以通过标杆法来收集相关信息。在实际操作中，企业一方面需要对主要竞争者进行定标比照，以获取大量的竞争对手数据，了解到他们过去在企业确定的价值维度上的价值交付表现；另一方面企业也需要评估行业整体水平，以便找出企业在确定的价值维度上交付价值所处的正确位置。利用标杆法确定比较内容和比较对象后，企业既可以直接向顾客调查获取相关信息，也可以跟踪标杆的竞争对手间接获取相关信息。无论利用哪种方法获取的数据，最后都需要与企业的相关业绩表现进行比较。

2. 最终顾客价值分析

在传统营销中，紧随最终目标市场确定之后的就是目标顾客特征及其消费行为的分析，在顾客价值战略框架下，还包括最重要的顾客价值分析。也就是说，企业不仅要知道目标顾客的一般消费偏好，还要知道顾客的价值偏好。通过顾客价值分析，企业要知道顾客在寻求什么样的价值，产品哪种属性对顾客是最重要的，他们对卖方交付价值的满意程度如何，他们如何评价竞争对手提供的价值等问题。很显然，这些问题的清晰化对于了解目标顾客在价值共同体中的价值交换是至关重要的，也有助于企业选择合适的供应链和渠道链来组成高效的价值传递系统。关于如何进行顾客价值分析将在后文详细介绍。

3. 渠道顾客价值分析

企业所创造的价值要传递给顾客，营销中介（广告、渠道等）的服务是一个必不可少的环节，其中以渠道对价值传递的影响最大。对顾客而言，渠道是价值的直接提供者，对企业而言渠道是价值的接受者，因而从企业的角度来看，外部渠道应是企业价值生成系统的一部分。如何把渠道纳入企业的价值系统中，就成为渠道顾客价值分析的关键所在。评价渠道是否适合企业的顾客价值战略，主要看两项指标：一是渠道的保值增值能力，就是说产品或服务进入渠道之后，通过服务渠道顾客，最终顾客能感知到这种服务所带来的价值，如便捷性等，当然由此而提高的成本是可以忽视的；二是渠道对企业传递价值的保真能力，就是说企业设计传递给顾客的价值与顾客最终接受的价值是相符的，这样就要求渠道能有效地受到企业的统一规划和管理，否则如果有难以驾驭的渠道顾客进入企业的价值系统中，就会破坏价值传递的一致性，因而企业在选择渠道模式时要慎重考虑渠道的价值保真能力。

4．供应商价值分析

渠道顾客既参与顾客价值的创造又参与其传递，与之不同的是供应商仅参与顾客价值的创造，虽然供应商不像渠道那样直接与顾客接触，但它也可以通过成分品牌影响顾客接受的价值。供应商价值分析的目的在于判断供应商对顾客价值创造的贡献性，而贡献的大小则取决于企业与供应商合作的程度。一般来说，一个认同企业顾客价值战略目标，与企业有共同愿景，并致力于和企业共同为最终顾客提供卓越顾客价值的供应商是企业的最佳合作伙伴，由于这种合作是建立在顾客价值共创的基础上，因而合作是稳定而持久的，也必将会是顾客、企业和供应商多赢的合作。

第四节　企业内部价值创造能力评估

外部市场分析明确地界定了目标顾客市场，并清楚阐述了环境及各市场参与者对市场机会的影响，为顾客价值战略的制定提供了必要的外部信息。虽然通过这些外部信息提出了企业价值创造的目标，但能否实现这个目标，还需要审视企业内部的价值创造能力，只有具备了与之相匹配的资源和能力，才能抓住市场机会。因此，内部信息的评估就成为顾客价值战略管理模型中第二个关键子系统，图 9-6 所示是整个内部价值创造能力的评估流程。从图中可以看出，整个流程实际上由企业资源分析、内部价值链分析和企业组织特性分析三个环节构成，通过对这三个环节分析就可以评估出企业的价值创造能力如何。在这个过程中，产生的所有内部信息都将作为后续顾客价值确定的基础，同时这些信息也会对战略中的其他步骤产生影响。

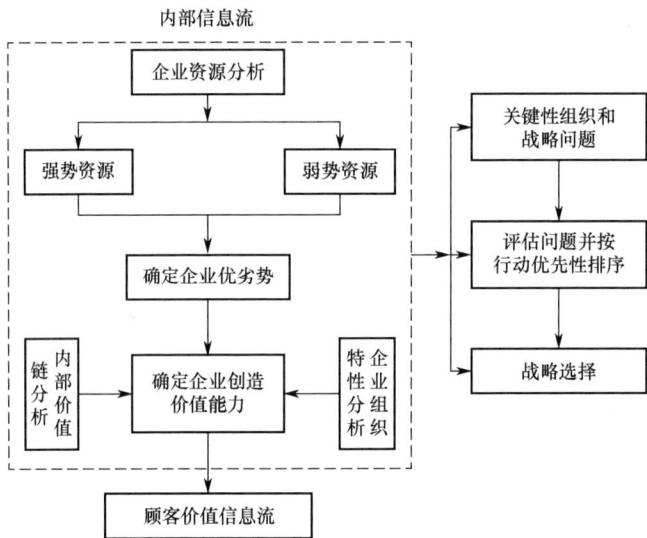

图 9-6　内部价值创造能力的评估流程

一、内部资源分析

企业拥有的资源分为对象性资源和操作性资源，企业拥有的资源是存在差异的，这种差异决定了企业创造顾客价值能力的不同，也解释了企业间竞争能力的差异。如果企业拥有优势的资源，企业就能为顾客创造优异的价值，取得竞争优势。优势的资源应具有以下四个特征。

1. 资源的独享性

资源的独享性意味着资源是不易复制的，如茅台酒独特的自然环境资源。一种资源的模仿成本和难度越大，它的价值就越大。难以复制的资源可以创造差异化的顾客价值，形成竞争屏障，从而使资源所带来的利润具有持久性。许多自然资源因其总量上限和地理分布特征体现了一定独享性。企业拥有知识产权且不断更新迭代的技术一般也被认为有独享性的特征。

2．资源的持久性

很难复制的资源未必具有持久性，要评价一项资源对于企业价值创造能力的有用性，还需要考虑资源所带来优势的持续性。一种资源持续的时间越长，它的价值就越大，如可口可乐的配方。有些资源很快就会丧失其价值，是因为技术或行业的环境在快速发生变化，如通信行业内的技术资源。

3．资源的价值性

资源最重要的是要具有价值，并不是每种持久而独享的资源都具有价值。资源的价值是通过企业为顾客创造价值来实现的。如被新技术迭代的原有技术将不再有价值。因而，企业必须确定其拥有的资源是能够为顾客创造价值的。

4．资源的唯一性

在资源评估中，企业还需要考察拥有的资源在价值创造中的替代性如何，即是否可以被竞争对手的其他资源（能力）所抵消。例如，航空公司的运输速度作为一种资源所带来的优势，现在正在受到铁路运输公司快速线路资源的挑战。一般来说，不可替代的资源对顾客来说有更大的价值，因而也就更有竞争的优势。

在资源分析过程中，企业需要对比上述标准区分出强势资源和弱势资源。事实上，企业的每项资源很难同时满足上述测试的标准，这时企业就应多方权衡，评估资源对市场机会的匹配程度，找出满足市场机会所需能力中的强、弱势资源进行衡量，在舍弃机会或加大资源投入上进行选择。

二、内部价值链分析

按照波特的观念，每个企业都存在众多独特的价值创造活动，这些活动的集合就是企业的价值链。企业的价值创造能力是由价值链各项活动的能力所决定的，因此要评估企业的价值创造能力就需要适当地拆分价值链，逐一评估各价值创造活动的有效性。在评估的过程中主要依据两个原则：一是价值创造活动的财务成本最佳原则，必须严格地控制每个环节的成本，并测算出每项活动的最佳成本状态，因为任何成本的增加都会减少最终的顾客价值，合理控制成本本身就是在创造价值；二是价值创造的流程最优原则，在这一原则下，企业需要检查整个价值链上各个价值活动是否都是必需的，有无冗余的流程，有无需要改善的流程，有无需要调整的流程。这样做的目的就是要提高整个价值链的价值创造效率，一方面高效的运作流程可以直接降低成本，另一方面通过价值链的快速反应可以提高顾客的感知质量，降低非质量成本。

随着企业组织战略和管理模式的演进，一个观点是企业内部的价值链正在逐渐形成价值网，部门之间的信息共享更加高效且频繁，工作变得更加模块化，不同部门间的实时协作更为常见。组织的扁平化和网络化需要价值创造链条上的各个单位更加紧密地联合起来，完成高效的价值创造。

企业通过自查价值链可以发现价值创造过程中存在的问题，及时把价值链修正到最佳状态，这样才能确保企业价值链在价值创造中发挥出最大功能，在资源最优的情况下提高企业的价值创造能力。

三、企业组织特性分析

战略利润链强调企业价值的创造是员工、资源和顾客相互作用的结果，资源是价值创造的基础，员工是价值创造的主体。在这个过程中，员工通过组织机体有目的、有系统地将资源转化为价值，使其增值，其中转化的程度就是企业创造价值的能力。很显然，没有这种能力，资源很难发挥作用，而这种能力的基础又是人力资源，因而要评估企业价值创造的能力就不能忽视组织特性对人的影响，这种影响可能是潜在的、间接的。

在组织特性分析中，企业需要重新审视企业文化、组织结构、领导人的风格和组织内群体行为等方面是否符合为顾客创造价值这一理念的要求。顾客价值战略是典型的顾客价值导向，在这种导向下企业文化必须以顾客为中心，让所有的员工都要具有为顾客服务的意识。要建立起这种企业文化就必须破除旧的习惯，还必须有高层领导者的支持。一般而言，外部导向的领导者易于接受这一观念。组织结构及组织内群体行为对企业的学习能力、创新能力和协作能力是组织特性分析的一个重点，因为这三种能力是价值创造能力的具体表现形式，审查现有的组织结构是否能营造组织内良好的学习氛围，能否促进企业不同部门间的跨职能协作，是否利于管理创新。如果这些都不能实现，则表明现有的组织结构是不能满足顾客价值导向下的价值创造需求，企业要使拥有的强势资源和高效的价值链发挥最大作用，就必须重新设计满足顾客价值战略需求的新组织结构。

企业文化仅从心智上提高了员工在价值创造上的能动性，如果组织结构及组织内群体行为阻碍员工能动性的发挥，那么企业价值创造的能力势必不会有所改善。因此，组织特性分析要全面地审视与价值能力创造相关的各项组织行为。

第五节　顾客价值确定

外部信息的分析使企业知道要为谁创造价值，要提供何种价值，而内部信息的分析则使得企业明确其实现价值创造目标的能力如何。有了价值创造的目标和相符的创造能力还不够，企业还需要进一步界定清楚目标顾客对价值的需求，这一过程就是战略模型中第三个子系统顾客价值确定（CVD）的研究内容，这是顾客价值战略真正的开始。

一、顾客价值确定流程

对于由外部信息确定的最终目标顾客，企业必须深入了解，这种深入了解不能仅靠单一的信息源，必须整合来自不同渠道的顾客信息，才能全面地掌握，这个信息整合的过程在顾客价值战略管理中就是顾客价值确定。从所包容的顾客信息来看，CVD 是顾客满意测量（CSM）的扩充。就实施程序而言，和顾客满意测量一样，顾客价值确定也是从识别目标顾客开始的，但这一阶段后顾客价值确定流程与顾客满意测量完全不同。如图 9-7 所示，顾客价值确定流程包括下述五项活动。

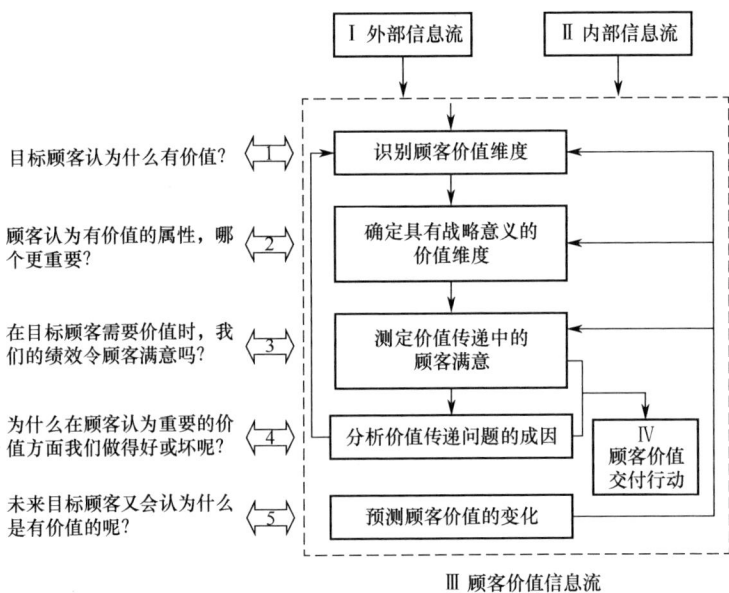

图 9-7　顾客价值确定流程

1．识别顾客价值维度

顾客想从与企业的关系中得到的东西有很多，这些就是顾客价值维度。究竟目标顾客认为什么有价值？这是企业通过研究必须确定的问题。回答了这个问题，企业也就识别出了顾客价值维度，这对企业来说是绝对有必要的。顾客价值是具有层次性的，因而一个顾客价值维度也是分层次的，它也许就是产品或服务的某个物理属性特征（如质量、耐用性等）或服务特征（如按时交付等），它也有可能是一些无形的体验，是深藏在顾客内心的某种感觉，如顾客对企业的信任感等。

在研究中除区分交易价值、使用价值和关系价值外，还有许多其他类型和顾客价值分类，每种分类都有各自的标准，如从理性角度提出的经济、技术、服务和社会利益四分类价值；包含功能、情感、社会、条件和认知的五分类消费导向价值；由三个维度：外在—内在、自我—他人、主动—反应定义的多分类价值。很显然，要完整地描述顾客价值维度需要使用多种分析方法。识别顾客价值维度需要和顾客进行互动，若要描述顾客对产品属性的价值维度，通过和顾客的日常业务接触就可以了解，但为了了解得更深入，建议使用阶梯访问法、焦点访谈等来探查顾客对价值的看法。如果要揭示结果层或目的层的价值维度，阶梯法是不够的，需要利用全程法对顾客进行深层次的个体访问。数字经济时代，各类电商平台、社交商务平台生成了大量的顾客评论、内容分享等数据，企业可以利用大数据技术识别出顾客价值维度。

2．确定具有战略意义的价值维度

对任何一种产品，顾客都能说出大量的属性和结果方面的偏好，企业的产品是无法将所有顾客关注到的属性都做到优秀的。虽然顾客变得越来越苛刻，但并不是所有的价值维度都会对他们的购买决策和忠诚行为产生同样的影响。那么，顾客认为有价值的属性主要有哪些，哪个更重要？企业要回答这个问题，就必须对识别出的价值维度进行筛选判断，这涉及企业的定位战略。例如，顺丰快递将快速和安全作为企业提供的战略价值维度，并围绕这两个价值维度构建产品和服务体系，获得了成功。另外，大数据技术的出现给广泛地收集及筛选具有战略意义的价值维度带来了可能。通过社交媒体和调研中获取的顾客反馈的主题分析和情感分析，可以将顾客关注的价值维度进行分类排序，结合企业管理者的判断和企业自身的资源能力，选择企业能够满足的顾客需求的价值维度，作为企业产品或服务的价值主张。

3．测定价值传递中的顾客满意

企业不仅要重视顾客对价值的理解，还必须了解顾客对企业交付的价值的评价。为获取顾客评价结果，企业可以采用顾客满意测量的方法来解答"在目标顾客需要价值时，我们的绩效令顾客满意吗"。由于顾客感知价值存在差异，不能假定目标顾客对企业的表现都有相似的评价，因此需选择有代表性的样本进行调查以了解顾客的满意度差异。值得注意的是，在这里使用的顾客满意度测量并非传统的顾客满意度测量，它构建在顾客价值的基础上。因为顾客价值分为属性、结果和目的三层，因此企业所测量的顾客满意度也分为三个层次，透过测量的结果，企业不仅能看到顾客价值传递中表面的顾客满意情况，还能了解到更抽象层次上的顾客满意情况。

4．分析价值传递问题的成因

尽管满意度调查对揭示顾客如何评价企业在传递期望价值时在各个具体方面的优势和劣势很有用，但它们却很少能回答"为什么在顾客认为重要的价值方面，我们做得好或坏呢？"这样的问题，也解释不了为什么顾客会做出好或坏的评价。当出现问题时，问题既有可能出现在价值交付上，也有可能出现在价值沟通上。例如，顾客认为企业的服务不及时，这意味着什么呢？企业定义的及时服务是否与顾客定义的一致呢？是不是顾客一想到服务，企业就必须到场呢？很显然，用顾客满意的结果很难解释这些问题产生的原因。因此，在每个基于顾客价值的满意度调查后，企业都必须寻找满意度评分高低的原因，以此获得的结果对于确定以顾客的眼光来看企业应当在哪些方面进行改进是必不可少的。

5．预测顾客价值的变化

顾客价值确定流程的前两项活动有助于发现顾客目前对价值的需求，而顾客的看法是会随着很多因素变化的。对企业而言，关注诸如"未来目标顾客又会认为什么是有价值的呢？"这类问题是很有意义的，因为对顾客价值变化的预测可以使企业更迅速地对顾客需求的变化做出反应，可以为企业应对新的顾客价值传递战略赢得先机，而这种先机能够成为竞争优势的来源。值得注意的是，企业很难完全个性化地达成全部顾客的诉求，也无法仅通过目标顾客的调研精准地把握和预测顾客价值的变化。但定时更新对顾客价值的认知还是很有必要的，在技术不断进步和竞争日趋激烈的市场背景下，顾客需求和市场偏好的变化日新月异，这对企业预测顾客价值的能力和调整价值主张的灵活性提出了很大的挑战。

二、顾客价值分析

CVD 中的识别顾客价值维度、确定具有战略意义的价值维度和预测顾客价值的变化三项活动都集中在顾客对价值的理解上，而其他两项活动则集中在对价值交付质量的评价上。虽然这些活动都有助于企业确定顾客价值，但它们仅是一个概念框架，由此获取的顾客价值信息过于分散和抽象，缺乏对顾客价值系统深入的分析。因此，本文在 CVD 的基础上提出了更深入的顾客价值分析，根据 APQC（American Productivity and Quality Center）在 2001 年的提法，顾客价值分析（CVA）是顾客价值管理的信息部分。

1. 基于 CVD 的 CVA 过程设计

首先，分析本企业的顾客价值构成要素（价值维度）及各要素影响因子的权重，了解到底有哪些因素影响顾客价值，顾客最关注的价值领域又是哪些方面（即确定顾客价值哪些方面是最重要的）。例如，顾客关注的关键价值领域是产品价值方面、服务价值方面还是个性化价值方面，或是其他方面？产品价值又是由哪些次一级影响因子组成的？等等。找出这些顾客价值的构成要素和影响因子后就可以分析什么样的行动能更有效地提高顾客价值。了解顾客关注的关键价值领域和最重要的影响因子有效的办法是进行调查，调查顾客、参与价值创造的所有人员及市场专家，并将收集来的数据加以整理，以发现一系列关键价值驱动因子，从而决定企业在哪些方面加以改变可以最大限度地影响顾客价值。

其次，要对本企业及竞争对手的顾客价值进行调查，以发现本企业在哪些方面做得好，哪些方面做得不好，顾客对哪些方面满意，对哪些方面不满意？等等。了解在顾客心目中谁会是本企业真正的竞争对手，理解他们是如何吸引顾客的。当本企业的顾客停止从这里购买产品或服务而成为竞争对手的顾客时，必须弄清楚他们为什么离开，以及竞争对手是通过何种方式满足顾客需求而把顾客从本企业吸引走的。本企业为顾客解决了什么问题，还有没有别的更好的解决方式？

再次，要对竞争对手的能力进行分析，要明确企业拥有哪些资源，具有什么能力。同时，也要对自身的竞争能力进行分析，了解清楚资源和能力上的差距，了解自己的优势在哪里，劣势又在什么地方。这一步需要利用战略模型中收集的外部和内部信息。

最后，根据以上各步骤所得结论对每项影响因子进行综合分析，明确该影响因子的权重大小，企业在该影响因子方面的能力如何，以及顾客对于企业目前在该影响因子方面的表现是否满意，从而有针对性地提出改进措施。

2. 基于 CVD 的顾客价值综合分析矩阵的构建

为了直观地分析顾客价值维度的权重、企业在价值维度上的竞争能力，以及顾客对企业在价值维度上的绩效表现感知的好坏程度，这里设计了一个顾客价值综合分析矩阵，如图 9-8 所示。由此可以使 CVD 的流程更具操作性，所获取的信息更易于被管理者解读。

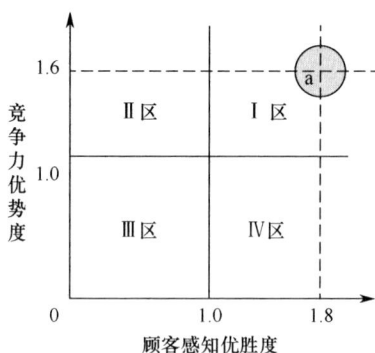

图 9-8 顾客价值综合分析矩阵

图 9-8 中的 0 点表示原点，横轴表示顾客对企业在某个顾客价值维度上的绩效表现的感知状态，它的值是相对于该行业顾客感知状态平均水平的比值，这里称为顾客感知优胜度；纵轴表示该企业在此价值维度上的竞争能力

相对于行业各企业平均水平的比值，称为竞争力优势度。横轴的临界点为1，表示与本行业顾客感知状态的平均水平相等；纵轴的临界点也是 1，表示与行业内各企业竞争力的平均水平相等。横轴临界点右边的部分表示顾客认为企业在该价值维度上的表现要优于行业内的其他企业，沿横轴离原点越远，这种趋势则越明显；临界点左边的部分表示顾客认为企业在该价值维度上的表现要劣于行业内的其他企业，沿横轴离原点越近，这种趋势越明显。同样地，在纵轴临界点上方的部分沿纵轴越远离原点，则企业在该价值维度上的竞争能力与平均水平相比优势越明显；临界点下方的部分沿纵轴越靠近原点，则企业在该价值维度上的竞争能力与平均水平相比劣势越明显。因而，图 9-8 中任一点的坐标都同时表示了企业的竞争力优势度和顾客感知优胜度。为表示该价值维度在顾客价值中的权重，以该点为圆心，以某一预先设定的尺度比例按其权重大小来确定的半径作圆。在顾客价值综合分析的坐标区域内，任何一个圆都代表了企业的某个价值维度的状态，它包含三层含义：顾客感知优势度、竞争力优势度和价值维度的权重。如图 9-8 中的圆 a就表示企业在服务目标市场上，其 a 价值维度的竞争能力比行业平均水平高（企业的竞争力优势度为 1.6），顾客对企业在 a 价值维度上的绩效表现的评价明显高于对行业内企业绩效表现的平均评价（顾客感知优胜度为 1.8）。

在实际操作中，企业应该充分地调查顾客，一方面要确定各维度的重要性权重；另一方面需要查明顾客对企业及其主要竞争对手的顾客价值感知状态，并对顾客的感知进行量化，以得出顾客感知优胜度，这实际上就是 CVD 中第三和第四项活动。同时，企业应该对自身及主要竞争对手的资源拥有状况进行分析，研究各企业在顾客价值各价值维度上的竞争能力，并量化这种竞争能力，从而得出企业竞争能力优势度，实际上在 CVD 之前的企业内部和外部分析中就已得到这一分析所需的相关数据。

顾客价值综合分析矩阵的两条临界线正好把其坐标域区分为四个区域，其中顾客价值维度位于 I 区表示企业有能力做得比竞争对手好，顾客也是这么认为的，这就说明企业在该顾客价值维度上具有很强的竞争能力；顾客价值维度位于Ⅱ区表示企业有能力做得比较竞争对手好，但顾客却认为做得不好，这说明企业在该顾客价值维度上的价值传递存在问题；顾客价值维度位于Ⅲ区表示企业没有能力做得比较竞争对手好，顾客也认为做得不好，这说明企业在该顾客价值维度上严重缺乏竞争能力；顾客价值维度位于Ⅳ区表示企业没有实力做得比竞争对手好，但顾客却认为企业目前的表现较好，这说明企业在该顾客价值维度上竞争力不强，但在其价值传递上得到了顾客的认可。

CVA 的目的并不是找出各价值维度在坐标系中的位置，而是积极改进它们所处的位置。在改进时，企业需要根据自身的情况使Ⅱ、Ⅲ和Ⅳ区域内的价值维度向Ⅰ区迁移。就改进的可能性及容易程度来看，首先要解决的是Ⅱ区的问题，其次是Ⅲ区问题，最难解决的是Ⅳ区的问题。Ⅱ区只需找出价值交付中存在的问题，提高价值交付的质量，就可以提高顾客的感知优胜度；而Ⅳ区虽然在价值传递上做得很好，但毕竟能力不够，很容易被竞争对手赶上，因此企业必须努力提高竞争力，而且这种努力是能迅速得到认可的，需要注意的是要避免使顾客有上当的感觉。对Ⅲ区的问题要具体问题具体分析，企业在改进前需要考虑价值维度的权重，如果落在该区内的是关键价值维度，企业必须集中资源投入，提高企业在该价值维度上的竞争能力，同时也要积极改善价值传递的市场表现；如果相对是不太重要的价值维度，企业可以在短期内不予考虑。即使所有的价值维度都落入Ⅱ区，企业也应该在获利的同时不断地追求卓越，使得位于Ⅱ区的价值维度尽量远离原点，即使顾客能真真切切地感受到企业传递的卓越顾客价值。

第六节　顾客价值交付

一、顾客价值导向的营销价值

企业通过对外部市场机会和自身价值创造能力的评估，确定出了能满足的顾客价值维度，如何在已确定的具有战略意义的价值维度上为顾客交付价值，就成为整个顾客价值战略管理的关键。整个价值交付过程是由众多单一的营销活动共同完成的，为了有机地协同好这些营销活动，企业必须构建一个面向顾客价值战略管理的营销价值链，如图 9-9 所示。在这个顾客价值导向的营销价值链中，企业的各项营销活动都是相关的，其目标也是一致的，就是如何在确定的顾客价值维度上有效地实现顾客价值传递。

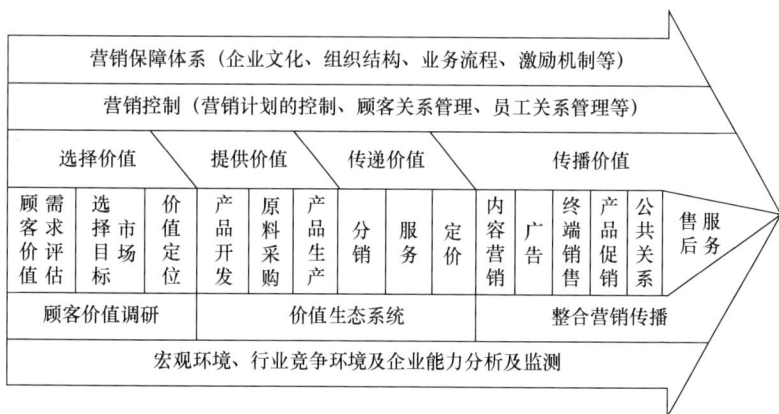

图 9-9　面向顾客价值战略管理的营销价值链

这个新营销价值链的主体活动是由顾客价值管理中的选择价值、提供价值、传递价值和传播价值四项活动构成的，辅助活动则由营销的保障体系、营销控制和环境监测等组成。选择价值是整个营销价值链运营的起点，它主要包括顾客价值需求评估、选择目标市场和价值定位三项具体活动，这个过程属于顾客价值调研，实际上顾客价值战略管理的前三个子系统的目的也正是为此。价值链的第二项是提供价值，按照既定的价值定位，企业需要组织产品（或服务）开发、原料采购和产品生产活动，这些营销活动的进行意味着顾客价值交付行动真正开始。承载顾客所需价值的产品生产好后，就进入传递价值阶段，如何把价值传递到顾客手中，企业需要考虑如何分销、如何提供服务和如何定价等更为具体的价值活动。提供价值和传递价值是需要企业、渠道和供应商共同合作的价值活动，企业、供应商和渠道通过这两项价值活动形成了一个价值生态系统，他们的合作质量将会在很大程度上影响到顾客价值交付的质量。价值链的最后一项价值活动就是传播价值，在价值的交付中，价值传播可分为传递前的传播和传递后的传播两种，前者是为传递信息，后者则为强化与补救价值传递质量。事实上，传播价值的过程就是整合营销传播的过程，这个过程包括内容营销、广告、终端销售、产品促销、公共关系和售后服务等价值活动。

营销价值链中主体活动完成的是顾客价值交付中的营销执行工作，要保障这些活动有效，进而实现价值交付的计划，还必须重视价值链中的辅助活动。营销保障体系建设是实现所有价值活动的组织保障，塑造顾客导向型企业文化、重新设计协作式的组织结构、重构最优的业务流程和建立以顾客价值为绩效考核的激励机制等活动都是为了更好地组织各种营销活动，使它们高效完成价值传递。营销的控制职能在价值链中同样不能忽视，企业在执行价值交付行动时，要加强营销计划的控制、顾客关系管理和员工关系管理等活动，因为这些活动不加以合理控制和计划，会因环境变化而不适应整个战略，顾客会因不满意而不再接受企业传递价值，员工会因与雇主关系紧张而影响价值传递的质量。除此外，企业外部环境和内部资源能力的监测评估也是一项重要的辅助活动，它能为企业顾客价值交付行动计划提供改进信息，当然这些信息的获取也贯穿于整个顾客价值战略管理中，企业正是在内外部环境不断变化的过程中不断调整顾客价值战略的。

二、顾客价值交付模式

顾客价值导向的营销价值链虽然包含了顾客价值管理的四个关键活动，并提出了具体的营销支持活动，但事实上要为顾客交付卓越的顾客价值，这些活动是不够的，还需要扩充整合这些活动，以形成一个完备的行动方案。在此基础上，本节提出了承诺顾客价值、创造顾客价值、传递顾客价值、传播顾客价值和评价顾客价值五步实现卓越顾客价值交付的模式，如图 9-10 所示。这是一个封闭的循环系统，企业根据顾客价值战略管理模型中的其他子系统提供的分析数据（外部信息流、内部信息流和顾客价值信息流），可以从任何一个环节介入价值交付行动，因为这是一个自我提升、自我改良的系统，它不仅适合为新的顾客提供价值，也适合改善为现有顾客所提供的价值。

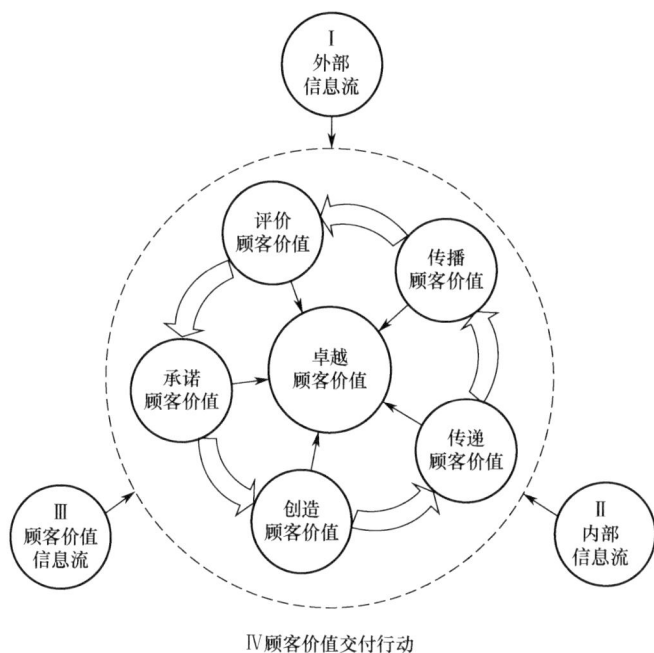

图 9-10　顾客价值交付循环图

1．承诺顾客价值

　　企业通过价值选择选定了目标市场，并进行了价值定位，还必须对目标顾客予以承诺，因为战略或行动都是需要时间的，价值承诺可以为企业赢得价值交付的时间先机。很显然，承诺顾客价值是对顾客价值选择结果的公开肯定，意在向顾客宣示企业是重视顾客对价值的追求的。由于价值承诺仅是企业的一种主动顾客意识，并无固定的营销手法，向顾客发出承诺要约的方式可能是新闻发布会、软文、促销、广告，甚至顾客的口碑传播等，因而并未把它列入营销价值链中，但它又是顾客价值交付行动中不可缺少的一个环节。例如，沃尔沃汽车对于安全的承诺体现为其安全技术的不断创新、汽车碰撞试验的展示等。

2. 创造顾客价值

企业识别出顾客所需的价值，也向顾客做出满足其价值需求的承诺，剩下的就是价值的提供。根据顾客调研的数据及企业的价值创造能力，企业设计出符合顾客期望价值的产品，并投入生产。在这一价值创造过程中，利益相关者协作和顾客参与创新是两项核心工作。即企业的生产设计不仅要考虑传统的供应问题、成本问题、质量问题，还要符合所在社会文化规范、满足目标顾客和现有顾客的诉求，才能做到转变生产观念，真正传递出顾客需求并可能认可的价值主张，真正创造价值。

3. 传递顾客价值

顾客价值是由最终的顾客来评判的，如果企业创造的价值不能传递给顾客，就谈不上价值的实现，因而顾客价值传递是整个价值交付系统中的重要一步。价值的传递既是价值实现的过程，也是价值增值的过程。在这个过程中，企业要选择合适的渠道进行顾客合作，建立起好的分销体系，共同完成价值的传递。因为在价值传递过程中物流和信息是最重要的，通畅高效的渠道不仅可以实现顾客对便捷性和及时性的价值需求，提高产品的附加值，还能保证价值传递中的一致性。在当前的市场环境中，线上线下如何良好结合成为企业顾客价值传递环节关注的核心问题。基于经验学习理论，顾客从线下实体商店购买产品时，会对实体参与体验进行分析、留下记忆，因为它是有形的、具体的和多感官的，顾客能够对企业和商品有多元化的了解，这种经验沉淀后，会形成复购和线上购买的动机。同样地，线上购物的便捷性帮助顾客打破时间和空间的限制，让顾客有机会尝试更多的商品，良好的体验也能促进线下访问意愿，为企业贡献更高的顾客价值。

4. 传播顾客价值

企业不能想当然地认为顾客能够即刻充分理解企业所提供的价值，必须向目标顾客传播价值，即将在使用产品过程中所体验的价值传达给顾客。在向顾客传递之前，企业需要与顾客进行有效的沟通，告诉顾客企业能为他们所带来的价值。虽然企业的产品是在顾客调研的基础上设计生产的，是顾客期望价值驱动的，但这些期望可能是潜在的、不确定的，通过与顾客沟通可以帮助他们明确自己的价值需求，这种前期价值沟通还可以为价值传递赢得时间。价值传播既是为了更好地传递价值，也是为了缩小企业与顾客对价值理解的差距。事实上，在价值传递过程中由于种种原因可能导致特定的价值维度传递出现瑕疵，这时的价值传播就显得异常重要，通过沟通可及时采取补救措施，消除企业与顾客对价值理解的不同。价值传播应是超越短期行为特点和企业内部导向思维局限的，是企业与公众、利益相关者建立并维持良好关系、塑造企业形象和品牌形象的重要环节。

企业的价值传播过程也是一个整合传播过程，企业在这阶段的每项营销活动都是为了通过多渠道提供一致性信息，在顾客心中强化企业所要交付的价值。在这个过程中，企业的营销活动应该是全局性的，不仅传递观念、加深印象，还要辅助交易产生。例如，通过营销内容附带商品链接、达人推荐介绍购买渠道的方式，打通销售链，让对价值传递感兴趣的顾客顺利且便捷地完成购买。

5. 评价顾客价值

企业要把顾客价值作为战略来管理，就不能只考虑怎样把价值交付给顾客，还必须评价企业为顾客所交付的价值效果。顾客价值交付模式是一个相对封闭的循环体系，在这个体系中顾客价值评价既是对过去价值交付行动的总结，也是下次行动计划循环的起点，因此顾客价值评价起着提升价值交付质量的作用。对价值交付的效果评价主要有两个方面：一是企业自我评估是否在既定的目标下交付了顾客价值，并实行绩效管理与监控，这里的目标主要是销售额、市场份额等；二是顾客对企业交付的价值是否感到满意，顾客是否认为企业交付的价值比其他企业更加卓越，这也是顾客价值确定中的一个关键步骤。对于前者，企业应侧重于对价值交付行动中的各个环节逐一审查，看看企业是否有做得不够的地方；对于后者，则可以通过顾客的电话回访、在线评论的分析，对提供的顾客价值是否满意进行测量和评价，并探查满意与否的原因，从顾客的视角认识价值交付中各个环节的实际表现。通过评价，企业可以及时发现在价值传递中所暴露的问题，及时补救，并在下次的交付行动中提高顾客价值的交付质量。

第七节　顾客价值战略管理的执行

多数企业都很容易接受顾客价值战略管理这种思想，因为它们认为"找出顾客所需的价值所在，然后规划如何比竞争对手更好地传递价值，最后确定顾客所得到的价值"这种管理思想是自然的，也是很科学的。然而真正执行的或说执行得好的却很少，究其根本原因就在于多数企业未能很好地解决成功实施顾客价值战略管理所面临的两大难题：一是数据收集和分析这种硬性的问题，二是企业文化和变化的领导关系这种软性的问题。前者是因为数据收集的渠道众多、统计口径不统一，分析的侧重点不同，从而不能确保获取正确的顾客数据。后者是因为把企业信念转到以顾客为中心这种新的心智模式上，并试图把它强加到企业的文化中是极其艰难的，会对战略执行产生巨大阻力，如果强制这样做将会带来很大的潜在危险。进一步探讨，就会发现造成企业难以以顾客为中心的原因在于多数企业的实际焦点仍是股东，而非顾客，顾客对企业来说是处在一个较股东次级的地位上，他们考虑更多的是如何提高资产负债表的数字。

既然顾客价值战略管理是科学的，就要加大顾客价值战略的执行力度，因此就必须弱化这些障碍的影响程度，接下来将围绕如何提高顾客价值战略的执行力而展开讨论。

顾客价值战略管理的很多活动都基于信息的决策，而不是管理者的经验决策，因而信息的可靠性就是一个全局性的问题。在整个战略中，顾客价值确定既是战略的关键核心部分，也是对信息需求量最大的地方，其中价值维度识别需要深度调查顾客，顾客价值变化的预测需要了解外部市场的变化，评价顾客价值传递的质量需要测量顾客满意，因此获取这些数据的质量就成为决定顾客价值战略执行好坏的关键。

1. 价值维度的确定

价值维度的确定是顾客价值战略的基础，其重要性及内涵已在顾客价值确定中进行了阐述，在这里主要探讨如何提高价值维度确定的正确性。顾客价值维度确定包括两方面内容：一是顾客信息的收集，二是顾客信息的处理，而收集方法又决定了处理的方法。

1）方法选择

顾客价值维度的确定即顾客价值的测量，因为测量本身就是要探查出顾客所期望得到的价值因素。在目前的实践中，定量测量顾客价值的方法颇多，大致可以分为五类：第一类是工业管理法，包括内部管理评估法、使用价值评估法和间接调查法三种；第二类是对顾客价值整体的评估法，包括直接调查提问法和中心组价值评估法两种；第三类是整体价值分解法，包括相关分析法和分离标记法两种；第四类和第五类方法分别是联合分析法和重要性评估法。这些定量分析方法操作简单便捷，可帮助企业快速获知顾客价值评价信息，这里以体验价值量表（EVS）和感知价值量表（PERVAL）两种通用量表为例介绍定量式问卷调查法的特征。

体验价值量表（EVS）包含视觉吸引力、享受性、便捷性、经济性、娱乐性、与众不同性几个维度，通过顾客对购物及消费体验的评分，来判断商品为顾客带来的价值。感知价值量表（PERVAL）的维度则与顾客关注的价值维度更贴切，包含商品或服务的质量价值、情感价值、价格价值及社交价值四个维度。对问卷调查类的方法来说，选择合适的问卷、量表，并根据企业产品特征和消费情景进行相应的修改，才能收获较好的调研效果。

Woodruff 把对顾客价值的理解比作剥洋葱，他认为顾客价值维度的确定需要这样一层一层"剥下去"。这样的过程是典型的定性分析过程，也就是说，顾客价值测量是可以使用定性的数据收集方法的。企业根据所需剖析顾客价值维度层次的深度，可将定性分析分为直接调查和间接调查，前者主要有焦点访谈法、阶梯法和全程法，后者主要有观察法、大数据法等。这两类调查的区别主要在于调查中顾客是否知情，在直接调查中顾客是参与整个调查过程的，而在间接调查中顾客是不知情的。

在企业决定利用定性分析法来确定顾客价值维度时，有几个重要问题是企业必须考虑清楚的。首先，企业应该明确由谁来执行研究，是企业自己执行还是外包，不同的执行方式与获取的顾客价值信息的准确性是相关的；其次，企业应明确所要调查的顾客样本，是企业的现有目标顾客还是潜在顾客等，这些与调查的目的有关；再次，企业应该权衡各种可供选择的调查方法，选择一种合适的方法，以确定该方法与企业的信息需求、资源、顾客和企业自身的偏好相适应；最后，企业还需要确定定性调查中一些执行问题，如怎样启动调查等。

当企业想深入获取焦点顾客更多的价值评价信息时，需要对顾客进行直接且深入的访谈。直接访谈顾客时，顾客的参与程度很高，在访谈中通过引导使问题能透过现象反映出更本质的内容。更重要的是通过这种非结构性的发散式访问，可以了解到不同使用情景下的顾客价值看法，这是直接调查获取顾客价值信息中最重要的一点。因为顾客价值的情景依赖性决定了价值维度的动态性，所以要准确获取目标顾客的价值维度就必须了解他们在不同使用情景下的价值看法。直接调查无疑保证了企业把握住顾客价值维度全貌而没有忽视重要的价值维度。尽管这类调查方法能使企业更全面准确地确定出顾客价值维度，但要保证获取数据的可靠性，企业在执行访问时就必须严格挑选访问员，由于整个调查访问的过程都是在访问员的计划和引导下进行的，因此访问员的素质高低直接影响了访问中所获顾客信息的质量。

当企业需要了解简单的顾客信息或分析借助企业平台以获取授权的顾客信息时，一般通过观察法和大数据法这类间接手段获取相关信息。企业也可以通过一些正常的业务活动直接与顾客接触，例如，一线的销售人员在通过适当的信息技巧培训后，就能成为顾客价值信息获取的一个重要来源。此外，顾客在注册企业账户、浏览点击页面，进行规律或不规律的下单行为时，数据被网站后台记录下来，可以依此分析顾客的需求状况和满意程度。社会化商务的发展，会生成海量的顾客对产品评论和使用体验的文本数据，可以选择机器学习中的情感分析方法进行测量。

2）数据分析

定量分析的对象都是结构性很强的数据，而定性分析的对象都是非结构性的数据，前者所收集的数据信息较少但易分析，后者所收集的数据信息较多但分析麻烦。在顾客价值战略管理中，强调使用定性方法确定顾客价值维度，因为这样可以确保不遗漏重要的价值维度，但这却增大了数据分析的难度，因而如何挖掘出调查数据中所包容的顾客信息就成为影响顾客价值维度确定的另一个关键因素。

顾客价值维度确定中的定性调查可能会产生大量的数据，而对这些数据分析的目的就是要缩减其中的数据量，找出数据的关键点，丰富数据的内涵，以供企业决策使用。实际上，顾客价值信息处理的过程就是一个信息提取、分析和解释的过程，在这个过程中定量分析和定性分析是相互结合使用的。定量分析用来对定性的顾客信息进行归类并将其转化为频率数据，为深入的定性分析做准备；定性分析则根据管理者的信息需求和顾客价值理论，把收集的顾客数据进行整理，确定出有意义的分类，在此基础上综合出顾客在消费产品经历中的关键因素，进而得出有关顾客价值的结论。

在当前社会化商务发展如火如荼的背景下，对顾客价值的理解离不开对顾客有意无意留存的信息足迹的分析。电商平台不断积累的海量行为数据为顾客价值量化提供了丰富的可能性，企业可以从多渠道获取多元异构的顾客关于商品或服务评价、决策、学习的信息，包括文字信息、图片视频、表情动作等。这些信息资源可以细分为信息质量和信息内容两大维度进行评价。例如，信息质量主要衡量信息的规范性与准确性程度，包括文本的完整性、可读性，以及图像的清晰程度、颜色特征和图文一致性等。信息内容主要包括信息特征（如功能性信息和体验性信息）以及信息情感（如积极、消极和中性情感）等。经过详尽且有逻辑的数据分析，可以从大数据中抽丝剥茧，确定顾客关注的价值维度及对产品和服务的价值评价。

2. 价值交付中顾客满意度测量

顾客价值与顾客满意的异同点已在理论概述部分进行了详细的比较，它们并非相互排斥的范式，而是相互补充。企业实施顾客价值战略管理的最终目的是要给顾客交付卓越的顾客价值，而要得知价值交付的质量如何，就需要对顾客满意度进行测量。就顾客满意度测量的目的看，企业关注的对象应该是交付给顾客的价值绩效表现，而不是产品本身。因而，传统意义上的顾客满意度测量结果并不能用来评估价值交付的质量。因此，企业需要整合顾客价值测量和顾客满意度测量，构建出基于顾客价值的顾客满意度测量方法，只有通过这种顾客满意度测量才能保证获取到关于交付质量评价的可靠数据。当然，正确选择测量方法并不是为了数据可靠性本身，而是为提高满意度数据解读的准确性，因为满意度数据分析结果指引着如何调整顾客价值的交付行动，最后影响到整个顾客价值战略的实施，这也是价值交付中的顾客满意度测量是整个战略执行的关键环节的原因。

改进后的顾客满意度测量从确定的重要顾客价值维度开始，实际上就把顾客满意与顾客价值有机联系起来，并确保所做的满意度测量是基于顾客价值的。在此基础上，利用满意理论构建顾客满意度测量的变量，主要包括三类：各价值维度上的绩效，引起满意或不满意的不一致驱动因素，以及满意感及其带来的各种行为结果。常见关于产品满意度的量表关注产品质量、使用体验、期望确认程度的信息，即顾客预先对产品有一定的了解和期待，在产品客观的质量和体验合格，又符合顾客期望的情况下，较容易达成满意。而关于服务满意度的量表关注整体服务质量、服务专业性和与一线员工的经验，即面对面提供服务的员工成为顾客评估服务满意与否的核心和重点要素。

最后就是执行顾客满意度调查和分析解释数据，这与传统的顾客满意度调查是相同的。由于顾客价值维度在价值层次分析中是分层的，因而调查的顾客满意结果也是分层的，包括属性层的满意、结果层的满意和目的层的满意三类。如果企业调查发现价值交付的结果令顾客在属性层不满意，企业就需要改善产品和服务的特征属性等；如果企业调查发现价值交付的结果令顾客在结果层和目的层不满意，则可能存在的问题是企业没有很好地理解顾客在这些抽象价值维度上的价值需求，或是企业的价值交付行动未能执行好。在抽象层次上出现价值交付不满意的情况既是企业的机会也是挑战，因为竞争对手通过传统顾客满意度的测量结果仅能改善属性层的满意状态，而对于结果层和目的层他们则无能为力，但如果企业发现自己在这些方面的问题也不能解决，同样会失去先知的优势。

3. 顾客价值变化的预测

顾客价值的动态特性从多个角度说明顾客价值是变化的，它不仅随着时间的变化而变化，也会随着需要层次的变化、触发事件的发生等因素而变化。尽管有如此多因素影响着顾客价值的变化，其变化仅表现为两方面：一是一种新的顾客价值维度可能会出现并成为一个重要的价值维度，二是价值维度的相对重要性可能会改变。

应对任何变化都是需要时间的，企业应对顾客价值的变化也不例外。当然，这种时间花费主要用在重大决策上，但这种时间不能过长，否则很容易使企业面临因顾客价值变化所带来的风险。企业应对顾客价值变化，既可以建立内部快速反应机制，以适应快速的顾客价值变化，这对组织的适应能力和灵活性来说是个巨大的挑战；也可以事先预测顾客价值变化，这是容易创造先机的策略，但需要企业在顾客价值战略中有充足的准备。其实，快速反应的风险性较大，它几乎没有调整的时间，而预测顾客价值变化则有充足的预警时间供企业调整策略。

尽管预测为应对顾客价值变化带来了有效的解决思路，但准确预测顾客价值变化并非易事。一方面，顾客并不完全知道在未来他们认为什么有价值，尤其是偏好特性方面；另一方面，影响顾客价值变化的因素众多，不是企业所能完全掌握的。因而，企业需要掌握更多基于多种数据资源的预测方法，以便做出这些判断。例如，顾客价值研究建议根据个人价值层级理论跟踪期望价值来找到变化的类型。此外，还要收集未来顾客价值变化的影响因素的数据，如宏观环境的压力、竞争者的创新能力、新市场的出现、顾客使用情景的变化等。企业要整合这些收集的数据，并选择合适的预测方法，将是一个很大的挑战。

第八节　顾客价值战略管理实施的支持体系

一、企业文化的适应

顾客价值战略管理中最难的不是如何克服硬性问题所带来的障碍，如企业对象性资源的不足，而是如何来解决软性问题推进战略的有效执行，因为很多硬性问题都可以通过有效的管理得到解决，或是最终转化为软性问题得到解决。在所有软性问题中，企业文化是最根本的，也是最难整合和管理的，因为文化往往决定了一个企业经营的基调，影响着企业管理的众多方面，如经营理念、员工管理等。

企业文化作为组织成员所共同认可的价值观念和行为准则，它可以促成企业成功，也可以加速其失败，如很多重组兼并企业失败多发生在企业文化的整合上。虽然企业文化是把双刃剑，但并非所有的企业都有明晰而有力的文化，因而在探讨企业文化对顾客价值战略实施影响时应首先判别这个问题。

1. 企业文化对顾客价值战略的影响

1）文化在战略执行中的积极作用

企业文化具有整合性的特点，它所倡导的企业价值观是成员共享的，这既意味着组织对特定的重要问题容易形成一致性看法，又隐含着企业更适合从高层管理者观念中审视企业文化。从这些意义上看，企业文化的整合性对顾客价值战略管理执行起着积极的作用。一方面，顾客价值战略观念需要发展这样一种整合的文化观念，用以倡导企业的各个层面和所有职能部门把履行顾客导向和价值交付视为整个企业最基本的规范；另一方面，顾客价值战略观念也需要一个高层管理者把顾客放在首位的承诺，这个承诺必须能推行到整个企业，能克服操作层的障碍使其被接受，并引导组织成员改变传统职能管理观念，转向把顾客利益放在首位的观念。

文化的整合性能促进战略的实施，反过来，企业文化的整合观念也是执行顾客价值战略的一个目标。

2）文化在战略执行中的消极作用

虽然企业文化的整合性对企业的管理有着积极的贡献，但企业并不能因此忽视文化的差异性和结构性所带来的消极影响，而且这些影响通常表现为中层以下管理者的冲突和不一致。企业文化往往是多面而又不确定的，它不仅能用来反映企业内部群体构成、组织结构和外部环境变化，也能用以区分组织成员的个体，如当企业的营销部门和生产部门关系紧张时，文化通常被视为冲突的根源。由于企业文化存在这些消极特性，所以高层管理者和基层人员经常会表现出截然不同的观念和价值观，这样有可能直接导致出现高层制定了很好的发展战略而执行得却很糟糕的结果。

文化的差异性和结构性也决定了企业内部亚文化的存在，事实上企业中强有力的文化通常就是这些出现在不同部门的亚文化。企业文化对顾客价值战略执行有消极的影响，在这点上，更确切讲是企业的亚文化影响着承诺执行顾客价值战略的管理者们如何在利益均衡间进行决策，因为不同的职能部门和管理层并非都同意把顾客的利益放在首位这样的价值观念。因此，倡导顾客导向的营销人员可能不得不和承诺把股东利益放在首位的高层管理者、追求新技术的研发经理，甚至想大批量生产标准化产品的生产经理产生观念上的冲突。

2. 适应顾客价值战略实施的新文化建设

要把顾客价值战略管理做好，企业就必须有一种为顾客创造价值的信念，而且企业所有的利益相关者都要有这种共识，这种精神信仰。如果企业系统（包括计划、制度、绩效考核、价值观、薪酬及传递过程等）的各部分都是围绕不同的标准设计的，企业高层和执行层的价值观念偏离较大，企业各部门之间有严重的利益冲突，那么顾客价值战略管理就需要在企业信念和企业文化上做很大的转变。无论是文化的转变还是重塑，都必须遵循顾客价值战略管理执行的重要假设，那就是企业文化必须明确，且确保每个成员都能理解，还要立足于把顾客放在首位的价值观上。也就是说，新构建的适应顾客价值战略实施的文化是以顾客为中心的，是受所有员工认同的，是完全可以识别的。

1）树立以顾客为中心的理念

以顾客为中心不能仅停留在口号上，实践最好的选择就是把它内置为文化，使其成为文化的一部分，而且是文化的根基。换句话说，企业需要在顾客价值战略执行中形成"以顾客为导向，创造顾客价值最大化"的内部共同价值观和所有成员的行为习惯。当然，这种把满足顾客需求和期望放在首位的企业文化必须要由高层指导，整个组织要把它视为唯一的、普遍的承诺。实践证明，以顾客为中心的文化与获利性、销售增长率和市场份额等绩效测量间存在正向关系。例如，海尔从早期"砸冰箱事件"，到提出"真诚到永远"的理念，再到后来全面推行"人单合一"组织变革，体现了其不断更新和深化为顾客创造价值的理念。

2）增强文化的识别性

如果文化对不同的人意味着不同的事情，不同的人可以产生不同的理解，显然不能在企业内部形成一个"以顾客为导向，为顾客创造价值"的承诺。因而，战略要求的企业文化必须是可识别的，是可以通过有形展示让所有员工明确的。企业需要使顾客导向文化的"无形"价值观，通过具体的语言、符号、行为、流程和其他行动方式转化为可视的形式，如企业形象识别、员工手册、企业内刊等，只有这样才能达到识别的目的，才能使所有员工对企业所确立的顾客导向文化有统一的认识并达成共识。

3）提高文化的接受度

文化能否发挥作用，取决于文化是否被员工所接受，而这个接受的过程可能是在抵制中进行的，员工在接受文化的同时也意味着受到了文化的影响。以顾客为导向的文化要求企业所有员工必须有一致的顾客服务意识，要求他们必须把顾客价值理念深植于心中，要使员工接受这些观念就必须减少他们的抵制心理。因此，企业应将员工视为"内部顾客"，建立有利于实现员工个人价值和发挥其潜能的机制；建立切实有效的激励机制，将员工的利益与企业的利益、顾客的利益紧密地结合起来；建立教育培训机制，不断地教育和培训操作层员工。最终，这些积极措施将会改善企业与员工的关系，使他们感到满意并减少对文化转变的抵制。

二、企业组织结构的变革

战略变化应先于组织结构变化，也就是说，企业组织结构应根据战略需要进行调整，这是战略管理的一个基本原则。在顾客价值战略管理中，企业也需要遵循这一基本原则，必须要变革现有的组织结构以适应顾客价值战略执行的需要。重新设计后的组织结构应实现两个目标：第一要确保企业在执行战略时能同利益相关者共同创造和传递卓越的顾客价值；第二要确保企业各部门间通力合作实现顾客价值战略目标。

在顾客价值战略管理中组织的边界是模糊的，因为顾客价值目标的实现需要很多利益相关者，这些利益相关者围绕企业形成了一个超越组织边界而且有着共同目标的虚拟组织。在变革组织结构时，企业既需要审视自身在这个虚拟组织中所处的位置，也需要考虑企业与其他成员的组织边界关系，这有利于企业突破自身组织边界的束缚，把企业构建成一个无边界的组织，实现企业与其他成员间更好的合作。当然，组织边界的模糊化并不意味着组织结构的混乱，恰恰相反，这种组织结构的变化促进了企业与外界的沟通协作能力，增强了企业适应环境的应变能力，提高了企业抵御价值创造风险的能力。

虽然顾客价值是由虚拟组织中的众多利益相关者共同努力实现的，但在这个价值系统中对顾客价值创造和传递起组织性核心作用的还是企业，其余成员都只起辅助性作用。因此，在构建能保障顾客价值战略成功的组织结构中，除考虑组织结构与外界合作者的协同性外，最重要的还是调整组织内部的结构，提高内部合作效率。

顾客价值战略管理中的一个重要环节就是顾客信息的共享及由此而产生的部门间协作，因为顾客价值目标是一个全局性的目标，而且建立在部门利益冲突的均衡之中。当然，要增强部门间的合作就必须消除因部门利益而产生的障碍，而突破这个障碍既需要企业文化的支持，即要求整个组织的潜在信念和价值观必须在组织的所有活动中把顾客放在首位，以此弱化部门利益之争；也需要调整组织结构，使其在组织职能上更适合多部门间合作，以此减少部门间的冲突。企业文化在于从心智上影响组织成员改变利己行为，而组织结构的变革则是从职能上杜绝员工的利己行为，前者因培育合适文化所需时间长，故很难在短期内见效，后者虽在短期内能改善部门间的合作关系，但要在根本上使其长期起作用，企业还必须建立适宜的企业文化、绩效考核体系和管理体系对变革后的组织结构进行支持。

组织结构的重新设计应以顾客为导向，朝着灵活性方向发展，要便于项目开发及资源调配。事实上，在顾客价值的创造和传递中，每一项价值活动都可以视为一个项目，而且是需要多个部门合作完成的项目，如新产品开发可能需要市场部、研发部和生产部等部门间合作。企业要管理好顾客价值战略中的各项价值活动，最有效的方法就是把整个企业变成一个零度空间，实现零度管理。在零度空间里，企业内没有严格意义上的部门，每个部门的存在都只是为了通过临时团队发挥自身作用而完成某个价值活动，在这里存在很多"一次性组织"及因此而产生的众多"一次性领导"，而且对各部门的绩效考核是以顾客价值目标达成情况为依据的。很显然，这种零度空间是快速反应、没有沟通障碍、不存在利益冲突的，这些正是顾客价值战略管理所寻求的组织模式。在管理实践中，很多多元化企业所采用的矩阵式组织结构也具有零度空间的部分特点，也能满足顾客价值战略需求，但这并不是本书所要推介的最好的组织结构变革模式。

三、企业内部业务流程的重构

顾客价值的创造和传递需要经过企业内部一系列的价值活动才能实现，这些活动构成了企业内部价值链，包括前面提到的营销价值链。事实上，在整个顾客价值战略中，企业内部的很多管理活动都是围绕营销展开的，因而营销价值链实际上就是顾客价值实现的过程。在这个过程中，企业的众多部门都参与了营销价值链上的价值活动，而这些活动的质量决定了顾客价值实现的质量。因而，企业可以通过重构企业内部业务流程，消除营销价值链上的冗余活动，优化各项价值活动的逻辑顺序，优化每项价值活动的成本结构，提高顾客价值实现的质量。

内部业务流程的重构实际上就是对流程进行重新规划和理顺，其过程伴随着顾客信息的流动。不过，企业在进行业务流程重新设计之前，必须建立起顾客导向型文化，并围绕"以顾客为导向"调整现有的组织结构，因为以顾客为先的企业文化和企业组织能为业务流程的重新设计奠定顾客服务理念的基础，是业务流程重构成功的保障。要实现企业从价值定位、产品研发、产品生产、营销、销售到售后服务这个价值链中各业务流程的价值最大化，首先要确定服务规范和工作流程；然后，以此为标准来重新考虑各相关部门的工作流程应该如何调整，以配合各环节达成各自目标，这样才能加强企业价值链的内部协作，从而建立一个能保证顾客满意的企业经营团队；最后企业还要对内部业务流程和外部业务流程进行统筹规划和整理。

四、企业价值链的修整

在顾客价值战略中，企业不可能完全依靠自身而不受外界影响实现顾客价值目标，恰恰相反，这个目标是供应商、销售商和顾客这些价值共同体价值共创的结果。顾客价值战略管理倡导组织结构向着内外合作的方向变革，这为企业与供应商、销售商等外部资源间良好的商务合作提供了组织保障。按照波特的观念，这些商务合作者都存在自己相对独立的价值链，然而这些独立的价值链却影响着企业价值链，并最终影响到企业顾客价值目标的实现。要消除这种影响，就需要把这些独立的价值链整合起来，使其成为一个相互影响、共生共荣的虚拟价值共创生态链，如图 9-11 所示，这也意味着企业的价值共创生态系统是一个开放的系统。

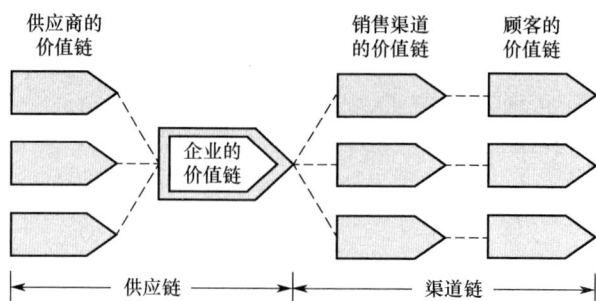

图 9-11 虚拟价值共创生态链

对企业而言，虚拟价值共创生态链既包含了和供应商间的上游关系，也包含了和销售商与最终顾客间的下游关系。企业在这个虚拟价值共创生态链中居于核心地位，向后是企业的供应链，向前则是企业的渠道链。就本质而言，虚拟价值共创生态链是由企业内部价值链和企业外部的供应链及渠道链构成的，因而对影响企业创造和传递卓越顾客价值目标的认识就不能仅停留在企业内部价值链上，而应把这种认识拓展到整个价值共创生态链上。很显然，这种观念的变化能使企业寻找到更多提高顾客价值的途径，如通过有效管理供应链和渠道链等方式提升顾客价值。

在价值共同体分析中已经分析了供应商和销售商在实施顾客价值战略中的作用。但要把供应商和销售商与企业发生联系的各项活动高度整合到一个自我加强的价值共创系统中，企业就必须加强对供应链和渠道链的掌控。供应链管理关注的是如何把企业用于创造价值的产品和服务由提供商有效提供给企业，它在顾客价值创造中的贡献在于如何去控制成本以提高顾客价值；渠道链管理关注的则是如何把企业创造的价值传递给目标顾客，实现产品的价值，它在顾客价值创造中的贡献在于如何去增加企业提供给顾客的价值。虚拟价值共创生态链就因为它们积极参与顾客价值的创造，而把它们纳入这个开放式的价值共创系统中。由于这个价值共创系统是以实现共同的顾客价值目标为合作基点的，有着共同的利益，因此任何一个企图模仿的竞争者都不可能复制整个价值共创系统，这样也就有效抵御了来自竞争对手的模仿。

五、企业人力资源的调整

企业创造和传递顾客价值的所有活动归根结底都是依靠企业员工来完成的。员工的满意程度与顾客所感知的服务质量之间有很强的正相关关系。满意的员工会和顾客建立积极的关系，而不满意的员工会直接或间接地将负面情绪传递给顾客。同时，满意的员工乐于提出革新和改进企业的建议，而不满的员工通常会抵制变化和学习。因此，企业为实现顾客价值战略目标，就必须积极改善企业与员工的关系，在使顾客满意的同时也要确保员工的满意。

尽管企业都在标榜自己是以人为本，就像标榜自己是以顾客为中心一样，但企业员工并没有受到足够的重视，员工对企业的满意程度仍旧很低，其主要原因在企业对员工的认识不够。多数企业都把员工视为一种对象性资源，然而在顾客价值观念下，员工是实现顾客价值目标的关键角色，而且他们掌握着无法取代的顾客服务知识，因而不能再把员工作为对象性资源看待，他们是企业一切价值活动的中心，否则就不能调动员工创造顾客价值的积极性，无法发挥员工价值创造的潜力。除此之外，企业还需要改变对员工概念的认识，从内部员工扩展到外部员工。通常企业的人力资源管理指的是那些直接与顾客打交道的员工，而由于顾客价值战略管理强调组织的开放性，强调与价值共同体中成员进行合作共同为顾客创造价值，因此人力资源面临的又一挑战就是如何管理企业的外部人员，使他们共同服务企业的顾客价值战略目标。

要使顾客价值战略目标能实现，就必须使员工感到满意，而要做到使员工满意就必须克服企业目前在员工管理上的两个障碍。在谈到顾客时，企业强调顾客关系管理，通过建立良好的顾客关系拉近企业与顾客间的距离，以便更好地为顾客服务，取得顾客的满意。在顾客价值战略中，企业要转变对员工的看法，就应正确而客观地认识员工的作用，理解员工与企业间的关系，把员工看作内部顾客，把传统的人力资源管理改变为员工关系管理，在企业和员工间建立起伙伴关系。企业通过强调这种荣辱与共的利益关系，一来可以改善企业与员工间的紧张关系，使员工有使命感，使员工能更有激情，对企业更满意，从而驱动企业的所有价值活动；二来可以使企业内部的协作能顺利延伸到企业外部，因为过去的人力资源管理认为协作仅是企业内部的事情，而员工关系管理则把员工队伍扩展到企业以外的员工，有效地解决了企业外部协作中的人员管理问题，这也正是顾客价值战略所需要的。

六、服务生态系统的建立

顾客价值战略目标的实现需要顾客、企业及合作者在一个支持价值创造的交互环境中的充分合作，即建立一套可持续创造价值的服务生态系统。生态系统的信息源来自顾客，企业从顾客提供的信息中识别具有竞争力的价值主张、开发能力和资源，促进价值创造，并制定价值战略。这一套系统以顾客价值诉求为核心，价值主张代表了选择目标细分市场和追求区别于竞争对手的价值创造类型的战略决策。在此基础上，企业识别自身能力和资源的要求，将企业的资源目标与共同创造价值的机制相匹配，决定特定资源的分配模式。

顾客价值战略目标和资源基础观匹配度极高，因为顾客价值战略需要企业分析并积累可以建立竞争优势的资源，为顾客创造价值，以及表达其价值主张，这需要通过企业资源的合理配置实现。价值共创的视角强调了企业促进资源整合对价值创造的作用，通过整合和共享特定的、基于消费情景的资源，企业可调节顾客的价值感知，实现顾客价值战略目标。从管理层的角度看待顾客价值战略，管理者应该对顾客如何在消费环境中感知价值尽可能充分地理解，并利用这种洞察力来开发顾客价值管理的最佳工具。

敏捷的价值管理离不开平台的支持，资源交换平台的存在使得企业和顾客间的合作关系成为一个生态系统，在这个生态系统中，信息的流动帮助企业了解顾客需要什么样的价值，如定价、质量、服务、消费氛围等，并随着顾客体验展开，追踪购买前、购买期间和购买后顾客对价值的评估和建议。服务提供者不仅提供价值主张，在与顾客的持续互动中，也有助于价值实现。

本章案例：海尔顾客价值战略的演进

从战略视角看，海尔的发展经历了多个阶段：从名牌战略到多元化战略和国际化战略，再到网络化战略和当前的生态化战略，人们往往忽视了支撑这些战略发展背后的顾客价值战略思想，海尔的顾客价值战略是其屹立于商海几十年，始终位于家电市场前列的根本原因。

20 世纪 80 年代中期，海尔的"砸冰箱事件"标志着其开启了以产品质量为顾客价值战略目标的战略体系建设，这一时期，国内家电企业还在追逐产品产量的提升。

当 20 世纪 90 年代由于家电技术的成熟及管理水平的提升，带来家电产品高度同质化，家电企业纷纷陷于价格战的时候。海尔根据对顾客价值需求变化的洞察，独树一帜地提出了"要打价值战，不打价格战"的口号，构建了以提供优质产品和优质服务为目标的顾客价值战略体系，进行服务价值创新，推出"国际星级一条龙服务"，海尔高品质的产品和真诚的服务走入千家万户，海尔品牌口号"真诚到永远"也随之深入人心。

2000 年以后，面对家电市场进入服务同质化的时代，海尔在顾客价值目标中加入了个性化价值维度。以市场链为基础面向顾客需求进行生产流程再造，调整顾客价值战略体系。市场链结构最大限度地给员工个性化的创新搭建了一个平台，并建立了相应的报酬激励制度，激发员工个性化创新活力，保证了个性化价值的创造。

2012 年，面向互联网时代，海尔开始了从制造业企业向平台企业的转型，在战略、组织、员工、用户、薪酬和管理六个方面进行改革探索，强调"企业平台化、员工创客化、用户个性化"，构建了以顾客需求为中心，通过"人单合一"模式用户共创价值的顾客价值战略体系。海尔品牌口号升级为"你的生活智慧 我的智慧生活"，寓意海尔与用户持续交互，不断提供智慧生活新体验。

2019 年，面向物联网时代，海尔开始构建服务生态系统共创价值的顾客价值战略体系。海尔认为产品会被场景替代，行业会被生态覆盖，价值创造通过与用户、合作伙伴联合共创。通过不断提供无界且持续迭代的整体价值体验，最终实现终身用户及生态各方共赢共生、为社会创造价值循环。因此海尔确定了新的品牌口号：以无界生态共创无限可能。

"无界生态"，寓意海尔致力于构建身份无界、知识无界、地域无界的开放生态，打破价值创造和价值分享的界限，重塑人与人、人与物、物与物、人与组织、组织与组织之间的价值关系。

"共创"，代表海尔一贯的宗旨"人的价值最大化"，激发每个个体的创新活力，让顾客变成产消者，全流程参与体验，让生态伙伴在海尔生态中共创价值、共享价值。

"无限可能"表达的则是当更多界限被打破，更多的个体和组织的创造力被激发，新的价值也将不断涌现和持续裂变，共创美好生活的无限可能、产业发展的无限可能，犹如热带雨林，绿荫繁茂、生生不息。

海尔几十年来持续增长、不断变革的背后，是更深层次源源不竭的价值驱动力使然——顺应环境变化，洞察顾客价值需求的变化，坚持顾客价值导向理念，在为顾客持续创造优异价值的同时，为员工、为股东、为合作伙伴创造丰厚回报，并回馈社会。

未来的人工智能时代，我们对海尔的变革充满期待！

本章思考：为什么企业要从战略视角管理顾客价值？企业如何构建顾客价值战略体系？

参考文献

[1] ALEXANDRA J. CAMPBELL. Creating Customer Knowledge Competence: Managing Customer Relationship Management Programs Strategically[J]. Industrial Marketing Management, 2003, 32: 375-383.

[2] AKAKA M A, VARGO S L, LUSCH R F. He Complexity of Context: a service ecosystems approach for international marketing[J]. Journal of Marketing Research, 2013, 21(4): 1-20.

[3] AKAKA M A, VARGO S L, SCHAU H J. The Context of Experience[J]. Journal of Service Management, 2015, 26(2): 206-223.

[4] ALBERT W L. Consumer Values, Product Benefits and Customer Value: a consumption behavior approach[J]. Advances in Consumer Research, 1995, 22: 381-388.

[5] ANDERSON J C, JAIN C, CHINTAGUNTA P K. Customer Value Assessment in Business Markets[J]. Journal of Business-to-Business Marketing, 1993, 1: 3-29.

[6] ARUN S, KRISHNAN R, DHRUV G. Value Creation in Markets: A Critical Area of Focus for Business-to-Business Markets[J]. Industrial Marketing Management, 2001, 30: 391-402.

[7] BECKER L, JAAKKOLA E. Customer experience: fundamental premises and implications for research[J]. Journal of the Academy of Marketing Science, 2020, 48: 630-648.

[8] BLUT M, CHANEY D, LUNARDO R, et al. Customer Perceived Value: A Comprehensive Meta-analysis[J]. Journal of Service Research, 2024, 27(2): 177-193.

[9] CHAOUALI W, LUNARDO R, YAHIA I B, et al. Design aesthetics as drivers of value in mobile banking: does customer happiness matter[J]. International Journal of Bank Marketing, 2019.

[10] CHRISTOPHER, MARTIN. Value-In-Use Pricing[J]. European Journal of Marketing, 1982, 16(5): 35-46.

[11] DAFT L, LENGEL R H, TREVINO L K. Message equivocality, media selection, and manager performance: implications for information systems[J]. MIS Quarterly, 1986, 11(3):355-366.

[12] DANIEL J F, ROBERT B W, SARAH F G. Exploring the Phenomenon of Customers' Desired Value Change in a Business-to-Business Context[J]. Journal of Marketing, 2002, 66: 102-117.

[13] DANIEL J F, ROBERT B W, SARAH F G. Customer Value Change in Industrial Marketing Relationships: A Call for New Strategies and Research[J]. Industrial Marketing Management, 1997, 26:163-175.

[14] DE KEYSER A, VERLEYE K, LEMON K, et al. Moving the customer experience field forward: introducing the touchpoints, context, qualities (tcq) nomenclature[J]. Journal of Service Research, 2020, 23(4): 433-455.

[15] EL-ADLY M I, EID R. An empirical study of the relationship between shopping environment, customer perceived value, satisfaction, and loyalty in the uae malls context[J]. Journal of Retailing & Consumer Services, 2016, 31: 217-227.

[16] FILIERI R, MCLEAY F, TSUI B, et al. Consumer perceptions of information helpfulness and determinants of purchase intention in online consumer reviews of services [J]. Information & Management, 2018, 55(8): 956-970.

[17] FINKENSTADT D J, ZEITHAML V A. Perceived Service Quality and Perceived Value in Business-to-Government Knowledge-Based Services[J]. Working paper, University of North Carolina at Chapel Hill, 2020.

[18] FRANK H, ANDREAS H, ROBERT E M. Gaining competitive advantage through customer value oriented management[J]. Journal of Consumer Marketing, 2001.

[19] GALE, BRADLEY T. Managing Customer Value[J]. New York: The Free Press, 1994.

[20] GALLARZA M G, MAUBISSON L, RIVIÈRE A. Replicating consumer value scales: A comparative study of EVS and PERVAL at a cultural heritage site[J]. Journal of Business Research, 2021, 126: 614-623.

[21] GASSEHEIMER J B, FRANKLIN S, HOUSTON C D. The Role of Economic Value, Social Value, and Perceptions of Fairness in Interorganizational Relationship Retention Decisions[J]. Journal of the Academy of Marketing Science, 1998, 26: 322-337.

[22] GUTMAN J. A Means-End Chain Model Based On Consumers' Categorisation Process[J]. Journal of Marketing, 1982, 46: 60-72.

[23] HEIJS J.Freerider behaviour and the public finance of R&D activities in enterprises: the case of the Spanish low interest credits for R&D[J]. Research Policy, 2003, 42(3): 445-461.

[24] HENKEL L, TOPOROWSKI W. Once they've been there, they like to share: capitalizing on ephemerality and need for uniqueness to drive word of mouth for brands with pop-up stores[J]. Journal of Academy of Marketing Science, 2023, 51(6): 1284-1304.

[25] HENKEL L, TOPOROWSKI W. Once they've been there, they like to share: capitalizing on ephemerality and need for uniqueness to drive word of mouth for brands with pop-up stores[J]. Journal of Academy of Marketing Science, 2002.

[26] HOLLEBEEK L D. Demystifying customer brand engagement: Exploring the loyalty nexus[J]Journal of Marketing Management, 2011, 27(7-8): 785-807.

[27] HUANG P, LURIE N H, MITRA S. Searching for Experience on the Web: An Empirical Examination of Consumer Behavior for Search and Experience Goods[J]. Journal of Marketing,

2009, 73(2): 55-69.

[28] INDRAJIT S, WAYNE D. An Integrated Approach Toward the Spatial Modeling of Perceived Customer Value[J]. Journal of Marketing Research, 1998: 236-248.

[29] JILLIAN C. SWEENEY, GEOFFREY N. SOUTAR. Consumer peceived value: The development of a multiple item scale[J]. Journal of Retailing, 2001, 77: 203-220.

[30] KAPLAN A M, HAENLEIN M. Users of the world, unite! The challenges and opportunities of Social Media[J]. Business Horizons, 2010, 53(1): 59-68.

[31] KUPPELWIESER V G, FINSTERWALDER J. Transformative service research and service dominant logic: Quo Vaditis[J]. Journal of Retailing and Consumer Services, 2016, 28: 91-98.

[32] LAROCHE M, HABIBI M R, RICHARD M O, SANKARANARAYANAN R. The effects of social media based brand communities on brand community markers, value creation practices, brand trust and brand loyalty[J]. Computers in Human Behavior, 2012, 28(5): 1755-1767.

[33] LIU X, SHIN H, BURNS A C. Examining the impact of luxury brand's social media marketing on customer engagement: Using big data analytics and natural language processing[J]. Journal of Business Research, 2019.

[34] LIU Y, KOU Y, GUAN Z, et al. Exploring hotel brand attachment: the mediating role of sentimental value[J]. Journal of Retailing and Consumer Services, 2020.

[35] LUSCH R F, NAMBISAN S. Service Innovation: A Service-Dominant Logic Perspective[J]. MIS Quarterly, 2015, 39(1): 155-175.

[36] LYNN R K, SHARON E B, PAMELA H. Alternative Measurement Approaches to Consumer Values: The List of Values (LOV) and Values and Life Style (VALS) [J]. Journal of Consumer, 1986,13: 405-409.

[37] MISHRA S, EWING T, COOPER H T. Artifcial intelligence focus and frm performance[J]. Journal of the Academy of Marketing Science, 2022.

[38] MORRIS B H. Customer Value: a Framework for Analysis and Research[J]. Advance in Consumers Research, 1996, 23: 138-142.

[39] MUNIZ A M, O'GUINN T C. Brand community[J]. Journal of Consumer Research 2001, 4: 412-432.

[40] OYEDELE A, SIMPSON P M. Streaming Apps: What Consumers Value[J]. Journal of Retailing and Consumer Services, 2018, 41: 296-304.

[41] PARASURAMAN A. Reflection on Gaining Competitive Advantage through Customer Value[J]. Journal of the Academy of Marketing Science, 1997, 25(2): 156-167.

[42] PARASURAMAN A. The Impact of Technology on the Quality-value-loyalty Chain: a Research Agenda[J]. Journal of the Academy of Marketing Science, 2000.

[43] PENG P, JACOBS S, CAMBRÉ B. How to create more customer value in independent shops: a

set-theoretic approach to value creation[J]. Journal of Business Research, 2022, 146: 241-250.

[44] PREVITE J, RUSSELL-BENNETT R, MULCAHY R, et al. The role of emotional value for reading and giving ewom in altruistic services[J]. Journal of Business Research, 2019, 99: 157-166.

[45] QI D, ZHANG M L, ZHANG Y. Resource integration, value co-creation and continuance intention in MOOCs learning process[J]. Interactive Learning Environments, 2023, 31(2): 701-713.

[46] RAVALD A, C GRÖNROOS. The Value Concept and Relationship Marketing[J]. European Journal of Marketing, 1996, 30(2): 19-30.

[47] REICHENBERGER I. C2C value co-creation through social interactions in tourism[J]. International Journal of Tourism Research, 2017, 19(6): 629-638.

[48] RIHOVA I, BUHALIS D, GOUTHRO M B, et al. Customer-to-customer co-creation practices in tourism: Lessons from Customer-Dominant logic[J]. Tourism Management, 2018, 67: 362-375.

[49] WOODRUFF R B. Customer Value: The Next Source for Competitive Advantage[J]. Journal of the Academy of Marketing Science, 1997, 25: 139-153.

[50] RODIE A, KLEINE S. Consumer Participation in Service Production and Delivery[J]. Handbook of Service Marketing and Management, 2000.

[51] SALAHUDDIN M, LEE Y A. Identifying key quality features for wearable technology embedded products using the Kano model[J]. International Journal of Clothing Science and Technology, 2020.

[52] SCHWEIDEL D A, et al. How consumer digital signals are reshaping the customer journey[J]. Journal of Academy of Marketing Science, 2022.

[53] SHARMA V M, KLEIN A. Consumer perceived value, involvement, trust, susceptibility to interpersonal influence, and intention to participate in online group buying[J]. Journal of Retailing and Consumer Services, 2020, 52: 101-946.

[54] SILPAKIT P, FISK R P. Participatizing the service encounter: a theoretical framework. In Services marketing in a changing environment[J]. Chicago, IL: American Marketing Association, 1985.

[55] SINKULA J M. Market information processing and organizational learning[J]. Journal of Marketing, 1994, 58: 35-45.

[56] SLATER S F, NARVER J C. Market Orientation, Customer Value, and Superior Performance[J]. Business Horizons, 1994, 37(2): 22-28.

[57] TAJVIDI M, WANG Y, HAJLI N, et al. Brand value co-creation in social commerce: the role of interactivity, social support, and relationship quality[J]. Computers in Human Behavior, 2018.

[58] THOMPSON S A, KIM M, SMITH K M. Community Participation and Consumer-to-Consumer Helping: Does Participation in Third Party–Hosted Communities Reduce One's Likelihood of Helping[J]. Journal of Marketing Research, 2016, 53(2): 280-295.

[59] ULAGA W. Capturing value creation in business relationships: a customer perspective[J]. Industrial Marketing Management, 2003, 32(4): 677-693.

[60] ZEITHAML V A. Consumer Perceptions of Price, Quality and Value: A Means-End Model and Synthesis of Evidence[J]. Journal of Marketing, 1988, 52: 2-22.

[61] VANTRAPPEN, HERMAN. Creating Customer Value by Streaming Business Process[J]. Long Range Planning, 1992(25): 25-59.

[62] VARGO S L, AKAKA M A. Value co-creation and service systems (re) formation: A service ecosystems view[J]. Service Science, 2012, 4(3): 207-217.

[63] VARGO S L, LUSCH R F. Toward a systems perspective of the market[J]. Industrial Marketing Management, 2011, 40(2): 181-187.

[64] VARGO S L, LUSCH R F. Evolving to a new dominant logic for marketing[J]. Journal of Marketing, 2004, 68(1): 1-17.

[65] VARGO S L, LUSCH R F. Service-Dominant Logic: What it is, what it is not, what it might be. In R. F. Lusch & S. L. Vargo (Eds.), The service-dominant logic of marketing: Dialog, debate, and directions[J]. Armonk: ME Sharpe, 2006.

[66] VARGO S L, LUSCH R F. Service-dominant logic: continuing the evolution[J]. Journal of the Academy of Marketing Science, 2008, 36(1): 1-10.

[67] VARGO S L, LUSCH R F. From repeat patronage to value co-creation in ecosystems: a transcending conceptualization of relationship[J]. Journal of Business Market Management, 2010, 4(4): 169-79.

[68] VARGO S L, LUSCH R F. Institutions and axioms: an extension and update of service-dominant logic[J]. Journal of the Academy of Marketing Science, 2016, 44(1): 5-23.

[69] VARGO S L, AKAKA M A, WIELAND H. Rethinking the process of diffusion in innovation: A service-ecosystems and institutional perspective[J]. Journal of Business Research, 2020.

[70] VARSHNEYA G, DAS G. Experiential value: multi-item scale development and validation[J]. Journal of Retailing and Consumer Services, 2017, 34: 48-57.

[71] WANG Y, ZHANG M L, MING Y X. What contributes to online communities' prosperity? Understanding value co-creation in product-experience-shared communities (PESCs) from the view of resource integration[J]. Information Technology & People, 2021, 35(7): 2241-2262.

[72] WIELAND H, POLESE F, VARGO S, et al. Toward a service (eco) systems perspective on value creation[J]. International Journal of Service, Management, Engineering and Technology, 2012, 3(3): 12-25.

[73] WILLIAMS M, BURDEN R L. Psychology for Language Teachers[M]. Cambridge: Cambridge University Press, 1997.

[74] LIU Y F, ZHANG M L, HU M, et al. How multi-actor resources create value for live streaming platforms: the mediating role of engaged spectators[J]. The Service Industries Journal. Published online, 2024.

[75] YI Y, GONG T. Customer value co-creation behavior: Scale development and validation[J]. Journal of Business research, 2013, 66(9): 1279-1284.

[76] ZEITHAML V A, JAWORSKI B J, KOHLI A K, et al, ZALTMAN G. A Theories-in-Use Approach to Building Marketing Theory[J]. Journal of Marketing, 2020, 84(1): 32-51.

[77] ZEITHAML V A, VERLEYE K, HATAK I, et al. Three decades of customer value research: paradigmatic roots and future research avenues[J]. Journal of Service Research, 2021, 23(4): 409-432.

[78] ZHANG J Z, CHANG C W, NESLIN S A. How physical stores enhance customer value: the importance of product inspection depth[J]. Journal of Marketing, 2022, 86(2): 166-185.

[79] 贾薇, 张明立, 王宝. 服务业中顾客参与对顾客价值创造影响的实证研究[J]. 管理评论, 2011, 23(5): 61-69.

[80] 刘林青, 雷昊, 谭力文. 从商品主导逻辑到服务主导逻辑——以苹果公司为例[J]. 中国工业经济, 2010, 9: 57-66.

[81] 涂剑波, 张明立. 虚拟社区中的互动对共创价值影响的实证研究[J]. 湖南大学学报（自然科学版）, 2013, 4(11): 114-119.

[82] 王红萍. 顾客参与价值共创对企业竞争优势的影响机理研究[M]. 南京: 河海大学出版社, 2019.

[83] 武文珍. 顾客参与共创价值[M]. 沈阳: 东北大学出版社, 2016.

[84] 詹姆斯•赫斯克特, 厄尔•萨塞, 伦纳德•施莱辛格. 服务利润链[M]. 北京: 华夏出版社, 2001.

[85] 智颖. 移动互联网时代的场景理论研究[J]. 中国传媒科技, 2010, 10: 75-76.

[86] 朱建良, 王鹏欣, 傅智建. 场景革命: 万物互联时代的商业新格局[M]. 北京: 中国铁道出版社, 2016.

反侵权盗版声明

电子工业出版社依法对本作品享有专有出版权。任何未经权利人书面许可，复制、销售或通过信息网络传播本作品的行为；歪曲、篡改、剽窃本作品的行为，均违反《中华人民共和国著作权法》，其行为人应承担相应的民事责任和行政责任，构成犯罪的，将被依法追究刑事责任。

为了维护市场秩序，保护权利人的合法权益，我社将依法查处和打击侵权盗版的单位和个人。欢迎社会各界人士积极举报侵权盗版行为，本社将奖励举报有功人员，并保证举报人的信息不被泄露。

举报电话：（010）88254396；（010）88258888

传　　真：（010）88254397

E-mail：　dbqq@phei.com.cn

通信地址：北京市万寿路 173 信箱

　　　　　电子工业出版社总编办公室

邮　　编：100036